Die Südtirol-Frage vor den Vereinten Nationen

Europäische Hochschulschriften

Publications Universitaires Européennes
European University Studies

Reihe III
Geschichte und ihre Hilfswissenschaften

Série III Series III
Histoire, sciences auxiliaires de l'histoire
History and Allied Studies

Bd./Vol. 741

PETER LANG
Frankfurt am Main · Berlin · Bern · New York · Paris · Wien

Alexander von Egen

Die Südtirol-Frage vor den Vereinten Nationen

Rechtsgeschichte und Dokumente – mit einer Zusammenfassung in italienischer und englischer Sprache

VERLAGSANSTALT ATHESIA · BOZEN

PETER LANG
Europäischer Verlag der Wissenschaften

Die Deutsche Bibliothek - CIP-Einheitsaufnahme

Die Südtirol-Frage vor den Vereinten Nationen : Rechtsgeschichte und Dokumente ; mit einer Zusammenfassung in italienischer und englischer Sprache / Alexander von Egen. - Frankfurt am Main ; Berlin ; Bern ; New York ; Paris ; Wien : Lang, 1997
(Europäische Hochschulschriften : Reihe 3, Geschichte und ihre Hilfswissenschaften ; Bd. 741)
ISBN 3-631-31868-5

NE: Egen, Alexander von [Hrsg.]; Europäische Hochschulschriften / 03

ISSN 0531-7320
ISBN 3-631-31868-5

Printed in Germany 1 2 3 4 5 7

Vorwort Dr. A. Mock

Die Entwicklung der Südtirolfrage in den frühen 60er Jahren bietet ein gutes Beispiel für die Kapazität der Vereinten Nationen, durch politische Empfehlungen zur Beilegung eines zwischenstaatlichen Konfliktes beizutragen. Diese Feststellung ist heute in doppelter Hinsicht wesentlich: Zum einen wird gegenwärtig die Effizienz der Weltorganisation bei der Lösung internationaler Streitfälle insgesamt sehr kritisch beurteilt, zum anderen wird immer wieder der Wert von Beschlüssen der Generalversammlung mit dem Argument in Frage gestellt, daß diese nur politischen und keinen rechtlich verbindlichen Charakter haben.
Eine Analyse der einschlägigen Resolutionen der Generalversammlung der UNO (Res. 1497 (XV) vom 31.10.1960 und Res. 1661 (XVI) vom 28.11.1961) und die darauf gründenden Verhandlungen zwischen Österreich und Italien zeigen, welche große Autorität die Aufforderung der Weltorganisation an die beiden Parteien entfaltet hat, eine Lösung ihrer Differenzen durch die in der Satzung vorgesehenen friedlichen Mittel zu versuchen (bilaterale Verhandlungen etc.). Die in der Folge zwischen Österreich und Italien angestrengten Bemühungen haben einen jahrzehntelangen Verhandlungsprozeß in Gang gesetzt, der die politisch vor den Vereinten Nationen eingegangene Verpflichtung in rechtlich verbindlicher Weise eingelöst hat.
Dieser Umstand, daß die politischen Instrumente im System der Vereinten Nationen erst die Voraussetzung für eine dauerhafte rechtliche Absicherung der Südtirolautonomie dargestellt haben, kann nicht deutlich genug unterstrichen werden. Das vorliegende Buch leistet dazu einen wertvollen Beitrag.

Dr. Alois Mock
Österr. Außenminister a.D.

Vorwort Dr. Magnago

Die Befassung der UNO mit der Südtirolfrage in den Jahren 1959 - 1961 stellte einen maßgeblichen Beitrag für die weiteren Verhandlungen zwischen den Partnern des Abkommens zur Erreichung einer neuen Autonomie dar. Als der damalige österreichische Außenminister Bruno Kreisky im September 1959 erstmals in seiner Rede vor der Generalversammlung ankündigte, die UNO mit der Südtirolfrage zu befassen, konnte man noch nicht erahnen, daß der Gang zur UNO ein erfolgreicher werden würde. Die Generalversammlung hat nämlich in den darauffolgenden Jahren 1960 und 1961 zwei Resolutionen verabschiedet, mit denen beide Partner des Pariser Abkommens, Österreich und Italien, aufgefordert wurden, die Verhandlungen zur Erreichung einer Autonomie für Südtirol weiterzuführen. Österreich als kleines europäisches Land, erst 1955 wieder frei geworden, hat in diesen Jahren zugunsten Südtirols ein diplomatisches Meisterstück vollbracht, für das Österreich mein aufrichtiger Dank gebührt. Die UNO-Resolutionen stellen einen der Höhepunkte in der bewegten Südtirol-Politik nach dem Zweiten Weltkrieg dar; sie stellen auch einen wesentlichen oder vielleicht ausschlaggebenden Beitrag zur Erreichung des neuen Autonomiestatutes von 1972 dar. Durch dieses Autonomiestatut wurde ein wesentlich besserer Schutz der österreichischen Minderheit in Italien erreicht. Ich erachte es als besonders wichtig, diese für Südtirol bewegten und entscheidenden Zeiten in Form einer Veröffentlichung allen interessierten Kreisen in der Heimat und in der Welt zugänglich zu machen.
Ich danke daher vor allem dem Autor Alexander von Egen, der durch die Veröffentlichung einer wichtigen Dokumentensammlung die schwierige und erfolgreiche Befassung der Südtirolfrage vor der UNO in diesem Werk aufzeigt. Dieses Werk kann dazu beitragen, die damals internationalisierte Südtirolfrage auch anderen Minderheiten der Welt zur Kenntnis zu bringen und auch als Beispiel zu dienen.

Dr. Silvius Magnago
Ehrenobmann der SVP
Alt-Landeshauptmann

Vorwort Dr. von Egen

Am 5. September 1946 kam es nach der erneuten Verweigerung des Selbstbestimmungsrechtes durch die Siegermächte für Südtirol vor allem unter dem Druck und der Vermittlung Großbritanniens zum Abschluß des "Pariser Vertrages" zwischen Österreich und Italien. Dieses Abkommen, das einen Minderheitenschutz und eine Selbstverwaltung für Südtirol garantiert, ist ein völkerrechtlich verbindlicher Vertrag. Welche grundlegende Bedeutung dem Pariser Vertrag zuzuerkennen ist, hat man spätestens dann sehen können, als im Jahre 1959 der damalige österreichische Außenminister Kreisky das Südtirolproblem erstmals vor die Generalversammlung der Vereinten Nationen brachte. Schließlich genehmigte die GV nach langen Verhandlungen am 31. Oktober 1960 die Resolution 1497 (XV) und am 28. November 1961 die Resolution 1661 (XVI) zur Südtirolfrage.
In diesen beiden Resolutionen wurde Italien aufgefordert, mit Österreich Verhandlungen zu führen, um die Südtirolfrage auf friedlichem Wege einer Lösung zuzuführen. Ohne den Pariser Vertrag wäre es nicht zum ersten Autonomiestatut von 1948 gekommen, aber schon gar nicht zu den Debatten vor der UNO und deren Resolutionen. Ohne die UNO Resolutionen hätte es in der Folge kein zweites Autonomiestatut im Jahre 1972 von Seiten der Italienischen Republik gegeben und es hätte folglich nicht zur Streitbeendigungserklärung vor der UNO am 19. Juni 1992 kommen können.
Dieses Werk möchte vor allem den Gang Südtirols vor die UNO aufzeigen und eine erstmalige Dokumentation der Debatten und Resolutionen mit der Streitbeendigungserklärung bieten.
Es soll ein Dank an alle jene sein, die sich international für Südtirol eingesetzt haben, vor allem an die Republik Österreich und ihre Vertreter. Denn ohne sie wäre ein Gang vor die UNO und somit eine Internationalisierung der Südtirolfrage nicht möglich gewesen.
Danken möchte ich auch der Österreichischen und Italienischen Ständigen Vertretung bei der UNO in New York, die mich dortselbst bei den Nachforschungen unterstützt haben, sowie den zuständigen Archiv- und Bibliotheksbeamten der UNO.

Der Verfasser

Inhaltsverzeichnis:

I. Der Weg zu den Vereinten Nationen

1. Die Annexion Südtirols und die faschistische Unterdrückung

Mit der Niederlage der Mittelmächte und dem Inkrafttreten des Waffenstillstandes zwischen Österreich-Ungarn und Italien am 3. November 1918 konnten die italienischen Truppen kampflos Südtirol besetzen, dessen militärische Eroberung bis zum Kriegsende nicht gelungen war. Gemäß Art. 4 des am 26. April 1915 mit England, Rußland und Frankreich unterzeichneten geheimen "Londoner Vertrages" forderte Italien u.a. "Südtirol bis zu seiner natürlichen geographischen Grenze, als welche der Brenner anzusehen ist" [1].
Die Idee des Brenners als Grenze zwischen Österreich und Italien war relativ neu. Erst 1890 hatten die beiden Geographen Giovanni und Olinto Marinelli den Brenner in seiner Eigenschaft als Wasserscheide zwischen Schwarzem und Adriatischem Meer als "natürliche Grenze" darzustellen versucht [2]. Eifrigster Verfechter der Idee der Brennergrenze wurde Ettore Tolomei, dem jedoch weniger daran lag, die politische Grenzziehung geographischen Gegebenheiten anzupassen, als proitalienische volkstumspolitische Agitation zu betreiben und die nach seiner Meinung bloß sprachlich germanisierten Einwohner Südtirols in den lateinischen Kulturkreis zurückzuführen [3]. Diese wissenschaftlich unhaltbaren und lange Zeit weder in Österreich noch in Italien beachteten Theorien einiger Einzelgänger wurden erst durch die nationalistische Kriegspropaganda allgemein verbreitet. Nach dem Ende des Ersten. Weltkrieges lag es der italienischen Staatsführung fern, angesichts der unerwartet hohen Kriegsopfer und der Verfehlung wichtiger Kriegsziele bzw. der schon absehbaren schwachen Verhandlungsposition gegenüber den anderen Siegerstaaten bei den Friedenskonferenzen die Berechtigung zum Kriegseintritt und zur

---

1 Vgl. Ritschel, H.K., "Diplomatie um Südtirol", S. 44 und Dengel, Ph., "Italien auf falschem Weg".

2 Die Widersprüchlichkeit und Unhaltbarkeit dieser und anderer Theorien "natürlicher Grenzziehung" ist bei Stadlmayer, V., "Die italienischen Argumente für die Brennergrenze", S. 254 - 267 in Huter, F., "Südtirol - Eine Frage des europäischen Gewissens" dargestellt.

3 Obwohl diese Theorie keiner ernsthaften Prüfung standhält, blieb sie bis in die jüngste Vergangenheit offizieller Standpunkt der italienischen Regierung. So behauptete Außenminister Segni am 18. Oktober 1960 im Politischen Spezialausschuß vor den Vereinten Nationen, die Südtiroler seien "nur das Produkt einer uralten Germanisierung der italienischen Bevölkerung".

Besetzung Südtirols in Frage zu stellen [4]. Obwohl bei Kriegsende die Ansprüche Italiens auf Südtirol bekannt waren, die Sowjets hatten nach ihrer Machtergreifung den Londoner Vertrag, der bis zum Kriegsende hätte geheim gehalten werden müssen (Art. 16 des Vertrages), veröffentlicht [5], setzte man in Tirol und Österreich große Hoffnungen auf den amerikanischen Präsidenten Woodrow Wilson, der mit seinem 14-Punkte Programm die Grundlage für ein demokratisches, friedliches Europa schaffen wollte. Noch während des Krieges hatte Wilson u.a. als Ziel der kriegführenden Alliierten die "Regelung aller Fragen, sowohl der Gebiets- und der Souveränitätsfragen [...] aufgrund einer freien Annahme dieser Regelung durch das Volk, das unmittelbar davon betroffen ist, und nicht auf der Grundlage des materiellen Interesses oder Vorteils irgendeiner anderen Nation oder eines Volkes, das eine andere Regelung zur Ausbreitung seines Einflusses oder seiner Herrschaft wünscht", genannt. Punkt 9 seines Programms lautete: "Es soll eine Berichtigung der Grenze Italiens durchgeführt werden nach den klar erkennbaren Linien der Nationalität" [6]. Der Verbleib Südtirols bei Österreich schien damit gesichert, die Besetzung Südtirols nur eine Waffenstillstandsbedingung [7]. In den Friedenskonferenzen fand das Selbstbestimmungsrecht dann aber nicht die allgemein erwartete generelle [8] Anerkennung. Während in Oberschlesien, Schleswig-Holstein und Kärnten Volksabstimmungen durchgeführt wurden, verfügte man über Elsaß-Lothringen und Südtirol ohne Befragung der betroffenen Bevölkerung. Die rein schwedisch-stämmigen Einwohner der Åaland-Inseln entschieden sich sogar zu 96 % für eine Angliederung an Schweden, trotzdem beschloß eine "Juristenkommission" die Ablehnung dieser Forderungen [9].

---

4 Vgl. Stadlmayer, V., a.a.O., S. 266: "Der Mythos von der Brennergrenze wurde geschaffen, um sich und der Welt zu verbergen, daß man vergeblich Krieg geführt hat".

5 Vgl. Fenet, A., "La question du Tyrol du sud", S. 19.

6 Botschaft Wilsons an den Kongreß vom 8. Jänner 1918.

7 Vgl. Forcher, M., "Tirols Geschichte in Wort und Bild", S. 203.

8 Dabei hatte Wilson in einer Rede vor dem Kongreß am 11. Februar 1918 feierlich auf das Selbstbestimmungsrecht der Völker hingewiesen: "Heutzutage, wo die Völker ohne ihre Zustimmung nicht mehr geleitet und regiert werden können, ist das Selbstbestimmungsrecht keine bloße Formel mehr, sondern ein zwingendes Handlungsprinzip, das die Staatsmänner nur mehr auf eigenes Risiko und eigener Gefahr mißachten können" (Übersetzung des Verfassers nach Fenet, A., a.a.O., S. 25).

9 Vgl. Fenet, A., a.a.O., S. 25 ff.

Die USA fühlten sich an den Londoner Vertrag grundsätzlich nicht gebunden, auch wiesen sie auf die grundlegende Änderung der Umstände, die zu seinem Abschluß geführt hätten, hin (clausula rebus sic stantibus). Nachdem aus einer Erklärung Wilsons an die italienische Nation erneut der Gegensatz zwischen seinem 14-Punkte Programm und dem Londoner Vertrag zutage getreten war, verließ die italienische Delegation die Pariser Friedensverhandlungen. Die restlichen Siegermächte konnten somit ungestört die deutschen Kolonien unter sich aufteilen und Italien bestand fortan um so entschlossener auf sein Faustpfand Südtirol. Zögernd gab Wilson dem italienischen Drängen nach und behauptete später, von der italienischen Delegation mit gefälschten Karten getäuscht worden zu sein [10]. Auch "ungenügendes Studium" der Sachlage versuchte Wilson als Entschuldigungsgrund vorzubringen. Dies mag zutreffen, zumindest Wilsons Beraterstab war aber über die tatsächliche Situation bestens informiert [11].

Schon im Frühjahr 1919 war die Brennergrenze festgelegt, und da die Entente mit der Zurückhaltung der Kriegsgefangenen, der Einstellung der Lebensmittellieferungen und der Zwangsverwaltung drohte, mußte der österreichische Staatskanzler Renner den österreichweit als unannehmbar bezeichneten Staatsvertrag von Saint-Germain am 10. September 1919 unterzeichnen [12].

Während Österreich [13] - aber auch Polen und Rumänien [14] - eine Verpflichtung zum Minderheitenschutz abverlangt wurde, begnügte sich die Friedenskonferenz andererseits mit der Erklärung des italienischen Ministerpräsidenten, daß Italien eine in weitem Maße liberale Politik befolgen werde. Am 10. Oktober 1920 wurde Südtirol endgültig annektiert. Das Annexionsdekret sah zwar eine Autonomieregelung vor, diese wurde jedoch in der kurzen liberalen Phase vor der Machtergreifung, vor allem aufgrund der Opposition nationalistischer Kreise, nicht gewährt. Der Überfall der Faschisten auf einen

---

10 Vgl. Fenet, A., a.a.O., S. 30.

11 Schadenfroh meinte der italienische Ministerpräsident Orlando: "[...] die Österreich-Freundlichkeit der Anglo-Franzosen [wurde] vor dem leichtfertigen Dilettantismus des amerikanischen Präsidenten zuschanden" (Vgl. Ritschel, H.K., a.a.O., S. 98).

12 Vgl. Ramminger, H.K., "Dolomiten und Alto Adige", S. 33.

13 Vgl. Art. 63 des Staatsvertrages: "Österreich verpflichtet sich, allen Einwohnern Österreichs ohne Unterschied der Geburt, Nationalität, Sprache, Rasse oder Religion vollen und ganzen Schutz von Leben und Freiheit zu gewähren." Siehe weiters Art. 67, 68, 69 StV.

14 Vgl. Ramminger, H.K., a.a.O., S. 33.

Trachtenumzug am 24. April gab eine Vorahnung auf die kurz darauf einsetzende faschistische Unterdrückungspolitik. Der aus der katholischen Volkspartei und der Deutschfreiheitlichen Partei hervorgegangene "Deutsche Verband" erzielte bei den Parlamentswahlen im Mai 1921 einen überwältigenden Wahlerfolg und konnte vier Mandatare nach Rom entsenden. Diese legten ungeachtet der Drohungen durch die Faschisten im Parlament eine Rechtsverwahrung gegen die Annexion ein:

"Bei Einleitung der Friedensverhandlungen [...] wurde das nationale Selbstbestimmungsrecht aller Völker als Grundrecht der neuen Weltordnung aufgestellt.

Dem Tirolervolke, welches sich bereits im Laufe des 13. Jahrhunderts allmählich zu einer staatsrechtlichen Einheit zusammenschloß, [...] wurde sein nationales Selbstbestimmungsrecht verweigert.

Das Königreich Italien hat keinerlei historische oder nationale Rechtstitel auf Südtirol geltend gemacht, sondern ausdrücklich nur unter Berufung auf geographische, natürliche Grenzzüge und der sich daraus ergebenden strategischen Notwendigkeiten die Annexion Südtirols verlangt und erhalten.

Da geographische Linien aber für den Verlauf von Staatsgrenzen durchaus nicht allgemeine Gültigkeit haben [...], so kann Südtirol in der Vorenthaltung des Selbstbestimmungsrechts für immer nur einen Akt der Unterdrückung erblicken [...]".

Benito Mussolini hatte schon zuvor seine Einstellung zu Südtirol und den Südtirolern unmißverständlich zum Ausdruck gebracht:

"Wenn die Deutschen dies- und jenseits des Brenners sich nicht fügen, dann werden ihnen die Faschisten den Gehorsam beibringen. [...] Wenn die Deutschen verprügelt und zerstampft werden müssen, um Vernunft anzunehmen, wohlan, wir sind bereit" [15].

Die Südtiroler waren im römischen Parlament zwar relativ stark vertreten, das Schicksal Südtirols wurde aber auf außerparlamentarischem und nichtdemokratischem Weg bestimmt. Am 2. Oktober 1922 kam es zum "Marsch auf Bozen", wobei aus dem Süden herangeführte Faschisten das Bozner Rathaus stürmten. Der "Marsch auf Rom", die faschistische Machtergreifung am 28. Oktober 1922, setzte allen zaghaften Versuchen einer Verständigung mit den Südtirolern ein Ende.

---

[15] Vgl. Mussolini, B. in "Popolo d'Italia" vom 25. April 1921.

König Viktor Emanuel III. [16] ernannte am 3. März 1923 Ettore Tolomei, den unermüdlichen Verfechter der "italianità" Südtirols, zum Senator und am 12. März 1923 erhob der "Große Faschistische Rat" die Assimilierung Südtirols zum Programm. Die bis dahin von Tolomei als Privatperson getätigten Studien und vorgebrachten Forderungen erhielten nunmehr offiziellen Charakter, und über eine "Umerziehung" der deutschsprachigen Südtiroler und durch eine massive Förderung der Zuwanderung aus Altitalien sollte eine rasche Entnationalisierung Südtirols erreicht werden.
Das am 15. Juli 1923 von Tolomei in Bozen verkündete Italianisierungsprogramm war äußerst detailliert, die Umsetzung durch die Regierung ging aber über die Forderungen Tolomeis noch hinaus [17]. Durch die großzügige Vergabe von Wohnungen an zugezogene Italiener und die Schaffung der Industriezone Bozen, die den italienischen Einwanderern Arbeit geben sollte, wuchs die Zahl der Italiener zwar stark an, doch standen selbst 1939 81.000 Italienern noch 220.000 Deutschtiroler und 20.000 Ladiner gegenüber [18]. Tolomei selbst hatte schon längst erkannt, daß selbst die raffiniertesten Assimilierungsversuche nicht die gewünschten Erfolge zeitigten. So mußte er enttäuscht erklären: "Die Hoffnung, die Deutschen zu assimilieren, ist absurd; nicht einmal in zweihundert Jahren wird Italien die Südtiroler assimiliert haben" [19]. Der schon lange gehegte Plan, die Südtiroler zu vertreiben, hätte den aufwendigen Assimilierungsprozeß überflüssig gemacht, konnte aber erst konkret angegangen werden, als die weltweite Isolierung des nationalsozialistischen Deutschlands und des faschistischen Italiens zu einer Annähe-

---

16 In seiner Thronrede vom 1. Dezember 1919 hatte der König noch folgendes erklärt: "Die neu annektierten Gebiete bedeuten für uns neue Probleme. Unsere freiheitlichen Traditionen werden uns die Richtung weisen, wie wir sie lösen sollen unter sorgfältigster Wahrung der lokalen Institutionen, der Selbstverwaltung und der lokalen Sitten".

17 So mußte nicht nur der öffentliche Schulunterricht in italienischer Sprache abgehalten werden, sondern auch der deutsche Privatunterricht wurde verboten. Weiters wurde die freie Verfügbarkeit von Grund und Boden eingeschränkt, der deutschsprachige Religionsunterricht ebenso wie deutsche Aufschriften auf Grabsteinen und die den lokalen klimatischen Gegebenheiten angepaßte Bauweise zugunsten der italienischen verboten. Vgl. dazu Ramminger, H.K., a.a.O., S. 42.

18 1910 hatte die Zahl der Italiener noch 7.000 betragen. Vgl. Forcher, M., a.a.O., S. 226.

19 Schon 1914 hatte der Parlamentsabgeordnete und Funktionär der Kulturgesellschaft "Dante Alighieri" Adriano Colocci-Vespucci eine "etwas brutale Übergangszeit" zur "Ausfegung des deutschen Gesindels aus Oberetsch" gefordert.

rung der beiden Diktaturen geführt hatte. Das am 23. Juni 1939 unterzeichnete Umsiedlungsabkommen entsprach den ideologischen Zielsetzungen beider Seiten: Hitler war an den Südtirolern als Instrument seiner rassistischen Wahnideen (z. B. Neukolonisation des Ostens, Germanisierung Burgunds) interessiert, Mussolini am definitiven Gewinn des Südtiroler Bodens. Die in diesem Abkommen vorgesehene Wahlmöglichkeit (Option) war in Wahrheit keine: Die Südtiroler sollten bis zum 31. Dezember 1939 eine Entscheidung treffen, ob sie in Zukunft als "hundertprozentige Italiener" in Südtirol bzw. nach einer Deportation gar südlich des Po leben wollten [20], oder ob sie einer geschlossenen Ansiedlung nördlich des Brenners zustimmen sollten. Die jahrelange Unterdrückung, der allgemeine Informationsmangel bzw. die gezielte Desinformation und nicht zuletzt die latente Gewaltandrohung führten zu einem überwältigenden Bekenntnis für Deutschland. Die italienische Seite versuchte später diese Entscheidung als Beweis der nationalsozialistischen Gesinnung der Südtiroler darzustellen, wobei aber auch ein umgekehrter Ausgang gegen die Südtiroler verwendet worden wäre: nämlich als Zeugnis ihrer guten und gerechten Behandlung in Italien. In diesem Sinne wurden die Rückoptionen der Südtiroler nach dem Zweiten Weltkrieg ausgelegt. Durch die Kampfhandlungen des Zweiten Weltkrieges und durch die gezielte Obstruktion durch deutsche und italienische Stellen kam die Durchführung der Umsiedlung zusehend ins Stocken und nach der Besetzung Südtirols durch deutsche Truppen schließlich völlig zum Erliegen. Unter den "Dableibern" formierte sich ein Widerstandskreis, der "Andreas-Hofer-Bund", der noch während des Zweiten Weltkrieges Kontakt zu alliierten Stellen aufnahm und ein detailliertes politisches Programm für die Realisierung des Selbstbestimmungsrechts erarbeitete. Aus dem Kreis des Südtiroler Widerstandes und der Verfolgten des Naziregimes bildete sich nach dem Zweiten Weltkrieg die Südtiroler Volkspartei (SVP), die unverzüglich die vom Großteil der Südtiroler mitgetragene Selbstbestimmungsforderung auf politischer Ebene geltend machte und im Parteiprogramm verankerte: Punkt 3 dieses Programms sieht ausdrücklich als Aufgabe der Südtiroler Sammelbewegung die Vertretung des Anspruchs des Südtiroler Volkes auf Ausübung des Selbstbestimmungsrechtes vor.

---

[20] Am 1. August 1939 verkündete die italienische Staatsbahndirektion bevorstehende Personen- und Gütertransporte an einen Grenzbahnhof oder nach Reichsitalien.

2. Das Gruber - De Gasperi Abkommen: Die erneute Verweigerung des Selbstbestimmungsrechts

Nach dem Zusammenbruch des faschistischen und des nationalsozialistischen Regimes und dem Sieg der demokratischen Kräfte glaubte Südtirols Bevölkerung voller Zuversicht an die Gewährung des Selbstbestimmungsrechts als Teilkonkretisierung derjenigen Ideale, die die Alliierten über Jahre für das Nachkriegseuropa propagiert hatten. Schon bald zeichnete sich aber der Ost-West-Konflikt und damit ein neues Kräftemessen ab, das hehre Prinzipien sehr schnell nüchternem strategischem Denken opferte. Dabei hatten die Absichtserklärungen der Alliierten äußerst vielversprechend geklungen. Punkt 2 der am 12. August 1941 von Churchill und Roosevelt unterzeichnete "Atlantik-Charta" lautete [21]: "Sie [Roosevelt und Churchill] wünschen keine territoriale Änderung, die nicht mit dem frei zum Ausdruck gebrachten Wunsch der betreffenden Völker übereinstimmen" [22,23]. Noch Mitte 1944 hatte ein für Nachkriegsfragen zuständiges Planungsgremium im amerikanischen State Departement die Rückgabe Südtirols empfohlen [24].

In der zu Weihnachten 1944 fertiggestellten und den Alliierten noch während des Krieges zur Kenntnis gebrachten sog. "Gamper-Denkschrift" wurde mit Berufung auf die Atlantikcharta die Wiedervereinigung Südtirols mit dem Land Tirol gefordert. Eine am 12. Juni 1944 von prominenten Italienern z. B. Arturo Toscanini, Gaetano Salvemini) in den USA veröffentlichte Denkschrift, das "Italienische Manifest", stellte die Rückgabe Südtirols als Selbstverständlichkeit dar. Bei Kriegsende erwies sich aber die Berufung der Südtiroler auf Ideale, Prinzipien und Erklärungen als ebenso vergeblich wie 1918 die Hoffnung auf das 14-Punkte Programm Wilsons.

Die gegenüber Österreich größere außenpolitische Handlungsfähigkeit Italiens und nicht zuletzt die überaus große strategische Bedeutung Italiens in dem sich schon abzeichnenden "Kalten Krieg" und die damit verbundene Rolle dieses

---

21 Die Sowjetunion schloß sich dieser Erklärung am 24. September (mit Einschränkungen) an.

22 Vgl. Steininger, R., "Los von Rom?", S. 13.

23 Am 1. Jänner 1942 unterzeichneten 26 alliierte Staaten die Deklaration der Vereinten Nationen, der später noch weitere 20 Staaten beitraten. Die Deklaration beruft sich ausdrücklich auf Prinzipien und Ziele der Atlantikcharta.

24 Vgl. Steininger, R., a.a.O., S. 14.

Staates im westlichen Block drängten Österreich als Anwalt der Südtiroler Selbstbestimmungsforderungen in eine geradezu aussichtslose Position.
Der italienische Botschafter in Washington richtete schon am 6. Juli 1945 ein Schreiben an den amerikanischen Präsidenten, in dem die Brennergrenze als natürliche geographische und strategische Grenze zwischen den Italienern und den Deutschen bezeichnet wurde. Nachdem man der deutschen Minderheit die Gelegenheit gegeben hatte zu wählen, in Italien zu verbleiben oder nach Deutschland auszuwandern, habe der beträchtlich größere Teil der "ausländischen" Bevölkerung beschlossen, in Italien zu verbleiben. Noch weitaus eindringlicher und polemischer war das Schreiben Außenminister De Gasperis vom 22. August 1945 an den Staatssekretär im Auswärtigen Amt in Washington, Byrnes. Dabei unterstrich De Gasperi zuerst die Bedeutung Südtirols für die italienische Wirtschaft und ging danach auf die angeblich von einer starken nationalsozialistischen Einstellung durchdrungenen Südtiroler ein. Südtirol hätte "einen auffallenden Anteil an Freiwilligen zur Waffen-SS geliefert" [25]. Tatsächlich waren die Südtiroler jedoch zwangsweise einberufen worden. De Gasperi fuhr fort, eine deutsche "Enklave" auf der italienischen Seite des Brennerpasses wäre gleichbedeutend mit einer Wiege für einen zukünftigen deutschen Nationalismus. Aber auch an einer versöhnlichen Geste ließ es De Gasperi nicht fehlen. Das demokratische Italien habe zwischen 1919 und 1922 den deutschsprechenden Einwohnern kulturelle Gleichheit und eine Vertretung im Parlament zugesichert. Auch Verhandlungen über die Errichtung örtlicher Selbstverwaltungsbehörden seien geführt worden. Nunmehr habe die italienische demokratische Regierung echte Maßnahmen für eine lokale Selbstverwaltung ergriffen, die ein festes Bollwerk für eine immerwährende rechtmäßige Freiheit darstellen würde [26]. Am 4. Februar 1945 richtete De Gasperi zudem eine Note an die Botschafter der vier Alliierten, um die Ansprüche Italiens auf Südtirol erneut zu betonen. Wiederholt wurde auf die Zugeständnisse der römischen Zentralregierung gegenüber den Südtirolern aufmerksam gemacht. Auch Österreich wurde im Sommer 1945 diplomatisch aktiv und verlangte das Selbstbestimmungsrecht für Südtirol, das in Form einer Volksabstimmung ausgeübt werden sollte [27]. Österreich sicherte für den Fall

---

[25] Vgl. Ritschel, H.K., a.a.O., S. 210 ff.

[26] Vgl. Ritschel, H.K., a.a.O., S. 211.

[27] Laut Stadlmayer hat Österreich zu keinem Zeitpunkt die staatliche Rückgliederung Südtirols gefordert. 1946 sei Österreich nur für die Anwendung des Selbstbestimmungsrechts für die

der Rückgabe Südtirols den dort ansässigen Italienern volle kulturelle Autonomie und Italien die weitere Nutzung der Elektrizitätswerke zu.
Der alliierte Außenministerrat beschloß im September 1945 zwar eine Reihe von Grenzberichtigungen für Italien, für die Brennergrenze galt aber folgende Formel: "Die Grenze mit Österreich wird unverändert bleiben, mit der Ausnahme, jeden Fall zu hören, den Österreich für kleinere Grenzberichtigungen zu seinen Gunsten vorbringt" [28]. Dieser Beschluß wurde Österreich nicht mitgeteilt, wodurch Österreichs Außenpolitik zu lange auf die - nunmehr hoffnungslose - Selbstbestimmungsforderung fixiert blieb und es versäumte, auf die Gewährung einer brauchbaren Autonomie zu drängen. Währenddessen hielt die Zuwanderung von Italienern nach Südtirol an und das Schicksal der Optanten harrte weiter einer Lösung, wobei das vorrangige Problem in der Absicht Italiens lag, die Option als gültig zu betrachten. Die Hoffnung der Tiroler auf eine Wiedervereinigung war aber ungebrochen und Großkundgebungen und die Sammlung von 156.000 Unterschriften für eine Rückkehr zu Österreich - de facto hat sich die gesamte deutschsprachige Bevölkerung dafür ausgesprochen [29] - waren Ausdruck davon.
Am 25. April 1946 begann mit der dritten Außenministerkonferenz, die den Friedensvertrag mit Italien ausarbeiten sollte, die für das weitere Schicksal Südtirols entscheidende Verhandlungsrunde. Das Verhandlungsergebnis vom September 1945 wurde dabei nicht mehr abgeändert. Erst am 3. Mai 1946 wurde Österreich die Entscheidung der Außenminister vom 14. September 1945, nur kleinere Grenzberichtigungen zuzulassen, mitgeteilt. Da die Forderung nach einer Rückgabe ganz Südtirols keine "kleinere Grenzberichtigung" sei, sei sie auf der Außenministerkonferenz vom 30. April 1946 auch gar nicht behandelt worden. Diese für die Tiroler unbegreifliche Entscheidung löste landesweite Protestaktionen aus. In Südtirol kam es zu Massenkundgebungen, in Nordtirol trat die Landesregierung zurück und ein Generalstreik wurde

---

Südtiroler Bevölkerung eingetreten. Diese Forderung sei mit der späteren Verteidigung des Selbstbestimmungsrechts für Algerien durch Italien vergleichbar - beide Ansprüche seien unabhängig von Interessen vorgetragen worden. Vgl. Stadlmayer, V., a.a.O., S. 488.

28 Vgl. Steininger, R., a.a.O., S. 22.

29 Kopien davon wurden am 20. April zusammen mit einem Memorandum an die Mitglieder der VN versendet, die Originale am 22. April 1946 Bundeskanzler Figl überreicht. Vgl. Miehsler, H., "Südtirol als völkerrechtliches Problem", S. 387.

ausgerufen. Die Zusage der Außenminister, "Vorschläge für kleinere Grenzberichtigungen prüfen zu wollen", veranlaßte den österreichischen Außenminister Gruber, die Abtretung des Pustertals vorzuschlagen. Gleichzeitig erklärte er aber seine Absicht, zu einem späteren Zeitpunkt das Thema Volksentscheid in Südtirol vor einem zuständigen internationalen Gremium aufzuwerfen. Weiters betrachte die österreichische Regierung kleinere Grenzkorrekturen nicht als prinzipielle Lösung des Südtirolproblems [30]. Als weiterer - nicht veröffentlichter - Vorschlag wurde in Österreich an ein österreichisch-italienisches Kondominium für die Provinz Bozen unter der Aufsicht der Vereinten Nationen gedacht. Italien sollte alle wirtschaftlichen Rechte behalten, Österreich für kulturelle Belange und Verkehrsangelegenheiten zuständig sein. Zudem sollte Italien Truppen am Brenner stationieren dürfen. Am 24. Juni 1946 lehnten die Außenminister auch die sog. "Pustertallösung", die im übrigen sowohl in Südtirol als auch in Österreich auf schärfste Kritik gestoßen war, ab. Diese Entscheidung mußte den Österreichern und den Südtirolern die Aussichtslosigkeit der Selbstbestimmungsforderungen und die Notwendigkeit, ehestens eine Autonomielösung zu erreichen, immer mehr verdeutlichen. Auf der Plenarsitzung der Friedenskonferenz vom 21. August brachte Gruber noch einmal eine Rechtsverwahrung bezüglich des Selbstbestimmungsanspruchs der Südtiroler vor, und am 22. August 1946 begannen Gespräche zwischen Gruber und dem italienischen Diplomaten Graf Carandini, in denen über die Gewährung einer Autonomie zum Schutz der deutschsprachigen Südtiroler Bevölkerung diskutiert wurde. Auch bei dieser Gelegenheit wies Gruber darauf hin, daß eine grundsätzliche Lösung nur über die Zuerkennung des Selbstbestimmungsrechts möglich sei. Die Autonomielösung wurde in erster Linie von den Briten befürwortet. Das machtpolitische Kalkül, dem die rechtmäßigen Forderungen der Südtiroler geopfert worden waren, empörte sowohl die britische Öffentlichkeit als auch das Parlament [31]. Die Gewährung einer Autonomie stand im übrigen auch im

---

[30] Vgl. Steininger, R., a.a.O., S. 74.

[31] Egen, A. v., "Die Südtirolfrage und das englische Parlament", 1996, veröffentlicht von der autonomen Region Trentino-Südtirol. Vor allem der sich in Opposition befindliche Konservative Winston Churchill zeigte sich als überzeugter Verfechter des Selbstbestimmungsrechts für Südtirol. In diesem Zusammenhang sei vermerkt, daß am 26. Juni 1946 im englischen Unterhaus eine "early day motion" eingebracht wurde, die als Erstunterzeichner den Abgeordneten Sir Robert Boothby hatte. Der Text lautete: "Das Parlament ist der Ansicht, daß der Vorschlag,

Interesse Italiens, da nur auf diesem Wege auf der Friedenskonferenz der Herrschaftsanspruch über Südtirol, dessen Einwohner - wie schon die Unterschriftenaktion gezeigt hatte - mehrheitlich das Selbstbestimmungsrecht gefordert hatten, verteidigt werden konnte. Die Herabstufung des Südtirolproblems auf eine bilaterale Angelegenheit zwischen Österreich und Italien fand einen im Vergleich zu anderen Verhandlungsgegenständen erstaunlichen Grad an Übereinstimmung unter den Siegermächten, die sich primär wohl einer unangenehmen Verantwortung entledigen wollten. Die Südtiroler selbst waren nicht unmittelbare Verhandlungspartner, sondern wurden nur nach Gutdünken informiert und konsultiert. Die Unnachgiebigkeit der italienischen Seite brachte Gruber alsbald zur Überzeugung, daß detaillierte Autonomiezusagen - wie von den Südtirolern gefordert - im Moment nicht zu erreichen waren und daß die optimale Vorgangsweise nur im Abschluß eines vage formulierten, aber bei Vorhandensein guten Willens inhaltlich ausbaufähigen Vertrages liegen konnte. Die unklare Formulierung lag auch ganz im Interesse der italienischen Seite, die dabei wohl hoffte, sich konkreten Pflichten später entziehen zu können. Gruber ging es aber inhaltlich vor allem um die grundsätzliche Zusage einer Autonomie und um die Regelung der Optantenfrage. Immerhin hatten 75.000 Optanten das Land verlassen, über 200.000 Südtiroler hatten für Deutschland optiert und damit die italienische Staatsbürgerschaft verloren. Tatsächlich sind die Staatsbürgerschaftsoptionen auch gemäß Art. 3, Punkt a "im Geiste der Billigkeit und Weitherzigkeit" revidiert worden. In formaljuristischer Hinsicht wollte Gruber unter allen Umständen eine internationale Absicherung der italienischen Zusagen erreichen. Zu sehr erinnerte man sich in Österreich und in Südtirol noch an die Wertlosigkeit der Zusagen führender italienischer Politiker nach 1919, die Rechte der Minder-

---

Südtirol Italien zu überlassen, ohne die Bewohner zu konsultieren, eine Verletzung der Grundsätze der Atlantik Charta darstellt". Dieser Antrag wurde von 138 Abgeordneten unterzeichnet. Am 25. Juli 1946 kam es dann zur größten Südtiroldebatte im englischen Unterhaus. In der Folge setzte England Italien unter Druck, mit Österreich über Südtirol zu verhandeln, um zumindest zu einer Autonomielösung zu gelangen, nachdem eine Volksabstimmung über eine eventuelle Rückkehr Südtirols zu Österreich verweigert worden war. Deshalb werden die Engländer auch "Taufpaten des Pariser Vertrages" genannt.

heiten zu schützen [32]. Der endgültige Vertragstext des am 5. September 1946 unterzeichneten Gruber - De Gasperi Abkommens war unter Zeitdruck zustande gekommen und die Vielzahl an Interpretationsproblemen, die er aufwerfen sollte, ließ die Qualität des Schutzes tatsächlich vom guten Willen der Italiener abhängen, den Gruber als wichtigste Bedingung für eine effektive Vertragserfüllung sah. Gerade an diesem guten Willen fehlte es aber lange Zeit.

Die Außenministerkonferenz beschloß am 3. Dezember 1946 die Aufnahme des Gruber - De Gasperi Abkommens in den Friedensvertrag von Paris als Annex IV. Es bildet gemäß Art. 85 des Vertrages einen integrierenden Bestandteil desselben. Laut Art. 90 des Friedensvertrages trat dieser am Tag nach der Hinterlegung der Ratifikationsurkunden der vier Großmächte, also am 16. Dezember 1947, in Kraft [33,34].

3. Die Nichterfüllung des Pariser Vertrages

Das mit dem Pariser Vertrag erzielte Ergebnis entsprach bei weitem nicht den Hoffnungen und Erwartungen der Südtiroler, hatten sich diese doch wiederholt in vielerlei Äußerungsformen - anläßlich der Unterschriftensammlung gar in plebiszitärer Form - für die Zuerkennung des Selbstbestimmungsrechts ausgesprochen. Dennoch fügte man sich in das anscheinend Unvermeidbare. Unter grundsätzlicher Wahrung des Selbstbestimmungsanspruchs und im Vertrauen auf eine wirkungsvolle Autonomie war die SVP bereit, eine ehrliche

---

32 A. E. Alcock meint, die negativen Erfahrungen der Zeit nach 1919 habe die Südtiroler veranlaßt, für jede Vereinbarung zwischen Österreich und Italien nach 1945 eine internationale Absicherung zu verlangen. Vgl. Alcock, A.E., "The history of the South Tyrol Question", S. 25.

33 Es handelt sich hier um die völkerrechtliche Wirksamkeit, staatsrechtlich wurde er in Italien durch das Gesetzesdekret Nr. 1430 des Provisorischen Staatsoberhauptes vom 28. November 1947 in die italienische Rechtsordnung inkorporiert. Die für einen "politischen Staatsvertrag" - und um einen solchen handelt es sich beim "Pariser Vertrag" - erforderliche parlamentarische Genehmigung in Österreich ist nicht erfolgt, was aber seine völkerrechtliche Wirksamkeit nicht im mindesten berührt

34 Toscano deutet die in Paris erfolgte Bestätigung des Unrechtes von Saint Germain in dem Sinne um, daß die Beibehaltung der Brennergrenze eigentlich zu einem Umdenken bei den Österreichern, Tirolern und Südtirolern führen müßte, da deren Weigerung eine offensichtlich unveränderbare Tatsache zu akzeptieren die Ursache des gegenwärtigen Konfliktes darstelle.

Zusammenarbeit mit der römischen Regierung aufzunehmen und bekundete dies auch in Loyalitätserklärungen gegenüber dem Zentralstaat. Trotzdem wurde das Gruber - De Gasperi Abkommen durch die italienische Regierung in mehreren Punkten verletzt. Die unklare Formulierung des Vertrages bot der italienischen Seite den nötigen Spielraum für ein derartiges Vorgehen; zum Teil wurde der Vertragstext im Interpretationswege auch offenkundig überstrapaziert. So wurde der nicht räumlich zu verstehende Begriff "frame" im Vertrag als Rechtfertigung für die Schaffung einer Region Trentino-Südtirol herangezogen [35]. Die Vertreter Südtirols hatten sich dagegen ausgesprochen, war die deutschsprachige Bevölkerung in einem derartigen Gebilde doch erneut in der Minderheit und damit nicht imstande, selbst im lokalen Bereich eine Entscheidung durchzusetzen. Mit der Gewährung einer Autonomie auch für das Trentino wollte De Gasperi hingegen einen schon lange gehegten Wunschtraum der Trentiner Bevölkerung, seiner Stammwähler, erfüllen. Zudem sollte nach Stadlmayer [36] Trient die Funktion eines "Wächters vor dem 'Separatismus' der Südtiroler" einnehmen. Eine italienweite Pressekampagne hatte Südtirol als irredentistisches Gebiet und als Zufluchtsstätte für Nationalsozialisten dargestellt. Die Kommission des Ministerpräsidiums, die mit der Ausarbeitung des Autonomiestatuts betraut war, ließ den auf der Grundlage des sizilianischen Autonomiestatuts erarbeiteten Vorschlag der SVP unberücksichtigt und schlug die Schaffung einer Einheitsregion mit geringen Kompetenzen und für Südtirol eine Autonomie auf bloß kulturellem Gebiet vor. Obwohl der Pariser Vertrag bei der Festlegung des Rahmens für die Autonomiemaßnahmen auch die Beratung mit örtlichen Vertretern der deutschsprachigen Bevölkerung vorsah, ist diese nicht erfolgt, bzw. hat De Gasperi behauptet, dieser Verpflichtung sei durch die Zusendung des Autonomiestatuts an die SVP entsprochen worden [37]. Eine Südtiroler Dele-

---

[35] Der Originaltext im Gruber - De Gasperi Abkommen lautete: "The frame within the said provisions of autonomy will apply, will be drafted in consultation also with local representative German-speaking elements". Nach österreichischer Ansicht ist mit dem Ausdruck "frame" der Grundplan der Autonomie gemeint, der mit den Vertretern der deutschsprachigen Volksgruppe zu beraten sei. Nach italienischer Ansicht erlaubt der Begriff "frame" hingegen eine Ausdehnung der Autonomie auch auf das Trentino. Für die Gegenargumente zu diesem Standpunkt siehe Miehsler, H., a.a.O., S. 401 ff.

[36] Vgl. Ritschel, H.K., a.a.O., S. 259.

[37] Vgl. Ritschel, H.K., a.a.O., S. 262.

gation konnte im Jänner 1948 eine Verbesserung des Entwurfs (Rückkehr des Bozner Unterlandes zur Provinz Bozen, Erweiterung der Befugnisse der Provinz) gegen den Preis eines Dankschreibens an den Präsidenten der zuständigen Verfassungskommission, Tomaso Perassi, erreichen. Dieses Schreiben wurde später als Beweis für die Erfüllung der italienischen Verpflichtungen verwendet [38]; nach Aussage des SVP-Obmanns Erich Amonn war es jedoch unter massivem Druck zustandegekommen [39].

Am 29. Jänner 1948 nahm die Verfassunggebende Versammlung, zu der Südtirol keine Vertreter hatte entsenden können, das Autonomiestatut für die Region Trentino-Südtirol an. Der Vertrauensvorschuß [40] den die Südtiroler Rom entgegenbringen wollten (und mußten), erwies sich bald als nicht gerechtfertigt [41]. Schon im Herbst 1948 konnten die Südtiroler Abgeordneten nicht umhin, die Verletzung der italienischen Zusagen zu beklagen. Die christlich-demokratische Partei hatte nämlich sehr rasch wesentliche Machtpositionen in der Region besetzt und von dort aus die politische Bewegungsfreiheit der Südtiroler stark eingeengt. Österreich konnte nur sehr vorsichtig auf die Autonomieverhandlungen einwirken, da gleichzeitig österreichisch-italienische Optantenverhandlungen geführt wurden, von deren Ausgang das weitere Schicksal von Zehntausenden von Optanten unmittelbar abhing. Wie sehr die noch offene Optantenfrage als Druckmittel verwendet wurde, zeigt der Umstand, daß das Optantendekret kurz nach Abschluß der Autonomieverhandlungen in Kraft gesetzt wurde. Zu einer ersten Enttäuschung führte das Regionalwahlgesetz, das entgegen den Erwartungen der Südtiroler kein Erfordernis einer dreijährigen Ansässigkeit in der Region für die Wahlbeteiligung vorsah. Damit war die große Zahl nach 1945 neu zugezogener Italiener sofort wahlberechtigt. Seit Juli 1962 mußte der gesamte innere Amtsverkehr in Südtirol in italienischer Sprache erfolgen. In einem Gutachten stellte der Staatsrat fest, daß Deutsch keine offizielle Sprache, sondern nur Hilfssprache

---

38 Vgl. z.B. das italienische Memorandum an die österreichische Bundesregierung vom 30. Jänner 1957.

39 Vgl. Ritschel, H.K., a.a.O., S. 264.

40 Vgl. "Dolomiten" vom 30. Jänner 1948.

41 Vgl. Stadlmayer, V., "Die Südtirolpolitik Österreichs seit Abschluß des Pariser Vertrages", in Huter, F. a.a.O., S. 474.

sei [42]. Laut D.L.C.P.S. vom 16. Mai 1947, Nr. 555 sollte die Erklärung der Sprachgruppenzugehörigkeit, die vor allem für die Schulwahl von Bedeutung ist, durch den Vater erfolgen, bei Anfechtung dieser Entscheidung oblag die Entscheidung einer gemischten Kommission mit italienischer Mehrheit. Am 10. Februar 1955 wurde den Südtiroler Bürgermeistern über die Gerichtsbehörden ein Rundschreiben des italienischen Justizministers übermittelt, wonach alle meldeamtlichen Aufzeichnungen und somit auch die Registrierung der Taufnamen in italienischer Sprache zu erfolgen habe. Eine Schul- oder Kulturautonomie war nicht gewährt worden. Die in der Faschistenzeit durch das ONAIR (Opera Nazionale Assistenza Italia Redenta) beschlagnahmten Kindergärten hatte man den Südtirolern nicht zurückgegeben, und die Leiter des Radiosenders Bozen und des Bozner Staatsarchivs waren des Deutschen unkundig. Obwohl Art. 14 des Regionalstatuts die Delegation der Verwaltungsbefugnisse an die Provinz und die Gemeinden als Regel vorsieht, blieb diese Übertragung eine Ausnahme. Das Ziel, eine angemessenere Verteilung der Beamtenstellen zwischen den beiden Volksgruppen zu verwirklichen (Art. 1, Punkt d des Pariser Vertrages), mußte angesichts des Fehlens jeder Vorrangregel für die heimische Bevölkerung eine bloße Wunschvorstellung bleiben [43]. Die deutschsprachigen Südtiroler und insbesondere die Optanten waren sogar benachteiligt, da ihnen die zur Bewerbung für öffentliche Stellen erforderlichen italienischen Schulabschlüsse fehlten [44]. Aus sozialen Erwägungen hatte man seit 1948 Südtiroler Kriegsheimkehrer bei der Vergabe niederer Dienstposten bevorzugt. Durch ein Gesetz vom 23. März 1952 wurde diese Praxis zugunsten italienischer Zuwanderer untersagt. Den Beamten wurde zwar mit Gesetz vom 20. Juli 1952, Nr. 1008, die Möglichkeit eingeräumt, ihre Beamtenlaufbahn nach Maßgabe des zuletzt erreichten Dienstgrades fortzusetzen, die dazwischenliegenden dreizehn Jahre blieben jedoch verloren. Der geringe Anreiz, unter diesen Bedingungen wieder in den öffentlichen Dienst zu treten und der Umstand, daß ein Gutteil der Optanten

---

42 Vgl. Alcock, A.E., a.a.O., S. 198. Vgl. Gutachten des Staatsrates vom 6. Juni 1952, Nr. 1059. Als Folge davon mußte z. B. die Korrespondenz zwischen deutschsprachigen Gemeinden in italienischer Sprache abgewickelt werden.

43 Die geltende Rechtsordnung schien sogar das gegenteilige Ziel anzustreben: Die gesamtstaatlich geltende Bestimmung, wonach Arbeitslose einer Provinz in der Arbeitsvermittlung bevorzugt werden mußten, fand gerade für die Provinz Bozen keine Anwendung.

44 Vgl. Alcock, A.E., a.a.O., S. 211.

städtischer Herkunft war und Beschäftigungsmöglichkeiten im öffentlichen Sektor somit eine essentielle Voraussetzung für eine Möglichkeit zur Rückkehr darstellten, bewog viele Südtiroler, im Ausland zu bleiben [45]. Die zur Verfügung stehenden freien Stellen ermöglichten eine weitere Zuwanderung aus dem übrigen italienischen Staatsgebiet. In einem Leitartikel in den "Dolomiten" vom 28. Oktober 1953 schrieb Kanonikus Michael Gamper von einem Todesmarsch der Südtiroler in Anbetracht einer von Jahr zu Jahr abnehmenden einheimischen Bevölkerung und einer anhaltenden Welle von Zuwanderern.
Entgegen späteren italienischen Behauptungen war Österreich schon sehr früh diplomatisch aktiv geworden, um den Vertragspartner auf die sich immer deutlicher abzeichnende Verletzung des Gruber - De Gasperi Abkommens aufmerksam zu machen. Mit Rücksicht auf das außenpolitische Image Italiens, dem die italienische Politik stets großen Wert beigemessen hatte, und auf die unnachgiebige Haltung der Nationalisten im italienischen Parlament, wurde die Kritik unter Einhaltung aller diplomatischen Gepflogenheiten vorgebracht. Als Österreich (sehr spät) die Aussichtslosigkeit dieser Strategie erkannt hatte, konnte Italien mit Verwunderung auf die plötzliche Haltungsänderung reagieren und die Verschweigung der Ansprüche behaupten.
Der österreichische Außenminister Figl erläuterte anläßlich der Südtiroldebatte im Wiener Parlament am 4. März 1959 [46], daß unter Berücksichtigung der italienischen Verzögerungstaktik von einer Verschweigung Österreichs nicht die Rede sein konnte. Die auf Grund des Pariser Vertrages von Italien mit Österreich zu schließenden Abkommen hätten lange auf sich warten lassen. Erst im Jahre 1948 hätte das Abkommen über die Reoptanten, 1949 die

---

45 Reoptanten hatten im übrigen auch größte Schwierigkeiten, eine Wohnung zu erhalten, während für Zuwanderer aus dem übrigen Italien bereitwillig Wohnraum zur Verfügung gestellt wurde (Vgl. "Frankfurter Allgemeine Zeitung" vom 12. November 1952). 1955 wurde von der römischen Regierung ein gewaltiges Wohnbauprogramm für die Provinz Bozen finanziert. Von den zur Verfügung gestellten zwei Milliarden Lire wurden 1,8 allein für die Stadt Bozen reserviert. In den Vorjahren waren von den 1817 in Südtirol erbauten Wohnungen nur 128 an Südtiroler vergeben worden. Vgl. Stadlmayer, V., Südtirolpolitik, S. 493.

46 Nationalrat Dr. Aloys Oberhammer sagte am 4. Dezember 1957, Österreich habe auf die Bitte der italienischen Regierung hin, alle Aussagen zu Südtirol leise vorzutragen, am Ende nur mehr geflüstert. Die italienische Regierung habe dann aber das Gegenteil getan. Als Österreich etwas lauter geworden sei, habe Italien dann empört reagiert und behauptet, Österreich habe sich doch bisher nicht beschwert.

Abkommen über den Durchgangsverkehr Nord - Osttirol, über den örtlichen Austausch von Gütern und den kleinen Grenzverkehr erreicht werden können. Die Verhandlungen über die Anerkennung der Studientitel hätten sich nicht weniger als acht Jahre, bis 1956, hingezogen. Die Probleme der Rücksiedler seien zum Teil immer noch nicht geregelt. Das Regionalstatut sei erst 1948 in Kraft getreten, mit der Erlassung der Durchführungsbestimmungen zum Regionalstatut sei erst im Jahre 1951 begonnen worden und zum Teil fehlten sie noch bis zu jenem Tage. Auch die Südtiroler selbst hätten erst im Laufe der Jahre überblicken können, wie sich das Regionalstatut faktisch auswirken würde. Ihre Beschwerden seien dann im Memorandum vom Frühjahr 1954 zusammengestellt, von der italienischen Regierung aber nicht berücksichtigt worden [47]. Bereits am 6. Dezember 1951 richtete die österreichische Regierung eine Verbalnote an die italienische Regierung und kritisierte die Durchführungsbestimmung zum Autonomiestatut und die Nichterfüllung des Pariser Vertrages. Weiters schlug Österreich die Einrichtung einer gemischten österreichisch-italienischen Kommission vor. Italien antwortete schon am 24. Dezember 1951 und betonte, daß die Durchführung des Pariser Abkommens nur schrittweise erfolgen könne. Gleichzeitig wurde jedes Eingehen Österreichs auf die Autonomiefrage als Einmischung in italienische innerstaatliche Angelegenheiten bezeichnet. Österreichs Replik ließ nicht lange auf sich warten. Schon am 14. Jänner 1952 unterstrich Österreich in noch ausführlicherer Form seinen Standpunkt. Italien zeigte sich in der Note vom 14. Februar 1952 zu keinerlei Kompromissen bereit. Kurz darauf, am 24. April 1952, erhielt der italienische Ministerpräsident De Gasperi eine Note, in der der minderheitenfeindliche Charakter einiger Bestimmungen des Schulrechts zum Ausdruck gebracht wurde. Italien wies sofort jede Kritik zurück. Im Herbst 1952 ging der österreichische Außenminister Gruber erneut auf die Schulfrage und auf die schleppende Erfüllung des Pariser Abkommens ein. Zudem machte der österreichische Botschafter auf die Notwendigkeit einer größeren Autonomie aufmerksam [48].

Als Italien im Jahr 1953 die Wiedergewinnung Triests anstrebte, das nach dem zweiten Weltkrieg einen internationalen Status erhalten hatte, verwiesen maßgebliche Politiker auf die "heilige Idee der Volksabstimmung" und auf die "feierlichen Dokumente, in denen diese Idee Ausdruck gefunden hätte:

---

47 Vgl. Ritschel, H.K., a.a.O., S. 296.

48 Vgl. Stadlmayer, V., Südtirolpolitik, S. 481.

Atlantikcharta und Charta der Vereinten Nationen"[49], hin. Südtirols Vertreter im römischen Parlament bekannten sich sogleich zum Selbstbestimmungsrecht für Triest, forderten aber die Anerkennung dieses Rechts auch für Südtirol. Die italienische Öffentlichkeit weigerte sich aber, irgendeine Parallele zwischen Südtirol und Triest anzuerkennen.

Am 9. April 1954 überreichten die Südtiroler Abgeordneten dem italienischen Ministerpräsidenten Scelba ein 110 Seiten umfassendes Memorandum, welches detailliert die Forderungen der Südtiroler im politischen, wirtschaftlichen, sozialen und kulturellen Bereich mit Vorschlägen zur Realisierung aufzählte. Außenminister Figl bat um eine positive Behandlung des Südtiroler Memorandums und schlug die Einrichtung einer gemischten österreichisch-italienischen Kommission zur Prüfung der offenen Fragen vor. Während dieser Vorschlag abgelehnt wurde, sicherte der italienische Außenminister Piccioni eine Prüfung des Memorandums und eine eventuelle Mitteilung der Ergebnisse an die österreichische Regierung zu. Nach der Ablösung Piccionis durch den Liberalen Gaetano Martino und der Intervention Trentiner Politiker, die im Forderungskatalog eine Gefahr für die in Südtirol lebenden Italiener sahen, blieben die folgenden Anfragen Österreichs bezüglich des Verhandlungsstandes unbeantwortet.

Die Hoffnung der Italiener, daß die Unterzeichnung des österreichischen Staatsvertrages, der im Artikel 5 die Grenzen Österreichs als jene vom 1. Jänner 1938 bezeichnet und im Artikel 11 die Verpflichtung Österreichs enthält, die volle Kraft der Friedensverträge mit Italien anzuerkennen, ein Eintreten Österreichs für Südtirol verbieten könnte, machte Bundeskanzler Julius Raab schon in einer Pressekonferenz am 16. Mai 1955 zunichte. Er erklärte, daß Österreichs Pflichten, aber auch Rechte, Südtirol gegenüber wirksam bleiben würden.

Nach der Wiedergewinnung der vollen Souveränität verstärkte sich sogar der Einsatz der österreichischen Politiker für Südtirol. Italien geriet zusehends in die Defensive. Vor allem der Hinweis auf den internationalen Charakter der Südtirol-Problematik war den Italienern unangenehm. Immer mehr wirkte der Versuch Italiens, trotz Vorhandenseins eines völkerrechtlichen Vertrags, den Anspruch Österreichs auf Vertretung der Südtiroler als Einmischung in innerstaatliche Angelegenheiten zu bezeichnen, als unhaltbar. Wohl im Bewußtsein

---

[49] Der italienische Ministerpräsident Giuseppe Pella stellte fest, daß die Idee der Volksabstimmung in der Tradition aller zivilisierten Völker liege.

dieses Umstandes bat die italienische Botschaft die österreichische Regierung um eine eindeutige und konkrete Darlegung ihrer Ansichten zum Pariser Vertrag. Das österreichische Bundeskanzleramt übermittelte ein Memorandum an die italienische Botschaft, in welchem der österreichische Standpunkt bezüglich der Voraussetzungen für eine effektive Autonomie dargelegt und unterbreitet wurde [50]. Am 30. Jänner 1957 lehnte die italienische Regierung den Vorschlag zur Bildung einer Expertenkommission ab und behauptete, das Pariser Abkommen sei in allen Punkten erfüllt worden. Die Geduld der Südtiroler war jedoch angesichts der weiterhin massiv geförderten italienischen Zuwanderung, der Benachteiligung in der Wohnungsvergabe, ausstehender Durchführungsbestimmungen zum Autonomiestatut und der für deutschsprachige Südtiroler schier hoffnungslosen Situation am Arbeitsmarkt zu Ende und die Forderungen wurden nunmehr entschiedener vorgebracht und wie schon seit langem befürchtet wurde auch vor Gewaltanwendung nicht mehr zurückgeschreckt. Im Sommer 1956 kam es zu den ersten Sprengstoffanschlägen in Südtirol. Im Herbst 1957 verabschiedete Rom ein Wohnbauprogramm bislang unbekannten Ausmaßes, dessen Zielsetzung nur in einer weiteren Unterwanderung Südtirols liegen konnte. Ein Betrag von 600 Millionen Lire wurde sogar ganz offen zur "Verteidigung der Italianität in den Grenzzonen" bereitgestellt [51]. Auf der Massenkundgebung in Sigmundskron am 17. November 1957, an der sich 35.000 Südtiroler beteiligten, wurde der Staat an die Erfüllung der übernommenen Verpflichtungen angemahnt und an Österreich appelliert, sich mit ganzer Kraft und allen Mitteln für die beschleunigte Erfüllung der Forderungen des Südtiroler Volkes einzusetzen. Diese Protestaktion setzte einen Meilenstein im Kampf Südtirols um zufriedenstellendere Schutzbestimmungen und muß als unmittelbarer Auftakt der Entwicklungen gesehen werden, die die Südtirolfrage direkt vor die VN führten. Durch diese Protestaktion hatte die Südtirol-Problematik einen gewissen Grad an internationaler Publizität erlangt und die Weltöffentlichkeit erfuhr, daß Italien wesentliche Verpflichtungen nicht eingehalten bzw. Zusagen wieder zurückgenommen hatte. Von besonderer Bedeutung ist weiters der Umstand, daß Österreich von einem repräsentativen Teil der Südtiroler Bevölkerung zur Wahrnehmung seiner Schutzmachtfunktion aufgefordert worden ist. Damit

---

[50] Dieses Memorandum wurde später als Annex 7 dem von Österreich am 4. Oktober 1960 den VN überreichten Memorandum beigefügt.

[51] Vgl. Ramminger, H.K., a.a.O., S. 65.

mußte die österreichische Bundesregierung schon aufgrund innenpolitischer Erwägungen energischere Schritte gegenüber Italien setzen und konnte sich nicht mehr mit diplomatischen Pflichtübungen begnügen. Die von ihrer späteren Tragweite her bedeutendste Konsequenz dieser Kundgebung war jedoch die Entdeckung eines neuen Selbstbewußtseins, zu dem die Südtiroler nun gefunden hatten und das unerläßlich für die harten Auseinandersetzungen der nächsten Jahre auf internationaler Ebene in den Verhandlungsrunden auch gezeigt und zu einem essentiellen Erfolgsfaktor wurde.

Am 4. Februar 1958 brachten die Südtiroler Abgeordneten Tinzl, Guggenberg und Ebner in der Abgeordnetenkammer des italienischen Parlaments den Vorschlag zur Errichtung einer mit weitreichenden autonomen Kompetenzen ausgestatteten Region Südtirol ein. Ende 1958 wurde der Gesetzesentwurf in abgeänderter Form im Senat eingebracht. Im Mai 1959 wurde dieser Entwurf erneut dem Abgeordnetenhaus vorgelegt, doch diese Initiative fand keine Unterstützung. Dagegen zeigte die römische Regierung eine erstaunliche Hartnäckigkeit im Versuch, im minderheitenpolitisch besonders heiklen Bereich des Volkswohnbaus zu intervenieren. Das diesbezügliche Landesgesetz wurde zurückverwiesen und durch eine Durchführungsbestimmung ersetzt, durch die die Landesautonomie definitiv bedeutungslos wurde. Darauf kündigte die SVP die Zusammenarbeit mit der DC (Democrazia Cristiana) in der Region auf und berief ihre Vertreter aus der Regionalregierung ab [52]. Zu den 150-Jahr-Feiern der Erhebung Tirols gegen Napoleon am 20. Februar 1959 wurden dem Tiroler Landeshauptmann Tschiggfrey und dem Tiroler Landesrat Oberhammer die Einreise nach Italien verwehrt. Bundeskanzler Julius Raab meinte am 21. Februar 1959, das Einreiseverbot beweise nur, daß die Klagen der Südtiroler berechtigt seien. Der österreichische Botschafter in Rom wurde zur Berichterstattung nach Wien berufen. Ab dem 22. Februar 1958 waren in Wien "Konsultationen" [53] zwischen einer Gruppe von Beamten des Außenamtes

---

52 Da nach Art. 30 des Autonomiestatutes die Regionalregierung aus Vertretern beider Bevölkerungsgruppen bestehen mußte, sollte durch diesen Schritt ein Zustand der Unregierbarkeit der Region geschaffen werden.

53 Man beachte die gekünstelte Bezeichnung, zu der gegriffen werden mußte, um den Schein zu wahren. Italien ließ sich nicht auf Verhandlungen, nur auf Konsultationen ein. Eine Einlassung auf Verhandlungen hätte den italienischen Rechtsstandpunkt, wonach das Pariser Abkommen bereits erfüllt sei und Österreich weder Recht noch Veranlassung zu Vertragsverhandlungen hätte, umgestürzt.

unter der Leitung von Staatssekretär Prof. Gschnitzer einerseits und Vertretern der italienischen Botschaft andererseits angelaufen, wobei der Gesamtkomplex der österreichisch-italienischen Beziehungen und als Teilproblem die Durchführung des Pariser Vertrages zur Sprache kamen. Die Gespräche gestalteten sich jedoch äußerst schwierig und standen mehrfach kurz vor dem Scheitern. Als Außenminister Figl am 4. März 1959 eine umfassende offizielle Stellungnahme zur Südtirol-Problematik abgab, deutete er auch die Möglichkeit der Befassung völkerrechtlicher Instanzen an.

Nach den Wahlen von 10. Mai 1959 wurde Außenminister Dr. Leopold Figl durch Dr. Bruno Kreisky abgelöst.

Die Südtirolfrage wurde von nun an methodisch gezielt angegangen, zum einen durch die Absprache mit allen in Südtirol-Anliegen engagierten demokratischen Bewegungen und zum anderen durch die Bildung eines Schwerpunktes "Südtirol" im österreichischen Außenministerium.

Im Juli übermittelte die italienische Regierung ein Aide-mémoire über das bisherige Ergebnis der österreichisch-italienischen Konsultationen. Darin wurden zwar Verbesserungen hinsichtlich Sprache, Kultur und Stellenbesetzung unverbindlich zugesagt, jegliche Änderung des Autonomiestatuts wurde aber abgelehnt. Diese Aussagen veranlaßten den neuen Außenminister nun definitiv, eine härtere Gangart einzuschlagen.

II. Der Ablauf der Verhandlungen

1. Der Entschluß Österreichs, die GV der VN anzurufen

"Ich war mir im klaren darüber, daß das Problem Südtirol große Bedeutung für unsere außenpolitischen Aktivitäten haben würde. Aus dem Gefühl heraus, daß vielleicht nicht alles getan worden war, was hätte getan werden müssen, wollte ich versuchen, eventuelle Versäumnisse durch meine Tätigkeit wettzumachen [...]. Neben politischen Erwägungen gab es für mich auch einen nicht unbedeutenden subjektiven Grund, mich in der Südtirolfrage zu profilieren. Ich mußte verhindern, daß man aus meiner kosmopolitischen Neigung, die manchmal mit meiner jüdischen Abstammung in Verbindung gebracht wurde, die Schlußfolgerung zog, ich würde mich mit dem Südtirol-Problem nicht intensiv genug beschäftigen" [54]

- Bruno Kreisky -

Die Hoffnungen der Südtiroler lagen in einer Internationalisierung der Südtirolfrage, wobei eine "Europäisierung" als nicht ausreichend erschien. Zwar hatte der Europarat am 29. Oktober 1957 einstimmig eine Resolution (Res. Nr. 136) angenommen, in der Minderheitenschutz (auch) als Kollektivrechtsschutz definiert und eine Untersuchung über die Lage der nationalen Minderheiten angekündigt worden war, doch verwies das europäische Ministerkomitee später auf die Verantwortung der Vereinten Nationen zur Prüfung der Frage der nationalen Minderheiten. Ein Versuch des österreichischen Außenministers Figl, in seiner Rede anläßlich der Gedenksitzung des Europarates vom 20. April 1959 zum zehnjährigen Bestehen der Organisation auch die Südtirol-Problematik anzuschneiden, war durch den italienischen Delegierten verhindert worden. Schließlich einigte man sich auf die Empfehlung, Minderheitenstreitigkeiten über bilaterale Verhandlungen zu lösen bzw. bei einem Scheitern der Verhandlungen die am 29. April 1957 unterzeichnete Europäische Konvention zur friedlichen Beilegung von Streitigkeiten zur Anwendung kommen zu lassen [55].

---

54 Vgl. Kreisky, B., "Im Strom der Politik".

55 In einem begleitenden Memorandum führte das Ministerkomitee mehrere Gründe an, weshalb der Europarat zum betreffenden Zeitpunkt kein Minderheitenschutzsystem, das dem des Völkerbundes vergleichbar sei, schaffen sollte. Dabei wurde vor allem auf die bereits bestehende

Den Österreichern und Südtirolern wurde zunehmend klar, daß das Südtirolproblem nicht allein durch einen Rechtsstreit über die Auslegung des Pariser Vertrages geklärt werden konnte, sondern einer politischen Lösung bedurfte. Während der gesamten Diskussion vor den Vereinten Nationen nahm die Frage der Natur der Auseinandersetzung eine zentrale Bedeutung ein, hing doch vom Vorhandensein eines politischen Charakters die Zuständigkeit der Generalversammlung zur Diskussion dieser Frage ab. Nach Auffassung der österreichischen Delegation war die Zuständigkeit der GV der VN für die Behandlung des Südtirolproblems sogar unmittelbar aus deren Satzung ableitbar. So gibt der Artikel 10 Satzung der VN (SVN) der Generalversammlung die Befugnis, alle Fragen oder Angelegenheiten zu erörtern, die in den Rahmen der Satzung fallen. Artikel 13 SVN sieht Empfehlungen der GV zur Förderung der internationalen Zusammenarbeit auf politischem Gebiet vor. Nach Artikel 14 SVN kann die Generalversammlung, vorbehaltlich der Bestimmungen des Artikels 12, Maßnahmen zur friedlichen Ordnung jeder Situation empfehlen, die sie ohne Rücksicht darauf, wie sie entstanden ist, für geeignet hält, die allgemeine Wohlfahrt oder die freundschaftlichen Beziehungen zwischen den Nationen zu beeinträchtigen.

Als pragmatische Begründung für die Bevorzugung der GV der VN gegenüber dem IGH wurde in erster Linie die Dauer des Verfahrens vor dem Internationalen Gerichtshof in Den Haag angeführt.

Tatsächlich konnte jedoch der unterschiedliche Zeitaufwand - soweit überhaupt gegeben - für eine derart bedeutende Fragestellung nicht maßgeblich sein. Wichtiger war die generelle Anzweiflung der Eignung des IGH, allein über die Interpretation des Pariser Vertrages zu einer Lösung der weit vielschichtigeren Südtirolfrage zu gelangen. Nicht zuletzt sah man aber in der vagen Formulierung des Pariser Vertrages eine Gefahr für die Südtiroler Position [56].

---

bundes vergleichbar sei, schaffen sollte. Dabei wurde vor allem auf die bereits bestehende Menschenrechtskonvention, auf die geringe Effizienz des Minderheitenschutzes durch den Völkerbund und auf die heikle Problemstellung, bei der eine öffentliche Diskussion auch schaden könne, hingewiesen. Im Rahmen der Darstellung der herrschenden Minderheitenschutzregelungen in Westeuropa ging das Memorandum auch auf die Situation in Italien ein und behauptete, Italien habe alle rechtlichen Verpflichtungen aus dem Gruber-De Gasperi Abkommen erfüllt.

[56] Vgl. Fenet, A., a.a.O., S. 238.

Karl Gruber hatte im Jahr 1946 eine unklare Formulierung des Pariser Vertrages in der Hoffnung akzeptiert, beim Vorhandensein des nötigen politischen Willens könne später eine für Südtirol günstige Interpretation erreicht werden. Der IGH kann jedoch keine politischen Entscheidungen treffen, wohl aber solche durch Einengung des Interpretationsspielraumes erschweren.

Der vom Europarat vorgesehene Schlichtungsweg hätte die Südtirolfrage ebenfalls zum IGH geführt. Eine negative Entscheidung des IGH hätte aber eine darauffolgende Anrufung der VN erschwert, wenn nicht gar unmöglich gemacht. Dagegen schien auch nach einem eventuell für die Südtiroler ungünstigen Verlauf der Diskussion vor den VN die Anrufung des IGH nicht negativ präjudiziert [57]. Wenn nun der Gang zu den VN als Erprobung eines der wenigen den Südtirolern und Österreichern zur Verfügung stehenden Mittel unverzichtbar war, so blieb dessen Ergebnis ungewiß.

Das allgemeine Völkerrecht kannte noch keine generelle Minderheitenschutzregelung. Im Gegensatz zum Völkerbund richteten die VN ihr Hauptaugenmerk auf den Menschenrechtsschutz und ließen den Minderheitenschutz anfänglich unbeachtet. Es wurde sogar behauptet, Menschenrechtsschutz erübrige Minderheitenschutz [58]. Die Allgemeine Erklärung der Menschenrechte vom 10. Dezember 1948 läßt Minderheiten unerwähnt. Vor allem die USA - selbst mit immer akuter werdenden Problemen mit dem schwarzen Bevölkerungsteil konfrontiert - widersetzten sich einer solchen Regelung. Erst mit dem VN-Pakt über bürgerliche und politische Rechte aus dem Jahr 1966 wurde eine allgemeine Geltung anstrebende völkerrechtliche Norm zum Schutz rassischer, religiöser und sprachlicher Minderheiten geschaffen [59]. In den Jahren als die Südtirolfrage vor den VN diskutiert wurde, waren die Beratungen über die Schaffung dieser Regel noch voll im Gange und das Endergebnis noch nicht absehbar. Die Befassung der VN mit einer minderheitenrechtlichen Problemstellung stellte somit ein nicht zu unterschätzendes Wagnis dar. Bruno Kreisky sollte später dazu schreiben: "Die Südtirolfrage war eine ungeheuer komplexe Materie, die weit hinein in die europäische

---

57 Vgl. Alcock, A.E., a.a.O., S. 320.

58 Die Präsidentin der Menschenrechtskommission gab 1948 vor der Generalversammlung der VN eine diesbezügliche Erklärung ab. Vgl. Fenet A., a.a.O., S. 228.

59 Oxenknecht, R., "Der Schutz ethnischer, religiöser und sprachlicher Minderheiten in Art. 27 des Internationalen Paktes über Bürgerliche und Politische Rechte vom 16. Dezember 1966".

Situation spielte. Es war ein Kampf auf 'Leben und Tod' im politischen Sinn, den ich über Jahre hin bei der UNO ausgefochten haben, und wenn es daneben gegangen wäre, hätte ich wahrscheinlich zusammenpacken und mich für immer aus der Politik verabschieden können" [60].
Nachdem die Verhandlungspositionen zwischen Österreich und Italien offenbar festgefahren waren beschloß die Bundesregierung, nach wiederholtem Drängen [61] der SVP (zuletzt im Sommer 1959) und auch ganz im Sinne der österreichischen öffentlichen Meinung, Außenminister Dr. Bruno Kreisky zu beauftragen, die Südtirolfrage in der Generalversammlung der VN vom September 1959 zur Sprache zu bringen. Um den österreichischen Forderungen Nachdruck zu verleihen, sollte gleichzeitig auch die Absicht Österreichs angekündigt werden, die Südtirolfrage auf die Tagesordnung der nächsten GV zu setzen, sollte der Gesetzesentwurf der Südtiroler Abgeordneten unberücksichtigt bleiben und bei den österreichisch-italienischen Verhandlungen kein Fortschritt erzielt werden.
Am 21. September 1959 machte Kreisky in einer ausführlichen Rede vor der GV der VN die Weltöffentlichkeit mit der Südtirolfrage vertraut. Nach einer kurzen Schilderung der historischen Problementwicklung wies er auf die Meinungsverschiedenheiten über die Auslegung des Vertrages des Jahres 1946, auf den unbefriedigenden Verlauf der österreichisch-italienischen Verhandlungen und auf die besorgniserregende Lage auf sozialem und wirtschaftlichem Gebiet in Südtirol hin. Die Südtiroler seien zwar eine äußerst lebenskräftige und kinderreiche Volksgruppe, aber die Praxis der Arbeitsvermittlung gefährde die Grundlage ihrer Existenz auf dem Boden ihrer Heimat. Er wies auf die Benachteiligung durch die Arbeitsämter bei der Arbeitsvermittlung hin und auf den Umstand, daß von den seit Kriegsende mit staatlicher Beihilfe in Südtirol gebauten Wohnungen den Südtirolern bislang kaum 7 % zur Verfügung gestellt worden seien. Dadurch würden die Südtiroler in immer stärkerem Maße zur Auswanderung gezwungen. Die österreichische Bundesregierung unterstützte den von den Vertretern der Südtiroler im italienischen Parlament eingebrachten Gesetzesentwurf zur Schaffung einer

---

60 Vgl. Kreisky, B., a.a.O., S. 154 ff.

61 Während in Süd- und Nordtirol schon lange die Befassung internationaler Instanzen mit der Südtirolfrage verlangt worden war, war man im übrigen Österreich erst seit Anfang 1959 von der Notwendigkeit dieses Schrittes überzeugt. Von diesem Zeitpunkt an wurde die Aufforderung an die Bundesregierung zu handeln immer lauter.

autonomen Region Südtirol, da nur eine Autonomie für die Provinz Bozen eine echte Erfüllung der zwischen Österreich und Italien getroffenen Vereinbarungen sei. Überhaupt könnten einer geschlossen wohnenden Minderheit die ihr zustehenden demokratischen Rechte nur durch die Gewährung der Selbstverwaltung gesichert werden. Sollte es nicht möglich sein, die Lebensbedingungen der Südtiroler in zweiseitigen Verhandlungen in befriedigender Weise zu regeln, so werde der österreichischen Regierung kein anderer Weg bleiben, als unter Berufung auf die Charta der VN, diese mit dieser Frage zum nächsten möglichen Zeitpunkt zu befassen. Kreisky betonte, Österreich empfinde keinerlei Feindschaft gegenüber Italien, es habe große kulturelle Bereicherung von diesem Land erfahren und habe auch ansonsten keine offenen Probleme zum Nachbarstaat, doch Verantwortungsempfinden und die Ungeduld Tausender junger Menschen zwängen zum Handeln.
Zwei Tage später nahm der italienische Außenminister Pella zu den Ausführungen Kreiskys Stellung. Zuerst wandte er sich energisch gegen "den Versuch, hier eine Angelegenheit zur Sprache zu bringen, die nicht vor diese Versammlung gehört". Er drückte sein "Bedauern über das seltsame Vorgehen der Wiener Regierung aus", da gerade diplomatische Besprechungen über das Gesamtverhältnis zwischen Italien und Österreich geführt würden. Durch das Gruber - De Gasperi Abkommen sei "1946 die Frage des Oberetschgebietes ein für allemal geregelt" worden. Die "Gespräche über gewisse Aspekte der Anwendung" dieses Abkommens könnten durch "Polemiken" bedeutungslos werden. Wenn das der Zweck Österreichs sei, müsse es auch die Verantwortung dafür übernehmen. Er deutete an, daß Österreich durch "eine künstliche Polemik" eine permanente Krise schaffen wolle. Im übrigen sehe er keine Veranlassung sich mit der Substanz des Problems zu beschäftigen, da Kreiskys Darstellung weder in dem Teil, der sich auf die inneren Angelegenheiten beziehe, noch in dem Teil, der eine juristische Beurteilung eines bilateralen Abkommens verlange, in die Zuständigkeit der GV falle. Italien habe das De Gasperi - Gruber - Abkommen durchgeführt und gewähre darüber hinaus den Minderheiten des Oberetschgebietes eine liberale Behandlung, die in keiner anderen Region der Welt übertroffen werde. Darüber hinaus habe die Bevölkerung des Oberetschgebietes am Ende des Zweiten Weltkrieges in einem freien Referendum, einer frei geäußerten Wahlentscheidung, die als endgültig betrachtet werden müsse, mit Erfolg darum ersucht, wieder italienisch zu werden.

Bemerkenswert an der Rede Pellas ist einmal die Feststellung, daß Italien nicht nur das Gruber - De Gasperi Abkommen durchgeführt habe, sondern den Minderheiten Südtirols auch eine unübertroffen liberale Behandlung gewähre. Die Ansicht, der Pariser Vertrag sei durch die Erlassung des Autonomiestatuts von 1948 erfüllt worden, womit die Südtiroler Frage zu einer innerstaatlichen Angelegenheit würde, beruht auf einer dualistischen Auffassung des Verhältnisses von Völkerrecht und Landesrecht [62]. Solange aber eine schutzbedürftige Südtiroler Minderheit besteht, kann der Pariser Vertrag nicht als endgültig durchgeführt betrachtet werden, da er nur im beständigen Schutz dieser Minderheit im Zeitablauf seine Funktion erfüllt und als Dauerverpflichtung Italiens Maßstab für die kontinuierliche Prüfung der Einhaltung bzw. Verletzung der Vertragspflichten ist.
Der Versuch Pellas schließlich, die Rückoptionen der Optanten als Referendum, als freie Wahl für Italien auszulegen, forderte den scharfen Protest Kreiskys heraus. In seiner Entgegnung am 25. September wies Kreisky darauf hin, daß das Umsiedlungsabkommen des Jahres 1939 die Südtiroler Bevölkerung allein vor die Wahl gestellt habe, entweder auszuwandern oder ihr Volkstum aufzugeben. Das Gruber - De Gasperi Abkommen sollte einen Teil des an den Südtirolern begangenen Unrechts wieder gutmachen. Bemerkenswert sei aber gewesen, daß Italien eine Reoptionserklärung auch von den in Südtirol verbleibenden Optanten verlangt habe, wodurch diese nun vor die schwere Wahl gestellt gewesen seien, die geforderte Erklärung abzugeben oder staatenlos zu werden. Die wahre Meinung der Südtiroler sei im April 1946 zum Ausdruck gekommen als 123.700 Südtiroler - also nahezu die gesamte wahlberechtigte Bevölkerung - eine Volksabstimmung verlangt hätte. Daß die Südtiroler Minderheit die bestbehandelte der Welt sei, bestritt Kreisky mit dem Hinweis auf die autonomen Rechte der schwedischen Minorität auf den finnischen Åaland-Inseln. Der italienische Außenminister Pella mußte nun seine Behauptung zurücknehmen, die Rückoptionen hätten ein Referendum dargestellt, tat dies aber mit der Einschränkung, daß es sich trotzdem um eine freie Willensäußerung gehandelt habe. Weiters wies er "mit Enttäuschung und Bitterkeit" auf den erneuten Eindruck hin, die österreichische Regierung wollte künstlich Spannung und Unruhe schaffen.

---

[62] Vgl. Strasser, W., a.a.O., S. 300.

2. Die Reaktionen in Presse und Diplomatie [63]

In Italien war man über den Vorstoß Kreiskys zwar nicht überrascht, aber irritiert. Was in Südtirol, Tirol und im restlichen Österreich als konsequente Haltung Kreiskys gesehen wurde, verstieß nach Ansicht der Italiener gegen die Regeln des Anstandes im diplomatischen Leben ("Corriere della Sera"), die Londoner "Times" sah in der Rede Kreiskys nur "zwei oder drei" - durchaus notwendige - "Nadelstiche". Auch die "Süddeutsche Zeitung" meinte, angesichts der Verschleppungstaktik der italienischen Regierung Segni, die in der Kammer von der Gunst der rechtsgerichteten Parteien, der Liberalen, Monarchisten und Neofaschisten abhänge, habe Österreich sogar "bemerkenswerte Geduld" gezeigt. Wien habe aber mahnen wollen, daß Südtirol "eines Tages ein Fall für die UNO werden" könnte. Die "Neue Zürcher Zeitung" stellte fest, daß die Delegationen der NATO-Länder aus Rücksicht auf Italien keine Sympathien für Österreichs Initiative gezeigt hätten. Sachliche Beobachter hätten aber dem Schritt der Wiener Regierung zugestimmt und seien der Meinung, daß die VN für das Südtiroler Problem, das nicht nur einen politischen Streitfall zwischen zwei Mitgliedstaaten darstelle, sondern auch eine Frage des Minderheitenschutzes betreffe, unbedingt zuständig seien.
Die Pressefreiheit der westlichen Staaten erlaubte, die überwiegend südtirolfreundliche öffentliche Meinung zum Ausdruck zu bringen, während sich die westlichen Regierungen, z. T. aus Gründen der Diplomatie zurückhaltend zeigen mußten, oder aber auch mit Überzeugung die Position Italiens vertraten.

3. Der Fehlschlag der diplomatischen Bemühungen

Die Ankündigung Kreiskys, die Südtirolfrage auf die Tagesordnung der nächsten GV zu setzen, sollten sich keine befriedigenden Verhandlungsergebnisse einstellen, lösten in Italien hektische Bemühungen aus, die Diskussion dieser Frage vor der Weltöffentlichkeit zu verhindern.
Am 1. Dezember 1959 übermittelte die italienische Botschaft in Wien ein Memorandum, in welchem auf die Durchführungsbestimmungen zum Autonomiestatut vom 8. August 1959 über den Gebrauch beider Sprachen im inneren Amtsverkehr hingewiesen wurde. Diese Leistung konnte Österreich allerdings nicht umstimmen, zumal das betreffende Dekret, das keine Gleich-

---

63 Vgl. Ritschel, H.K., a.a.O., S. 311 ff und Strasser, W., a.a.O., S. 307 ff.

berechtigung der deutschen Sprache, sondern allein eine Zweisprachigkeit im Sinne einer obligatorischen Verwendung auch der italienischen Sprache vorsah, auf schärfsten Protest der Südtiroler gestoßen war.
Auch ein weiteres, am 14. Dezember 1959 überreichtes italienisches Memorandum ließ das schon am 28. Oktober 1959 übermittelte "Österreichische Arbeitsdokument zur Frage der Autonomie", das ausführlich die österreichischen Beschwerdepunkte erläuterte, unberücksichtigt. Mit allgemeinen Beschwichtigungen und einem sachlich nicht weiter begründeten Optimismus wurde für den Fall der Fortsetzung der Verhandlungen ein gutes Ergebnis in Aussicht gestellt. Am 10. Jänner 1960 äußerte Ministerpräsident Segni in einem persönlichen Brief an Bundeskanzler Raab gar den Wunsch, der Gang der Besprechungen möge beschleunigt werden. Raab antwortete am 26. Jänner mit dem Hinweis, daß eine zufriedenstellende Lösung des Problems Südtirol nur dann gefunden werden könne, wenn die italienische Regierung bereit sei, in konkrete Verhandlungen über eine der Provinz Bozen zu gewährende effektive Autonomie einzutreten. Auch auf das am 28. Oktober 1959 überreichte und bis dahin unbeantwortet gebliebene österreichische Arbeitsmemorandum wies er hin. Segni antwortete am 4. März 1960 und erklärte die neuerliche Verzögerung der Besprechungen mit der italienischen Regierungskrise. Die von Bundeskanzler Raab gestellten Fragen blieben aber unbeantwortet. Das neugebildete Kabinett Tambroni mußte am 4. Mai 1960 erneut aufgefordert werden, zu den offenen Fragen Stellung zu nehmen. Ministerpräsident Tambroni antwortete in einem freundlichen Schreiben am 18. Mai 1960 und schlug eine Lösung nach der europäischen Konvention über die friedliche Beilegung von Streitigkeiten, also letztlich eine Befassung des IGH mit der Südtirolfrage vor. Er stimme aber mit Österreich darin überein, daß der Methode der bilateralen Verhandlungen der Vorzug gebühre. Bahnbrechend schien das Zugeständnis in der Autonomiediskussion zu sein: "In der praktischen Durchführung des gesamten Instruments kann man wohl Vervollkommnungen einführen."
Offenbar war man sich aber in Rom in höchstem Maße unklar über die gebotene Vorgangsweise, denn im Antwortschreiben auf das "Österreichische Arbeitsdokument" hieß es nach der Behauptung, das Gruber - De Gasperi Abkommen erfüllt zu haben, plötzlich: "Die italienische Regierung ist daher nach wie vor der Ansicht, daß die Forderung nach einer Autonomie, die von der durch die Provinz Bozen bereits ausgeübten verschieden ist, unberechtigt sei." Die italienische Regierung werde sich einem von der Konvention über die

friedliche Beilegung von Streitigkeiten vom 29. April 1957 vorgesehenen Verfahren nicht widersetzen, wohl aber der Anrufung einer von dieser Konvention nicht vorgesehenen Instanz, die für diesen Streitfall juridischer Natur unberechtigt sei.
Die österreichische Bundesregierung war aber von dem nun einmal eingeschlagenen Weg nicht mehr abzubringen und der Versuch der italienischen Regierung, durch den offiziellen Vorschlag den Streit vor dem Internationalen Gerichtshof auszutragen, eine Diskussion vor den VN zu verhindern, kam zu spät. Am 23. Juni beschloß die österreichische Bundesregierung, den diesbezüglichen Antrag abzuschicken. Österreich hatte sich in der Weltöffentlichkeit bezüglich der Südtirolfrage schon zu weit vorgewagt, so daß jetzt nach der Stellungnahme auf der XIV. GV der VN, nach den scharfen Protesten der italienischen Presse und den halbherzigen Zusagen der italienischen Politiker der Auseinandersetzung nicht mehr aus dem Weg gegangen werden konnte. Die Initiative wurde in Österreich im wesentlichen von Bruno Kreisky getragen, der sich nun der Südtirolfrage voll und ganz verpflichtet fühlte und schon im Frühjahr 1960 Auslandsbesuche in London, Paris, Warschau, Belgrad und Bern vornahm, um das Terrain zu sondieren und für den österreichischen Standpunkt zu werben. Die Ergebnisse waren jedoch ernüchternd. Vor allem die USA zeigten keinerlei Absicht, sich in dieser Auseinandersetzung zwischen zwei befreundeten Staaten festzulegen und die ihr zugedachte Vermittlerrolle zu übernehmen. Die Mitgliedstaaten der EWG mußten auf ihren wichtigen Vertragspartner Italien Rücksicht nehmen. Bestärkt in seiner Haltung wurde Kreisky aber vor allem von den Südtirolern selbst. Österreich wurde sowohl auf der ordentlichen Landesversammlung der SVP im November 1959 als auch auf der außerordentlichen Landesversammlung im Mai 1960 um eine weitere Intervention bei den VN ersucht.
Die italienische Regierung blieb die längste Zeit unschlüssig. Zum Umstand, daß die Folgen einer Behandlung der Südtirolfrage durch die VN nicht objektiv abschätzbar waren, gesellte sich der rasche Wechsel der Entscheidungsträger in Rom, wodurch die Verfolgung einer einheitlichen Handlungslinie unmöglich wurde. Die ständigen Regierungskrisen, die in den Vorjahren jede ernsthafte Auseinandersetzung mit der Autonomiefrage verhindert hatten, wurden nun zur Gefahr für die Sache des Zentralstaates. Erst am 10. September 1960 beschloß die neue Regierung Tambroni, sich einer Befassung der VN mit der Südtirolfrage nicht zu widersetzen. Prof. Toscano beschreibt in seiner "Storia diplomatica della questione dell'Alto Adige" die Problematik, vor der

die italienische Regierung vor dem 10. September stand. Italien hätte versuchen können, die Eintragung des von Österreich gewünschten Tagesordnungspunktes zu verhindern. Versuche dieser Art waren in der Vergangenheit aber regelmäßig fehlgeschlagen. Eine Niederlage auf prozeduraler Ebene hätte die Position Italiens in der anschließenden Diskussion aber weiter verschlechtert und zudem das in der Vergangenheit besonders gute Verhältnis zu den VN getrübt. Eine Zustimmung zur Diskussion könnte aber als Bejahung der Kompetenz der GV gedeutet werden und damit die Gefahr einer wiederholten Befassung der VN mit dem Südtirolproblem heraufbeschwören. Die letztendlich getroffene Regelung, die Diskussion der Südtirolfrage zu akzeptieren, aber unter einem anderen Titel als Österreich gewünscht hatte, sieht Toscano als geschickten Schachzug Italiens.
Für die Einlassung Italiens auf die Diskussion vor der GV der VN sprach auch die sich damit bietende Möglichkeit, eine internationale Absegnung für die bisher geübte Praxis in der Behandlung der Südtiroler Minderheit zu erlangen. Der Gefahr der Aufrollung der gesamten Südtirol-Problematik und damit der Aktualisierung des Selbstbestimmungsrechts wußte die italienische Delegation, der u.a. die Professoren Toscano und Monaco angehörten, rechtzeitig zu begegnen.
Österreich hatte zum Tagesordnungsantrag "Das Problem der österreichischen Minderheit in Italien" bereits am 5. September ein Memorandum überreicht, in welchem die gesamte historische und aktuelle Problematik in Südtirol aufgezeigt und der Antrag begründet wurde [64].

4. Das Verfahren vor der Generalversammlung

4.1. Vorfragen, die richtungsweisend werden

Soll die GV mit einer Frage ordnungsgemäß befaßt, d.h. in die Lage versetzt werden, dazu auch eine Resolution zu verabschieden, muß zuvor ein entsprechender Tagesordnungspunkt angesetzt werden. Die Tagesordnung wird vom Lenkungsausschuß (Steering committee) festgelegt und vom Generalsekretär bestätigt. Ein einmal aufgenommener Tagesordnungspunkt wird dann einem Ausschuß für die Detailbehandlung zugewiesen. Den

64 Toscano bezeichnete die österreichische Dokumentation als heimtückisch, tendenziös, aber geschickt. Vgl. Toscano, M., a.a.O., S. 493.

Delegationen steht es frei, einen Resolutionsentwurf einzubringen, der dann Grundlage der Diskussion sein kann. Da es 1960 noch keine Abstimmung durch Konsens gab, mußten die einzelnen Delegationen zu einer Stimmabgabe für den Entwurf überzeugt werden. Das Verhandlungsergebnis wird zudem dem Plenum der GV unterbreitet, das die Entscheidung definitiv fällt [65].
Österreich wünschte nun seinen Tagesordnungsantrag "Das Problem der österreichischen Minderheit in Italien" im Politischen Sonderausschuß behandelt zu sehen, war sich aber auch der Gefahr bewußt, daß der Antrag im Rechtsausschuß behandelt werden könnte. Italien wiederum war mit dem Titel des Antrages, der präjudizierend wirke, nicht einverstanden und wünschte selbstverständlich ein Behandlung der Frage im Rechtsausschuß. Diese Vorfragen waren von ausschlaggebender Bedeutung für den weiteren Verlauf der Diskussion. Italien befürchtete nämlich, daß eine Annahme der österreichischen Formulierung die gesamte Südtirol-Problematik zum Diskussionsgegenstand machen könnte, was gar zur Anerkennung des Selbstbestimmungsrechts für die Südtiroler hätte führen können [66]. Eine Behandlung des Antrages im Rechtsausschuß hätte hingegen eine Reihe von aus österreichischer Sicht bedeutsamen Aspekten irrelevant werden lassen. Die gesamte Fragestellung hätte unter einem anderen Blickwinkel angegangen werden müssen. Am Ende kam es zu einer Kompromißlösung: Der Titel des Antrages wurde nach einem kanadischen Vorschlag folgendermaßen abgeändert: "Der Statuts des deutschsprachigen Elements in der Provinz Bolzano (Bozen); Durchführung des Pariser Vertrages vom 5. September 1946". Österreich kam man dadurch entgegen, daß der Antrag an den Politischen Sonderausschuß übermittelt wurde. Dieser Kompromiß war der erste von vielen, die noch folgen sollten und die es sowohl der österreichischen als auch der italienischen Delegation erlaubten, sich in ihrem Heimatstaat als Sieger auszugeben. Tatsächlich stand auf beiden Seiten sehr viel auf dem Spiel und nur das besondere diplomatische Geschick und der überzeugte Einsatz beider Delegationen ermöglichten Ergebnisse, die durchwegs in der Mitte des möglichen Ergebnisspektrums lagen. Außenminister Segni schnitt das Südtirolproblem bereits in der Generaldebatte der XV. GV an, indem er auf die fehlende Zuständigkeit und die fehlende

---

[65] Vgl. Ermacora, F., "Südtirol und das Vaterland Österreich", S. 86 ff.

[66] Deshalb kritisierte der italienische Delegierte Martino, ohne Hinweis auf den Pariser Vertrag sei es unklar, ob es Österreich nur um die Erfüllung des Vertrags oder um dessen Aufhebung gehe. Außerdem seien die Südtiroler keine "österreichische" Minderheit.

Notwendigkeit zur Diskussion dieser Frage vor den VN hinwies. Italien fürchte diese Diskussion aber nicht, sondern habe stets auf Verhandlungen auf höchster Ebene gedrängt, nachdem Österreich nicht näher spezifizierte Beschwerden vorgebracht habe. Österreich habe aber diese Einladung nicht angenommen. Kreisky sah sich nun gezwungen, ebenfalls schon in der Generaldebatte eine Stellungnahme abzugeben. Er wiederholte seine Auffassung, wonach die GV zuständig sei, da die Verwirklichung einer echten Autonomie für Südtirol im Sinne der Satzungsziele (Art. 14 SVN) der VN liege. Österreich sei zudem immer zu Gesprächen auf höchster Ebene unter der Bedingung bereit gewesen, daß über die Autonomie für die Provinz Bozen gesprochen würde. Das habe Italien aber abgelehnt. Weiters führte er an, dieses Problem sei nicht durch die österreichische Seite dramatisiert worden, sondern eher durch die Tatsache, daß der Viertelmillion Südtiroler ein mittlerweile allgemein anerkanntes Recht verweigert würde.

4.2. Die Debatte im Politischen Sonderausschuß

Vor Beginn der Debatte im Politischen Sonderausschuß waren die Delegationen durch ausführliche Memoranden über die unterschiedlichen Positionen der Streitparteien informiert worden.

Das österreichische Memorandum beginnt mit der Darstellung des den Südtirolern zugefügten geschichtlichen Unrechts bis zum Pariser Vertrag. Die wichtigste Bestimmung dieses Vertrages, die die Gewährung einer Autonomie in Konsultationen mit Vertretern auch des deutschen Bevölkerungsteils vorsehe, sei durch die Errichtung der Region Trient-Tiroler Etschland ohne Befragung der Südtiroler verletzt worden. Damals sei es zur Unterzeichnung eines von den Italien vorbereiteten Schriftsatzes gekommen, in welchem Südtiroler Vertreter in der Annahme, daß das Autonomiestatut loyal und großzügig angewendet würde, ihre volle Zufriedenheit mit dieser Regelung ausdrückten. Diese Annahme habe sich jedoch als falsch erwiesen, und deshalb sei die Erklärung von den Südtiroler Vertretern zurückgezogen worden. Italien habe die Einsetzung einer gemischten österreichisch-italienischen Expertenkommission abgelehnt und eine Verhandlungslösung verhindert, da es nicht über die Regionalautonomie für Südtirol habe sprechen wollen. Österreich müsse nach den Erfahrungen seit 1946 auf ein verfassungsmäßig gesichertes, revidiertes Autonomiestatut bestehen, das den Schutz der österreichischen Minderheit garantiere. Die Anrufung der GV wurde damit begründet, daß das

Südtirolproblem als eine politische Frage nicht erst mit dem Abschluß des Gruber - De Gasperi Abkommens entstanden sei und einer raschen Entscheidung zugeführt werden müsse.
Das italienische Memorandum sieht das Pariser Abkommen als einzige Rechtfertigung für eine Behandlung der Südtirolfrage auf internationaler Ebene an und lehnt jeden Hinweis auf einen breiteren Kontext ab. Im öffentlichen Dienst bestehe keine Diskriminierung der Südtiroler, diese zeigten vielmehr geringes Interesse am Staatsdienst. Die Konformität des Regionalstatuts mit den Bestimmungen des Pariser Vertrages wurde mit dem Ausdruck "frame" - "Rahmen" begründet, den Italien trotz der auch wissenschaftlich untermauerten Kritik Österreichs stets geographisch deutete. Die im Vergleich zu anderen Regionen geringere Kompetenzausstattung der Region Trient-Tiroler Etschland sei sachlich gerechtfertigt. Eine von Österreich geforderte Zuzugsbeschränkung sei weder im Pariser Vertrag vorgesehen, noch rechtlich zulässig. Was die Qualifikation der Auseinandersetzung anbelange, handele es sich eindeutig um einen Streitfall juristischer Natur und damit sei für dessen Behandlung laut Europäischer Konvention über die friedliche Beilegung von Streitfällen der IGH zuständig. Der IGH sei auch für die Frage zuständig, ob es sich um einen Rechtsstreit handle. Die Zugeständnisse an die Südtiroler überstiegen den völkerrechtlich vorgesehenen Standard, dagegen verstoße österreichischerseits die Unruhestiftung gegen Art. 26 des Entwurfs der Konvention über bürgerliche und politische Rechte. Österreich kenne die Haltlosigkeit der Anschuldigungen und wolle deshalb einem Verfahren vor dem IGH ausweichen. Die Vorlage des Falls vor der GV sei eigentlich eine Mißachtung des Pariser Vertrages und stelle den Versuch dar, über diesen Vertrag hinausgehende Ziele zu realisieren, was aber Italien zurückweisen müsse.
Schon am 12. Oktober hatte die österreichische Delegation einen Resolutionsantrag vorgelegt, mit dem die GV zuerst allgemein das Interesse der VN für Minderheitenfragen feststellen sollte, um dann eine "substantielle und wirksame Regionalautonomie" zur "Existenzsicherung der österreichischen Minorität" zu verlangen. Die Forderung der Südtiroler nach einer derartigen Autonomie sei gerechtfertigt. Die beiden Parteien wurden im Entwurf weiters zu unverzüglichen Verhandlungen über die Konstituierung einer Provinz Bozen-Bolzano als autonome Region mit Legislativ- und Exekutivgewalt aufgefordert. Der sechzehnten GV hätte ein Bericht über das Ergebnis der Verhandlungen vorgelegt werden sollen.

Dieser Resolutionsentwurf wird in der Literatur unterschiedlich beurteilt. Ritschel meint [67], das Ziel sei zu weit gesteckt gewesen. Stadlmayer [68] schreibt, Österreich habe "seinen Pfeil sehr weit geschleudert, [...] um das Terrain abzustecken". Nach Toscano [69] hat der Resolutionsentwurf vom 14. Oktober den Zielen Österreichs nur geschadet, denn er habe zu erkennen gegeben, daß diese über den Pariser Vertrag hinausgingen und hätte einen Präzedenzfall ohne gleichen in der Geschichte der VN geschaffen. "Der österreichische Resolutionsentwurf war entschieden zu hart formuliert" glaubt Ramminger [70]. Da aber die Maximalforderung im - wahrscheinlich nicht realisierbaren - Selbstbestimmungsanspruch gelegen hätte, mußte der österreichische Antrag zumindest in der Autonomiefrage nach einer Maximallösung streben. Den Südtirolern wäre eine bloße Forderung nach einzelnen Detailverbesserungen unverständlich erschienen. Ein österreichischer Kompromißvorschlag noch vor Beginn der eigentlichen Diskussion hätte selbst eine "Minimallösung" als Endresultat in Frage gestellt. Zusätzlich wären durch einen derartigen Vorschlag bei den übrigen Delegierten sogleich Zweifel über die Eignung dieses Weltforums zur Diskussion derartiger Fragen aufgekommen.
In seiner Rede vor dem Politischen Spezialausschuß mußte Kreisky wieder weit ausholen, um das Südtirolproblem den Delegierten aus aller Welt - insgesamt waren damals 99 Staaten Mitglied der VN - darzustellen. Er schilderte das den Südtirolern zugefügte historische Unrecht, die Erkenntnis führender am Friedensvertrag von Saint-Germain beteiligter Staatsmänner (W. Wilson, D. Lloyd George, G. Clemenceau), einen Fehler gemacht zu haben und die Ablehnung der Annexion Südtirols selbst durch einen Teil des italienischen Volkes, der Politiker und der Wissenschaft. Nach einer Darstellung der faschistischen Unterdrückungsmaßnahmen wies er den italienischen Vorwurf des Pangermanismus als völlig abwegig zurück. Weder habe der Hitlerische Pangermanismus je Ansprüche auf Südtirol erhoben noch sei Österreich je Akteur dieser Bewegung gewesen. Österreich sei dagegen das erste Opfer dieses pangermanistischen Expansionsdranges gewesen. Nach der erneuten Verweigerung des Selbstbestimmungsrechtes am Ende des Zweiten Weltkrieges könne man nun das Lebensrecht einer Menschengruppe von einer

---

[67] Vgl. Ritschel, H.K., a.a.O., S. 341.

[68] Vgl. Stadlmayer, V., Südtirolpolitik, S. 513.

[69] Vgl. Toscano, M., a.a.O., S. 511.

[70] Vgl. Ramminger, H.K., a.a.O., S. 69.

Viertelmillion nicht von Interpretationsstreitigkeiten über einen Vertrag abhängig machen, der den Südtirolern nur bei großzügiger Erfüllung ein erträgliches Leben ermöglicht hätte und der von Österreich in einem Zustand der Schwäche abgeschlossen worden sei. Der IGH könne keine Lösung des Südtirolproblems bieten, da es hier nicht um eine formaljuridische Auseinandersetzung, sondern um ein politisches Problem ersten Ranges gehe. Österreich habe es sich nicht leicht gemacht und die Frage nicht dramatisiert. Entgegen den italienischen Behauptungen hätten die Südtiroler selbst verlangt, diese Angelegenheit auf die Tagesordnung der XV. GV der VN zu setzen. Die Forderung nach Selbstbestimmung wäre gewiß populärer, aber auch mit neuen Spannungen verbunden gewesen und aus dem Gefühl der Verantwortung heraus habe sich Österreich Mäßigung auferlegt. "Die Verwirklichung der Autonomie im Einvernehmen und nach Zustimmung der frei gewählten Vertreter der Südtiroler, wie wir es in der Resolution gesagt haben, würde es der österreichischen Bundesregierung möglich machen zu erklären, daß der Pariser Vertrag seine Erfüllung gefunden hat."

Am selben Tag nahm der italienische Außenminister Segni zur Südtirolfrage Stellung. Durch den Ersten Weltkrieg habe eine Vielzahl von Völkern das Joch der Habsburger abgeschüttelt. Nach dem Friedensschluß von 1919 habe Österreich versucht, nicht nur die natürliche Brennergrenze in Zweifel zu ziehen, sondern auch alle anderen Grenzen, was aber abgewehrt worden sei. Österreich habe aber noch wiederholt versucht, die Territorialfrage wieder aufzunehmen. Die Anwendung des Pariser Vertrages habe die deutschsprachige Bevölkerung zu einer der bestbehandelten Minderheiten der Welt gemacht und Segni versucht dies durch Zitate von Politikern zu beweisen. Die österreichischen Wünsche bezüglich der Autonomie der Provinz Bozen stellten Forderungen dar, die von keinem souveränen Staat angenommen werden könnten. Der Resolutionsentwurf enthalte vereinbarungswidrig wiederum den Ausdruck "österreichische Minderheit" und müsse abgelehnt werden. Die Unterstützung des SVP-Gesetzentwurfes für ein neues Autonomiestatut stelle einen Akt der Einmischung in interne Angelegenheiten dar. Österreich wolle eine Schutzmauer um die Südtiroler errichten, weniger um sie zu beschützen, als um sie zu isolieren. Ziel sei es, dieses Gebiet in ein ausschließlich für Personen deutschrassigen Ursprungs vorbehaltenes Reservat zu verwandeln. Während in vielen Teilen Europas die deutschsprachigen Minderheiten aus ihrem Herkunftsland verpflanzt und mit der nationalen Mehrheit verschmolzen worden seien, solle Südtirol das erste Gebiet sein, auf dem der umgekehrte

Vorgang stattfinde - dies also sei die Belohnung für die Großzügigkeit der italienischen Demokratie (!). Österreich verlange eine Revision des Pariser Vertrages mit dem Ziel einer Wiederaufnahme der Frage der Annexion des Oberetsch. Als Beweis dafür führte er u.a. Aussagen von Staatssekretär Gschnitzer und vom Präsidenten des Berg-Isel-Bundes, Widmoser, an. Weiters unterstellte Segni den Österreichern und Südtirolern rassistische Beweggründe für ihr Handeln. Abschließend betonte Segni noch einmal die Zuständigkeit des IGH bei Meinungsverschiedenheiten in der Anwendung des Pariser Vertrages und lehnte jede Einmischung in italienische innerstaatliche Angelegenheiten ab. Das Völkerrecht gebe auch der GV nicht das Recht, Forderungen Österreichs, durch die der Pariser Vertrag nichtig würde, zu unterstützen. "Pacta sunt servanda".

Am 19. Oktober trat der Delegierte Amadeo aus Argentinien ans Rednerpult und nahm eine deutlich proitalienische Position ein. Die Delegierten vom amerikanischen Kontinent zeigten fast durchwegs wenig Verständnis für die Probleme der Südtiroler Minderheit. Die Parteiergreifung des argentinischen Delegierten für Italien läßt sich wohl auch mit der italienischen Abstammung breiter argentinischer Bevölkerungsschichten erklären. Amadeo erklärte, daß Minderheitenschutz, so wie er seit dem Zweiten Weltkrieg verstanden werden, keineswegs Selbstverwaltung voraussetze und daß die Zusicherung der grundlegenden Menschenrechte - die keinen politischen Charakter hätten - als ausreichend betrachtet werde. Habe Italien nun den Südtirolern die Zuerkennung der grundlegenden Menschenrechte verwehrt? Nein, das zeige schon der erste Absatz des Pariser Vertrages. Die Frage, ob dieser Vertrag korrekt angewendet werde, müsse hingegen der IGH entscheiden. Auch der US-amerikanische Delegierte war dem österreichischen Antrag wenig freundlich gesinnt. Er meinte, die Annahme des österreichischen Resolutionsentwurfes hieße, sich die österreichische Position zu eigen zu machen. Man könne auch nicht die Parteien auffordern, solange zu verhandeln, bis das von Österreich vorgegebene Ergebnis erreicht sei.

Am nächsten Tag nahm Prof. Gschnitzer zu den italienischen Argumenten Stellung. Der Brenner sei keineswegs eine natürliche Grenze, diese Eigenschaft müsse wenn schon den Gebirgszügen zuerkannt werden, die gegen die Salurner Klause zögen und dort auch die Sprachgrenze anzeigten. Südtirol werde auch nicht von "germanisierten Italienern" bewohnt, sondern sei von einem Volk gleicher Sitten und Sprache wie im restlichen Österreich besiedelt worden, und zwar seit dem 7. Jahrhundert, als es noch gar kein italienisches

Volkstum gegeben habe. Die Zuständigkeit der GV für die Diskussion der Südtirolfrage beruhe auf Art. 14 SVN und werde durch das Memorandum des Generalsekretärs der VN an die Subkommission zur Verhinderung von Diskriminierungen und zum Schutz von Minderheiten vom 7. Dezember 1949 belegt, woraus der politische Charakter dieser Frage und der Umstand hervorgehe, daß für jede Minderheit eine gesonderte Lösung gefunden werden müsse. Im Gegensatz zu den Ausführungen des argentinischen Delegierten behauptete Gschnitzer, die VN hätten nach dem Zweiten Weltkrieg die Aufgabe übernommen, die Minderheiten generell zu schützen, gleichgültig, ob ihnen spezielle Schutzbestimmungen zu Hilfe kommen oder nicht. Er betonte, daß die VN die Autonomie in ihren Untersuchungen sehr wohl als taugliches und zulässiges Mittel des Minderheitenschutzes in Betracht gezogen hätten.
Das Bestehen eines Minderheitenschutzvertrages schließe die Zuständigkeit der GV nicht aus, da es nach Art. 14 SVN gleichgültig sei, auf welchen Ursprung die Situation zurückgehe, die geeignet sei, die freundschaftlichen Beziehungen zwischen Nationen zu beeinträchtigen. Da der gesamte Fragenkomplex ein politischer sei, könne er nirgends anders erörtert werden als in der GV. Entschieden wies er den Vorwurf des Vertragsbruches zurück, da die österreichische Bundesregierung den Grundsatz der Vertragstreue immer als einen ihrer höchsten politischen Leitsätze angesehen habe. In der Tatsache, daß sich Österreich im Interesse der Südtiroler nach jahrelangen vergeblichen Verhandlungen über den Pariser Vertrag nun auf einen zweiten, nunmehr politischen Titel berufe, könne keine Vertragsverletzung liegen.
Im Anschluß an Gschnitzer ergriff der italienische Delegierte Martino das Wort. Dieser richtete scharfe persönliche Angriffe gegen Gschnitzer, dem er u.a. rassistische Intoleranz unterstellte. Die nachfolgenden Redner aus Kolumbien, Schweden, Paraguay, Frankreich und Griechenland schienen Gschnitzers Ausführungen entweder nicht gehört oder nicht akzeptiert zu haben, denn sie wiederholten die italienischen Argumente für die Zuständigkeit des IGH und ließen die österreichische Delegation, die geglaubt hatte, überzeugende Argumente für den politischen Charakter der Südtirolfrage geliefert zu haben, isoliert erscheinen.
Am Nachmittag des 20. Oktobers gab es erste Erklärungen einzelner Delegierter, die Verständnis für die österreichische Position ausdrückten [71]. Spanien, der Iran und China stellten zwar die Zuständigkeit der GV nicht in

71 Vgl. Alcock, A.E., a.a.O., S. 242.

Frage, deuteten aber auf die Vorteile bilateraler Verhandlungen hin. Der afghanische Delegierte verlangte zwar auch bilaterale Verhandlungen, brachte aber plötzlich das Selbstbestimmungsrecht der Südtiroler ins Spiel und meinte unumwunden, daß dieses bei einem Scheitern der Verhandlungen in Betracht gezogen werden müsse. Der indonesische Delegierte zeigte die Nutzlosigkeit der Befassung des IGH mit der Südtirolfrage, denn eine für Italien günstige Entscheidung würde das Problem fortbestehen lassen. Auch wenn der österreichische Standpunkt angenommen würde, so könnte doch gerade das essentielle Problem der Autonomie ungelöst bleiben. Das Problem sei politisch und müsse deshalb von der GV einer akzeptablen Lösung zugeführt werden [72]. Der österreichische Resolutionsentwurf werde jedoch in seiner gegenwärtigen Form nicht unterstützt. Am nächsten Tag gab es weitere Stellungnahmen gegen den österreichischen Resolutionsentwurf (Bolivien, Großbritannien und Liberia). Nur die kubanische Delegation nahm - ganz im Zeichen des politischen Selbstverständnisses der neuen Regierung - eindeutig Partei zugunsten des machtpolitisch Schwächeren. Den österreichischen Resolutionsentwurf wagten aber auch die Kubaner nicht zu unterstützen. Die italienische Delegation konnte mit ihrer Leistung zufrieden sein [73].
Bei Wiederaufnahme der Diskussion am Montag, 24. Oktober schien sich eine allgemeine Tendenz abzuzeichnen, bilaterale Verhandlungen zu empfehlen, z. T. wurde auch die Inanspruchnahme der Dienste des Generalsekretärs empfohlen. Die österreichische Delegation, die längst die Aussichtslosigkeit ihres ersten Resolutionsentwurfs erkannt hatte, machte sich den letztgenannten Vorschlag zu eigen und präsentierte am 25. Oktober einen neuen Resolutionsentwurf, in welchem der Generalsekretär aufgefordert wurde, den Parteien der österreichisch/italienischen Verhandlungen über die Anwendung des Pariser Vertrages zur Auffindung einer gerechten und demokratischen Lösung mit jeder gewünschten Hilfestellung zur Seite zu stehen. Ein weiterer Resolutionsentwurf [74], von Argentinien, Brasilien, Paraguay und Uruguay - also von Staaten, die zuvor in der Debatte eine betont proitalienische Haltung einge-

---

72 Offenbar war selbst die österreichische Delegation von diesen Gedanken überrascht und angetan, denn sie brachte später selbst diese Überlegung vor.

73 Prof. Toscano äußerte sich später auch voller Stolz über das diplomatische Geschick seiner Delegation, der es gelungen sei, die österreichische Delegation völlig zu isolieren. Vgl. Toscano, M., a.a.O., S. 343.

74 In der Folge wurde dieser Entwurf als "Entwurf der Vier" bezeichnet.

nommen hatten - eingebracht, forderte die Parteien auf, Verhandlungen über alle Streitpunkte in der Anwendung des Pariser Abkommens, dessen Zweck die Garantie der Grundrechte der deutschsprachigen Bewohner sei, aufzunehmen und sich im Falle des Scheiterns an die geeigneten Rechtsprechungsorgane zu wenden.
Beide Resolutionsentwürfe boten sogleich Anlaß zu Kritik. Der österreichische Vorschlag wurde besonders sorgsam auf mögliche Fangstricke untersucht, da er, was von Frankreich kritisiert wurde, von einer der Streitparteien eingebracht worden war. Im Vorschlag, den Generalsekretär der VN in die Verhandlungen einzubeziehen, wurde dann auch die Absicht Österreichs vermutet, bei einem Scheitern der Verhandlungen die Angelegenheit offenzuhalten und vor allem eine Wiederauflage der Diskussion vor der GV zu ermöglichen. Italien sah sich zwar durch den Hinweis auf den Pariser Vertrag im revidierten Resolutionsentwurf bestätigt, lehnte aber die Wendung "in order to find a just and democratic solution" ab, da diese unterstellte, eine solche Lösung sei noch nicht gefunden.
Der Entwurf der "Vier" stand durch seinen Hinweis in der Präambel, der Zweck des Vertrages sei die Garantie der Grundrechte der deutschsprachigen Bewohner, und durch den Verweis der Angelegenheit für den Fall eines Scheitern der Verhandlungen an die "geeigneten Rechtsprechungsorgane" offenkundig im Sinne Italiens.
Am Nachmittag des 26. Oktobers präsentierte der irische Delegierte einen neuen Resolutionsentwurf (fälschlicherweise als "Entwurf der Zehn" bezeichnet), der auch von Ceylon, Zypern, Dänemark, Ecuador, Ghana, Indien, Irak, Jordanien, Kuba und Mexiko unterschrieben wurde. Die Überraschung bei den Italienern, die bereits mit der Annahme des Entwurfs der "Vier" gerechnet hatten, war groß [75]. Toscano klagte sogar, der irische Delegierte hätte sich nicht an die Abmachungen mit den Italienern gehalten. Im Entwurf fand sich kein Hinweis auf die Grundrechte als Zweck des Gruber - De Gasperi Abkommens. Nach einem eventuellen Scheitern von Verhandlungen sollten die Parteien nicht mehr an die geeigneten Rechtsprechungsorgane verwiesen werden, sondern zu "anderen friedlichen Mitteln ihrer eigenen Wahl" greifen. Dafür mußte Österreich auf die Dienste des Generalsekretärs und auf die oben erwähnte, von Italien als präjudizierend betrachtete Wendung verzichten. Ein Großteil der Delegierten wäre für diesen Vorschlag wohl zu gewinnen

---

[75] Vgl. Toscano, M., a.a.O., S. 533.

gewesen [76], wenn nicht die US-amerikanische Delegation rigoros erklärt hätte, daß sie für den Vorschlag der "Vier", nicht aber für den der "Zehn" stimmen werden, da dieser die Frage im Falle eines Scheiterns der Verhandlungen nicht an den IGH verweise.
Nach weiteren Verhandlungen fand eine leicht modifizierte Fassung des Entwurfs der "Zehn", der nun auch von den Delegationen, die den Entwurf der "Vier" eingebracht hatten, mitgetragen wurde, eine allgemeine (auch die österreichische und italienische) Zustimmung. Nun wurden die Parteien aufgefordert, im Falle des Scheiterns der Verhandlungen zur "Lösung aller Differenzen hinsichtlich der Durchführung des Pariser Vertrages" "jedes in der SVN vorgesehene Mittel, einschließlich der Anrufung des IGH oder irgendeines anderen friedlichen Mittels ihrer eigenen Wahl" in Betracht zu ziehen.
Außenminister Kreisky begann seine Schlußrede vom 26. Oktober 1960 vor dem Politischen Spezialausschuß - wohl unter dem Eindruck der vielfach geäußerten Kritik, die GV dürfe nicht mit dem weltpolitisch unbedeutenden Südtirolproblem belastet werden - mit der grundsätzlichen Überlegung, daß die VN viel an moralischer Reputation verlieren würden, wenn es kleinen Staaten aus Erwägungen diplomatischer Opportunität verwehrt werden würde, mit ihren großen Sorgen vor die VN zu ziehen, wenn das Vorhandensein juristischer Anknüpfungspunkte die Unzuständigkeit der Organisation ergeben würde und wenn zu strenge Selektionskriterien für die behandelbaren Fragen eingeführt würden.
Auf den eben ausgestandenen Streit eingehend wies er die gegen Österreich erhobenen Vorwürfe des Expansionismus, des Revisionismus und des Pangermanismus und die gegen die Südtiroler vorgebrachte Anschuldigung des rassischen Hochmuts entschieden zurück. Noch einmal unterstrich er - und machte sich dabei die Argumente der indonesischen Delegation zu eigen -, daß die Befassung des IGH bestenfalls Zeitverlust für die Problemlösung bedeuten würde, denn sogar wenn Österreich Recht behalten sollte, müßten in der Folge Verhandlungen über die Autonomie beginnen. Das Verlangen Österreichs nach einer Vermittlung des Generalsekretärs sei Ausdruck des Interesses an erfolgreichen Verhandlungen. Österreich würde auch die Einsetzung einer Kommission zur unparteiischen Erhebung der Situation in Südtirol begrüßen. Schließlich sah Kreisky sich noch gezwungen, Prof. Gschnitzer gegen die von

---

[76] Vgl. Alcock, A.E., a.a.O., S. 346.

den italienischen Delegierten vorgebrachten ungerechten und haltlosen Anschuldigungen zu verteidigen.
Während Kreiskys Ausführungen von gemäßigtem Optimismus geprägt waren, glaubte Segni, der italienische Standpunkt habe gesiegt, denn weder sei festgestellt worden, daß Italien die Menschenrechte verletzt habe, noch habe sich der österreichische Expansionismus und Revisionismus durchgesetzt. Vielmehr seien die strittigen Fragen als Rechtsprobleme erkannt worden, was folgerichtig auch zur Empfehlung zu weiteren Verhandlungen über die Durchführung des Pariser Vertrages geführt habe.
Am 31. Oktober 1960 nahm die GV der VN einstimmig durch Akklamation die vom Politischen Spezialausschuß vier Tage zuvor verabschiedete Südtirolresolution [77] an.
Der Text lautete:

VII. Resolution 1497 (XV) vom 31. Oktober 1960, zurückgehend auf den Siebzehnmächte-Resolutionsentwurf A/SPC/L50 vom 27. Oktober (Argentinien, Bolivien, Brasilien, Kanada, Ceylon, Zypern, Dänemark, Ecuador, Ghana, Indien, Irak, Irland, Jordanien, Mexiko, Norwegen, Paraguay und Uruguay).

Die Generalversammlung,
Nach Beratung ihres Tagesordnungspunktes 68,
In der Erwägung, daß der Status des deutschsprachigen Elements in der Provinz Bolzano (Bozen) durch einen in Paris am 5. September 1946 unterzeichneten Vertrag zwischen Österreich und Italien geregelt ist,
In der Erwägung, daß dieser Vertrag eine Regelung trifft, die den deutschsprachigen Einwohnern jener Provinz "volle Gleichberechtigung mit den italienischen sprechenden Einwohnern im Rahmen besonderer Maßnahmen zum Schutz des Volkscharakters und der kulturellen und wirtschaftlichen Entwicklung des deutschsprachigen Bevölkerungsteils" zusichern soll,
In dem Bewußtsein, daß zwischen Österreich und Italien eine Auseinandersetzung über die Durchführung dieses Vertrages entstanden ist,
Von dem Wunsche beseelt, zu verhindern, daß die durch die Auseinandersetzung geschaffene Lage die freundschaftlichen Beziehungen zwischen den beiden Ländern beeinträchtigt,

---

77 Vgl. Österreichische Zeitschrift für Außenpolitik, Dezember 1960, Heft 2, S. 153.

1. *Fordert* die beiden Parteien nachdrücklich auf, wieder Verhandlungen aufzunehmen, um eine Lösung aller Differenzen hinsichtlich der Durchführung des Pariser Vertrages vom 5. September 1946 zu finden,
2. *Empfiehlt* beiden Parteien, falls die oben in Absatz 1 erwähnten Verhandlungen innerhalb einer angemessenen Frist zu keinen befriedigenden Ergebnissen führen sollten, die Möglichkeit in Erwägung zu ziehen, eine Lösung ihrer Differenzen durch jedes in der Satzung der Vereinten Nationen vorgesehene Mittel, einschließlich der Anrufung des Internationalen Gerichtshofs, oder irgendein anderes friedliches Mittel ihrer eigenen Wahl zu versuchen,
3. *Empfiehlt* zugleich, daß die betroffenen Länder sich aller Handlungen enthalten, die ihre freundschaftlichen Beziehungen beeinträchtigen könnten.

Die von Kreisky und Martino zum Bericht des Politischen Spezialausschusses abgegebenen Erklärungen versuchten, der Auseinandersetzung im nachhinein ein wenig von ihrer Schärfe zu nehmen, um damit ein angenehmeres Klima für die nun folgende Verhandlungsphase zu schaffen [78].

5. Die Beurteilung der Resolution 1497 (XV) GV

Zur Resolution 1497 (XV) der GV gab es die unterschiedlichsten Bewertungen, die in der Regel nicht unabhängig waren von der Herkunft des Autors bzw. dem Zeitpunkt ihrer Abgabe. Im Anschluß an die Diskussionen vor den VN gaben sich beide Delegationen als Sieger der Auseinandersetzung. Segni hatte, wie bereits angeführt, schon in der Schlußrede behauptet, Italiens Standpunkt sei in allen essentiellen Fragen durchgedrungen, was von der italienischen Öffentlichkeit auch geglaubt wurde. Später wurde sogar von einem "totalen Sieg Italiens" gesprochen [79]. Prof. Toscano war als Mitglied der italienischen Delegation später vor allem bemüht, die Verhandlungsleistung der Italiener zu unterstreichen. Er sprach zwar nicht von einem optimalen Ergebnis, aber

---

[78] Vgl. Strasser, W., a.a.O., S. 341.

[79] Vgl. Strasser, W., a.a.O., S. 345.

angesichts der schwierigen Situation habe die italienische Delegation das Maximum dessen erreicht, was erreichbar gewesen sei [80].

Strasser ist der Ansicht, daß die italienische Regierung und Presse die Rückschlagung der revisionistischen und expansionistischen Bestrebungen Österreichs nur deshalb als Erfolg buchen konnten, weil sie zuvor eine real kaum vorhandene Gefahr maßlos übertrieben hätten [81].

Kritisch äußert sich Alcock zum österreichischen Erfolg. Österreich habe das Hauptziel, die Aufforderung der VN zur Schaffung einer autonomen Region Südtirol, nicht erreicht. Die Resolution 1497 habe zudem den rechtlichen Charakter der Auseinandersetzung betont. Die Resolution habe die gesamte Frage in eine bestimmte Richtung kanalisiert, und sollte Italien gezwungen sein, wieder vor den VN zum Südtirolproblem Stellung zu nehmen, so stünde es nun besser da als zuvor. Österreich habe die Möglichkeiten der VN überschätzt und in einer weltpolitisch gespannten Lage ein nach allgemeiner Ansicht ganz und gar zweitrangiges Problem vorgebracht. Zwei Drittel der 99 Mitglieder der VN hätten sich an der Südtiroldebatte überhaupt nicht beteiligt und die als Gegengewicht gegen den NATO-Block erwartete Unterstützung durch afroasiatische Staaten sei ausgeblieben, da diese die Diskussion eigener Minderheitenfragen fürchteten. Der Ostblock habe in der Südtiroldiskussion ohnehin nur eine Auseinandersetzung zwischen einem NATO-Mitglied und einem von pangermanistischen Ideen geleiteten Staat gesehen und sich folglich distanziert. Die Diskussion sei hauptsächlich durch die lateinamerikanische Staatengruppe getragen worden, die aber von ihrer nationalen Tradition her wenig Verständnis für Minderheitenfragen habe finden können [82].

Fenet [83] hingegen glaubt, daß die Resolution 1497 dem österreichischen Standpunkt viel näher gewesen sei als dem italienischen. Wichtig sei vor allem, daß die österreichische Ansicht, der gesamte Pariser Vertrag sei zur Einrichtung eines Minderheitenschutzsystems geschlossen worden, durchgedrungen sei. Österreich sei zudem ausdrücklich eine Parteistellung in der Südtirolfrage zuerkannt worden. Damit war die Unhaltbarkeit der italienischen These, österreichische Stellungnahmen zur Südtirolfrage stellten eine Einmischung in italienische innerstaatliche Angelegenheiten dar, offenkundig

---

80 Vgl. Toscano, M., a.a.O., S. 540.

81 Vgl. Strasser, W., a.a.O., S. 345.

82 Vgl. Alcock, A.E., a.a.O., S. 348 ff.

83 Vgl. Fenet, A., a.a.O., S. 249.

geworden, was Italien jedoch nicht daran hinderte, auch in Zukunft (zumindest verbal) daran festzuhalten. Für den Fall des Scheiterns der Verhandlungen schließlich sollte nicht nur der Weg zum IGH offenstehen, sondern auch die Wahl eines anderen in der SVN vorgesehenen Mittels oder irgendeines anderen friedlichen Mittels zur Lösung der Differenzen.
Der Text der Res. 1497 war zwar sicherlich eine Kompromißlösung, in dem Sinne, als keine der anfänglichen Maximalforderungen der Parteien durchgedrungen ist, doch muß in einer Gesamtbetrachtung wohl Österreich als Gewinner der Auseinandersetzung bezeichnet werden. Das Pariser Abkommen war von italienischer Seite offenbar noch nicht erfüllt worden und jede zusätzliche Leistung Italiens konnte die Lage der Südtiroler, deren Besserung Österreich ja bezweckte, nur in positiver Hinsicht verändern. Italien stand in der Position des Schuldners, der die Vorteile der Gesamtregelung, in welche der Pariser Vertrag einzuordnen ist, bereits nutzte, seinen Pflichten daraus aber noch nicht bzw. in ungenügender Weise nachgekommen war. Die Vertragserfüllung mußte fortan unter der Kontrolle der Weltöffentlichkeit erfolgen, und die bis dahin geübte italienische Praxis, einerseits zu behaupten, der Pariser Vertrag sei bereits erfüllt, andererseits jede gegensätzliche Äußerung Österreichs als völkerrechtswidrige Einmischung in italienische Angelegenheiten abzutun, war nun in ihrer Widersprüchlichkeit bloßgestellt.

6. Der Beginn der Verhandlungen und ihr Verlauf

Die Verhandlungen zur Umsetzung der Resolution 1497 begannen mit einem Treffen der von den jeweiligen Außenministern angeführten Verhandlungsdelegationen Österreichs und Italiens in Mailand am 27. und 28. Jänner 1961. Die Italiener boten die Übertragung von Verwaltungsbefugnissen von der Region an die Provinz an, lehnten aber jede verfassungsrechtliche Änderung der Regionalautonomie ab. Die österreichische Delegation war aber der Ansicht, die Res. 1497 habe den österreichischen Standpunkt bestätigt, wonach die Erfüllung des Pariser Vertrages eine Verwaltungs- und Gesetzgebungsautonomie für Südtirol verlange. Grundlage der österreichischen Forderungen war der von den SVP-Parlamentariern in Rom eingebrachte Gesetzesentwurf, der eine völlige Neuregelung der Autonomiebestimmungen vorsah. Die von neofaschistischen Protestkundgebungen begleiteten Verhandlungen endeten mit einem völligen Fehlschlag, einen Tag später wurde ein Reiterstandbild Mussolinis bei Waidbruck in die Luft gesprengt. Im Februar und im März präzisierte das österreichische Außenministerium die bereits in Mailand vorgebrachten Forderungen schriftlich. Im April antwortete Italien mit der üblichen Feststellung, das Pariser Abkommen sei bereits erfüllt. Die Erklärung, zu weiteren Zugeständnissen und zu einem neuen Außenministertreffen bereit zu sein, weckte jedoch neue Hoffnungen. Inzwischen schienen die Ereignisse von der politischen Ebene aus immer weniger beeinflußbar. Südtirolfeindliche Kundgebungen in italienischen Großstädten, Bombenattentate auf Symbole italienischer Unterdrückung und Ausnutzung und plan- und rücksichtslose Polizeimaßnahmen ergaben ein Wechselspiel von Gewaltandrohung und Gewaltanwendung. Der einzige Erfolg des Treffens in Klagenfurt lag in der Erklärung, die Verhandlungen Ende Juni in Zürich fortsetzen zu wollen und Experten mit der Vorbereitung dieses Treffens zu betrauen. Die Tagung der Expertenkommission vom 13. bis 17. Juni in Zürich brachte jedoch keine greifbaren Ergebnisse. Für das Treffen der Verhandlungsdelegationen am 24. Juni in Zürich fehlte somit jede gemeinsame Gesprächsgrundlage und die durch die Ereignisse völlig vergiftete politische Atmosphäre erlaubte keinerlei wechselseitige Konzessionen. Nachdem Außenminister Segni erklärt hatte, das Pariser Abkommen sei erfüllt und die durch die österreichischen Forderungen notwendigen Verfassungsänderung nicht durchführbar, sah sich Kreisky gezwungen, die von der Res. 1497 für den Fall des Scheiterns der Verhandlungen vorgesehene "Wahl des friedlichen Mittels" zur Streitbeilegung vorzuschlagen. Für Segni konnte dieses nur im IGH bestehen, was Österreich wiederum nicht akzeptieren konnte. Der österreichische Vorschlag vom 4. Juli, eine Expertenkommission einzusetzen, blieb lange unbeantwortet. In der Folge wurde versucht, über diplomatische Noten eine Verständigung zu erreichen. Der Inhalt dieser Noten bestand allerdings in reinen Standpunktbeschreibungen und davon abgeleiteten Vorschlägen, wobei nicht der geringste Versuch unternommen wurde, die Gegenvorschläge auch nur in Betracht zu ziehen. Die Erfolglosigkeit dieser diplomatischen Bemühungen blieb auch in Südtirol nicht unbemerkt, und Teile der Südtiroler Bevölkerung glaubten, eine Lösung des Südtirolproblems könne nur mehr im bewaffneten Kampf gefunden werden. Schon vor dem Zürcher Außenministertreffen war es in der Herz-Jesu-Nacht vom 11. zum 12. Juni zu einer Attentatswelle in Südtirol gekommen, wobei laut "Dolomiten" vom 15. Juni 1961 ein Großteil der Stromerzeugung lahmgelegt wurde. In der Industriezone kam es zu schweren Produktionseinbußen. Am 11. Juli folgte eine neue Attentatswelle. Diesmal gelang es jedoch den Sicherheitskräften, die Urheber der Attentate ausfindig zu machen.

Nachrichten über Folterungen und Todesfälle von inhaftierten Südtirolern erregten bald europaweites Aufsehen. Den Anzeigen der Gefolterten wurde in der Regel kein Glauben geschenkt; ein Prozeß gegen elf Polizisten führte zu Freisprüchen [84]. Der Folterung verdächtigte Sicherheitskräfte wurden befördert. Die Attentäter schreckten nun - im Gegensatz zur Anfangsperiode, in der sorgsamst jedes Blutvergießen vermieden wurde - auch vor Tötung nicht mehr zurück. Damit verloren sie aber jede Unterstützung in der Bevölkerung und wurden bald von ausländischen Extremisten gelenkt.
Angesichts des völligen Fehlschlags der Verhandlungen bat Österreich am 18. Juli 1961 den Punkt:
"Der Status des deutschsprachigen Elements in der Provinz Bolzano (Bozen); Erfüllung der Res. 1497 (XV) der Generalversammlung der Vereinten Nationen vom 31. Oktober 1960"
auf die Tagesordnung der XVI. GV zu setzen. Österreich stellte fest, daß es zu diesem Schritt gezwungen sei, da nach dem Fehlschlag der Verhandlungen der Vorschlag vom 4. Juli, in Einklang mit der Res. 1497 die Wahl eines friedlichen Mittels zur Streitbeilegung vorzunehmen, unbeantwortet geblieben sei. Im Memorandum vom 10. Oktober 1961 stellte Österreich weiter fest, daß der Mißerfolg der Verhandlungen auf die italienische Seite zurückzuführen sei [85]. Die Übertragung von Verwaltungskompetenzen an die Provinz Bozen auf wirtschaftlichem Gebiet sei unzureichend, denn das Weisungsrecht der Regional- bzw. Zentralbehörden würde fortbestehen und die übertragenen Kompetenzen könnten ohne größeren Aufhebens wieder entzogen werden. Schien schon der Bestand der in Aussicht gestellten Kompetenzen nicht gesichert, so wurden besonders für den Minderheitenschutz essentielle Verwaltungskompetenzen gar nicht erst übertragen und die Gesetzgebungskompetenz der Provinz nicht erweitert.
Laut italienischem Memorandum vom 22. September 1961 seien die Verhandlungen nur deshalb gescheitert, weil Österreich mit dem Vorschlag einer Umwandlung der Provinz Bozen in eine autonome Region mit legislativer und exekutiver Befugnis eine Forderung erhoben habe, die schon der Politische Sonderausschuß abgelehnt habe. Es folgte die Formel, daß Italien das Gruber - De Gasperi Abkommen bereits durchgeführt habe und

---

84 Eine genaue Darstellung der Rechtsbrüche durch Staatsorgane findet sich bei Stadlmayer, V., Südtirolpolitik, S. 522.

85 Vgl. Strasser, W., a.a.O., S. 347 ff.

bereit sei, dies durch ein Rechtsprechungsorgan feststellen zu lassen. Der österreichische Schritt sei nicht gerechtfertigt, da die Verhandlungen noch andauerten. Die Antwort auf die Note vom 4. Juli sei nur zurückgehalten worden, da es zur gleichen Zeit zu einer Häufung von Sprengstoffanschlägen gekommen sei. Seit dem Sommer 1961 wollte die italienische Regierung Österreich offiziell für die Sprengstoffanschläge verantwortlich machen. Auch wurde gegenüber der österreichischen Justiz der Vorwurf einer zu milden Bestrafung der wenigen verhafteten Attentäter erhoben.
Inzwischen sollte sich jedoch über die Einrichtung der sogenannten Neunzehnerkommission ein Problemlösungsweg öffnen, durch den die Südtiroler Forderungen zu einem guten Teil erfüllt werden konnten, ohne daß Italien einen Gesichtsverlust erleiden mußte.
Am 13. Juli verlangte der Abgeordnete Dr. Roland Riz die Einsetzung einer parlamentarischen Untersuchungskommission zur Prüfung des Südtirolproblems und zur Erarbeitung einer allseits akzeptablen Lösung auf der Grundlage des Gesetzesentwurfs aus dem Jahr 1958. Die Attentatswelle hatte gezeigt, daß das Verhältnis zwischen Südtirolern und Zentralstaat keine weitere Belastungsprobe mehr duldete, und für Innenminister Mario Scelba bot sich nun die Möglichkeit einer innerstaatlichen Problemlösung. Die auf Vorschlag Scelbas eingesetzte und aus 8 Südtirolern und 11 Italienern zusammengesetzte Kommission begann am 13. September 1961 ihre Arbeit in Rom.

7. Südtirol erneut vor den VN

Auf österreichisches Ersuchen hin hatte sich die Generalversammlung vom 15. bis zum 28. November 1961 erneut mit dem Südtirolproblem zu beschäftigen. War schon im Vorjahr das Vorbringen des Südtirolproblems vereinzelt auf Kritik gestoßen, so fehlte es nun trotz einer größeren Vertrautheit mit dem Problemkomplex an einer konkreten Bereitschaft, sich dieser Frage anzunehmen, und es sollte sich erst später zeigen, daß auch die bloße Bestätigung der Resolution vom Vorjahr dem Anliegen der Südtiroler dienlich sein konnte.
Außenminister Kreisky erklärte in seiner Rede vor dem Politischen Spezialausschuß der GV, daß es Österreich nicht leicht gefallen sei, die GV der VN erneut mit der Südtirolfrage zu befassen. Doch alle Versuche, den italienischen Verhandlungspartner von der Notwendigkeit zu überzeugen, über

eine Autonomie, die gegenüber der Forderung nach Selbstbestimmung ein maßvolles Verlangen darstelle, zu verhandeln, seien gescheitert. Kreisky zeichnete danach den Weg der verschiedenen Verhandlungsetappen nach und erklärte, daß die Ursache des Mißerfolges in der Unnachgiebigkeit der italienischen Seite zu suchen sei. Die Italiener seien auf die österreichischen Forderungen nicht eingegangen, und auch über die Ergreifung eines anderen friedlichen Mittels sei keine Einigung erzielbar gewesen. Er schlug die Bildung einer aus sieben Personen bestehenden internationalen Kommission zur Streitbeilegung vor. Den Vorwurf der Mitverantwortung an den Anschlägen wies er zurück und erklärte, daß die österreichische Bundesregierung bereit sei, einen Vertreter oder eine Kommission der VN zu empfangen, die sich von der Haltlosigkeit dieser Beschuldigungen überzeugen könne.
Der italienische Außenminister Segni wiederholte in seiner Rede am 16. November 1961 die bereits in den Vormonaten italienischerseits geäußerte Ansicht, die Resolution 1497 habe "jeglichem Anspruch der österreichischen Regierung außerhalb des Pariser Vertrages die Berechtigung abgesprochen" und den rechtlichen Charakter der Auseinandersetzung in "impliziter, aber nicht weniger unbestreitbar[er]" Weise anerkannt. Kreisky habe die Forderung nach Selbstbestimmung für Südtirol immer noch nicht aufgegeben, wobei jedoch "jede revisionistische Einstellung mit den geltenden Verträgen nicht zu vereinbaren" sei. Die Haltung der italienischen Regierung sei stets von Großzügigkeit geprägt gewesen, und ein Großteil der österreichischen Forderungen sei angenommen worden. Zurückgewiesen habe man nur jene, welche offensichtlich über die Grenzen des Pariser Vertrages hinausgegangen seien und geradezu gegen internationale Verpflichtungen von multilateralem Charakter, die von der italienischen Regierung übernommen worden waren, verstoßen hätten. Die italienische Regierung sei bereit, die Verhandlungen fortzusetzen. Weiters wiederholte er die Anschuldigungen gegen die österreichische Regierung, mitverantwortlich an den Anschlägen in der Provinz Bozen zu sein. Daß Italien nun eine Problemlösung auf innerstaatlichem Wege anstrebe, deutete Segni im folgenden an. "Das konkrete Interesse für das Wohlsein der lokalen Bevölkerung" liege der italienischen Regierung ganz besonders am Herzen, "unabhängig von der negativen Haltung Wiens". Deshalb sei eine Studienkommission eingesetzt worden, die Vorschläge sammeln und Meinungsverschiedenheiten untersuchen und nach Abschluß ihrer Arbeiten der Regierung berichten werde. Diese Kommission habe mit der italienisch-österreichischen Auseinandersetzung keinerlei Verbindung, außer jene, die er

"als eine Verbindung historischen Charakters definieren möchte". Während die hartnäckigen österreichischen Forderungen zu Terroranschlägen geführt hätten, sei die italienische Regierung durch die Einsetzung dieser Kommission um die Prüfung der wahren Tatsachen bemüht. Es bestehe zwar kein italienisches Interesse, daß der Gerichtshof mit der Frage befaßt werde, da Italien überzeugt sei, den Pariser Vertrag durchgeführt zu haben, aber Italien erkläre sich dennoch bereit, zu dem einzigen Zweck, ohne weiteren Zeitverlust eine Lösung zu erhalten, die Kontroverse dem IGH zu unterbreiten. Das österreichische Argument, daß die Dauer der Prozedur vor dem IGH einer Befassung dieses Rechtsprechungsorgans mit der Südtirolfrage entgegenstehe, sei nicht haltbar, da bei einer Annahme des ursprünglichen Angebots sich die Prozedur jetzt ihrem Endergebnis nähern würde.

Am 21. November antwortete Kreisky auf die Ausführungen Segnis. Er warnte gleich zu Beginn davor, die "beiderseitigen Bemühungen im Interesse einer Viertelmillion Menschen mit Erwägungen lediglich formaljuristischer Art zu junktimieren". Danach ging er auf einige Behauptungen Segnis ein. Österreich habe für Südtirol keine "neue und vollkommene Autonomie" gefordert, sondern eine "Diskussion über eine echte Autonomie". Durch die künstliche Zusammenfügung zweier Provinzen zu einer Region habe die Autonomie, die das Pariser Abkommen der deutschsprachigen Minderheit habe einräumen wollen, ihren Sinn verloren. Er erklärte erneut, daß sich die österreichische Bundesregierung von den illegalen Aktivitäten "gewisser extremistischer Kreise" distanziere und sie verurteile. Was die italienischen Konzessionen betreffe, so beinhalteten diese weniger als das, was bereits 1948 versprochen und nicht gehalten worden sei. Österreich begrüße zwar die Einsetzung der Neunzehnerkommission, nach den Erfahrungen der Vergangenheit sei aber eine gewisse Skepsis angebracht. Österreich habe den IGH nicht nur aufgrund des Zeitaufwandes für die Verfahrensabläufe nicht als einzig adäquates Mittel zur Streitbereinigung angesehen, sondern auch weil es nicht angehe, daß ein Streitteil ein friedliches Mittel auswähle, das der andere hinzunehmen habe.

Der italienische Delegierte Martino brachte seine Anschuldigungen gegenüber Österreich in gewohnt scharfer Form vor. Er behauptete, Österreich wolle mit revisionistischen Absichten den Streitfall am Leben erhalten. Das zeige die Duldung und Förderung des Berg-Isel-Bundes, der wiederum für die Sprengstoffanschläge verantwortlich sei. Die österreichische Forderung nach einer Untersuchungskommission und die Weigerung, den Streitfall dem IGH vorzulegen, erfolge in Verschleppungsabsicht.

Nach den polemischen Unterstellungen Martinos schien Kreiskys Geduld am Ende. In seiner Erklärung vor dem Politischen am 23. November 1961 sagte er, er habe trotz haltloser Beschuldigungen lange geschwiegen, um nicht die Debatte zu verschärfen, doch nun könne er es nicht mehr. Er wiederholte, daß die österreichische Regierung Anschläge und Gewaltakte als Mittel des politischen Kampfes stets abgelehnt und von Anfang an alle Maßnahmen getroffen habe, zu denen ein Nachbarstaat verpflichtet sei. Zudem wies er auf den Vorschlag der Einsetzung einer Untersuchungskommission hin. Weiters beschuldigte er die Italiener, bei der Vernehmung inhaftierter Südtiroler die Menschenwürde in einer Weise verletzt zu haben, die dringendst nach einer ernsten und gewissenhaften Prüfung verlange.

Die Komplexität des Südtirolproblems stellte die Delegierten vor eine undankbare Aufgabe. Die Bedeutung Italiens im westlichen Bündnissystem und die Angst vor Minderheitenproblemen im eigenen Land einerseits, die Neutralität Österreichs, die auf diplomatischer Ebene gebotene Zurückhaltung gegenüber dem machtpolitisch Schwächeren und die immer deutlicher werdende objektive Berechtigung der österreichischen bzw. Südtiroler Ansprüche andererseits ließen den Großteil der Delegierten vor einer eindeutigen Stellungnahme zurückschrecken. Während die Zuständigkeit der GV nicht mehr in Frage gestellt wurde [86], wollte die Mehrzahl der sich an der Diskussion beteiligenden Staaten doch die Problemlösung auf die beiden Streitparteien abwälzen. Dementsprechend wurde eine Fortsetzung der Verhandlungen gefordert. Die italienische Unterstellung, Österreich trage Mitverantwortung an den Sprengstoffanschlägen, wurde von keinem der Delegierten akzeptiert. Eine Annäherung an die italienische Position konnte bei einem Großteil der Delegierten insofern festgestellt werden als entweder der rechtliche Charakter der Auseinandersetzung betont oder auf den IGH als geeigneten Austragungsort für diesen Streitfall verwiesen wurde. Mehrheitlich war man aber der Meinung, daß keiner Seite eine Empfehlung der GV aufgezwungen werden könne. Offen im Sinne Österreichs sprachen der Delegierte Dahomeys, der die Notwendigkeit dieser neuerlichen Befassung der GV mit der Südtirolfrage unterstrich, und die Vertreter Afghanistans und Indonesiens, die auf den politischen Charakter des Streits hinwiesen.

Der am 22. November 1961 von Zypern, Indien und Indonesien eingebrachte Resolutionsentwurf, der feststellte, daß die von Jänner bis Juni geführten

---

[86] Vgl. Strasser, W., a.a.O., S. 355.

Verhandlungen weder zu einer Lösung der Meinungsverschiedenheiten zwischen Österreich und Italien über die Durchführung des Pariser Vertrages, noch zu einer Einigung über ein anderes friedliches Lösungsmittel geführt hätten, um dann die Parteien zur Fortsetzung der Verhandlungen und, im Falle ihres Fehlschlagens, zur "Einigung über die Ernennung von Organen oder Personen zum Zweck der Erleichterung der weiteren Durchführung der Res. 1497" aufzufordern, wurde von Italien abgelehnt. Der italienische Außenminister behauptete, dieser Entwurf entspreche der österreichischen Interpretation der Sachlage und ließe die im September wieder aufgenommenen Verhandlungen unberücksichtigt. Hinter der in der Präambel geforderten Suche nach einer "gerechten und friedlichen" Lösung stecke die österreichische Absicht, die Diskussion vom Pariser Abkommen wegzuverlagern. Die Empfehlung, im Falle eines Scheiterns der Verhandlungen Organe oder Personen zu benennen, sei unangebracht und gefährlich. Sie erschwere das Verfahren und biete einen Vorwand, sich weiterhin den Verhandlungen zu entziehen. Die Aufforderung, weiterhin alle Handlungen zu unterlassen, die die freundschaftlichen Beziehungen zwischen beiden Staaten stören könnten, lasse die in Österreich organisierten Gewaltakte unberücksichtigt und ermutige die Urheber, sie zu wiederholen.

Die entschiedene Ablehnung des Resolutionsentwurfs durch Italien machte eine Abänderung notwendig. Der zusätzlich zu Zypern und Indonesien auch von 11 weiteren Staaten mitgetragene Resolutionsentwurf enthielt nur mehr die Bestätigung, daß der Streit bisher ungelöst geblieben sei und mit "Genugtuung" wurde festgestellt, daß (noch) Verhandlungen stattfanden. Österreich und Italien wurden aufgefordert, "weitere Anstrengungen zu unternehmen, um eine Lösung gemäß den Absätzen 1, 2 und der Resolution 1497 (XV)" zu finden [87]. Diese Resolution 1661 (XVI) wurde von Österreich und Italien akzeptiert, vom Politischen Spezialausschuß am 23. November und von der Generalversammlung am 28. November 1961 einstimmig angenommen.

Der Text lautete:

Resolution 1661 (XVI) vom 28. November 1961 (mit geringfügigen stilistischen Änderungen). Resolutionsentwurf A/SPC/L77/Rev. 1 & Add. 1 der Staaten: Argentinien, Chile, Griechenland, Guatemala, Indien, Indonesien, Irland, Jemen, Panama, Peru, Schweden, Uruguay, Vereinigte Arabische Republik und Zypern.

---

[87] Vgl. Strasser, W., a.a.O., S. 361.

Die Generalversammlung,
Eingedenk ihrer Resolution 1497 (XV) vom 31. Oktober 1960,
Mit Genugtuung feststellend, daß zwischen den beiden betroffenen Parteien Verhandlungen stattfinden,
Ferner feststellend, daß der Streit bisher ungelöst geblieben ist,
Fordert die beiden betroffenen Parteien auf, weitere Anstrengungen zu unternehmen, um eine Lösung gemäß den Absätzen 1, 2 und 3 der erwähnten Resolution zu finden.

8. Eine Beurteilung der VN-Resolutionen und der nachfolgenden Schritte

Der mit der Res. 1661 erreichte Kompromiß wurde in der italienischen Presse als Sieg gefeiert, während sich die österreichischen Medien verhalten zeigten. Die italienische Reaktion war nicht unberechtigt, denn die GV hat die Fortsetzung der österreichisch/italienischen Verhandlungen auch über Juni hinaus festgestellt und beide Parteien aufgefordert, mit den Verhandlungen fortzufahren. Die von Österreich geforderte Untersuchungskommission war unerwähnt, der Wunsch nach einer Festlegung des Mittels zur Streitbeendigung unerfüllt geblieben. Andererseits war den durch Italien vorgetragenen massiven Anschuldigungen, Österreich trage Mitverantwortung an den Bombenanschlägen kein Glauben geschenkt worden. Die Verhandlungslegitimation Österreichs in der Südtirolfrage war mittlerweile unbestritten. Während noch ein Jahr zuvor der Gang Österreichs zu den VN mit großer Skepsis betrachtet worden war, war man nun von der Richtigkeit dieses Schrittes überzeugt. Daß die GV der VN das Südtirolproblem selbst nicht lösen, sondern nur den Lösungsweg hatte aufzeigen können, ist aus heutiger Sicht nur sekundär. Die Internationalisierung der Südtirolfrage war zweifelsohne der maßgebliche Anstoß für die nun folgenden und letztendlich auch erfolgreichen Problemlösungsbemühungen auf europäischer und auf innerstaatlicher Ebene. Bis zur Befassung der VN mit der Südtirol-Problematik war diese von Italien als eine rein innerstaatliche Angelegenheit betrachtet worden, konkreten Verhandlungen über eine Verbesserung der Autonomiebestimmungen hatte sich die italienische Regierung immer zu entziehen gewußt. Nach der Befassung der GV der VN fuhr die italienische Regierung zwar fort, den innerstaatlichen Charakter dieses Problems zu behaupten, doch de facto hat sie weitere - von den Südtirolern und von österreichischer Seite schon lange geforderte -

Erfüllungsmaßnahmen zum Pariser Vertrag gesetzt. Die Resolutionen der VN veranlaßte eine Vielzahl von Akteuren, mit selbständigen Vorschlägen und Handlungen und doch in wechselseitiger Ergänzung zur Problemlösung beizutragen.

Noch während die Vorbereitungen zur XVI GV der VN liefen, beschäftigte sich der politische Ausschuß des Europarates am 5. September 1961 mit der Südtirolfrage [88]. Dabei wurde die Einrichtung eines Unterausschusses beschlossen, der dem Politischen Ausschuß zur Südtirolfrage berichten und geeignete Vorschläge zur Problemlösung erarbeiten sollte. Der Tätigkeit dieses Ausschusses, der weder mit der Neunzehnerkommission in Konkurrenz treten noch als Schiedsgericht fungieren sollte, wurde sowohl von der italienischen als auch von der österreichischen Seite mit geringer Begeisterung entgegengesehen. In der Folge leistete er aber wertvolle Impulse zur Reaktivierung der sich in die Länge ziehenden und wiederholt ins Stocken geratenen Arbeit der Neunzehnerkommission.

Die am 1. September 1961 eingesetzte Neunzehnerkommission konnte ihre Arbeit erst am 10. April 1964 nach über 200 Sitzungen beenden. Das Ergebnis war ein umfangreicher Bericht, der Vorschläge für Maßnahmen in drei Bereichen enthielt:

a) Maßnahmen für die Sprachminderheiten
b) Regional- und Provinzautonomie
c) Schutz der Rechte der Sprachminderheiten und Rechtsgarantien

Die Neunzehnerkommission hatte wichtige Südtiroler Forderungen befürwortet, aber dennoch zu einigen aus Südtiroler Sicht unverzichtbaren Maßnahmen eine ablehnende Haltung eingenommen. Anläßlich des Treffens der Außenminister Kreisky und Saragat in Genf am 25. Mai 1964 erklärte Saragat, für die von der Neunzehnerkommission abgelehnten Maßnahmen ließe sich keine parlamentarische Unterstützung finden. Kreisky zeigte sich jedoch äußerst unzufrieden bezüglich der Regelung einiger Fragen im Wirtschaftsbereich (fehlende Kompetenzübertragung für Industrie, Handelskammern und Kreditwesen). Auch die Bereiche Schulautonomie, öffentliche Sicherheit und öffentliche Gewässer blieben ungelöst. Kreisky schlug vor, zukünftige Meinungsverschiedenheiten über ein Schiedsgericht zu regeln.

Die Außenminister einigten sich auf die Einsetzung einer österreichisch-italienischen Expertenkommission, die die von der Neunzehnerkommission

---

[88] Vgl. Alcock, A.E., a.a.O., S. 378.

erzielten Ergebnisse besprechen sollte. In Genf fand nun eine Reihe von Expertengesprächen statt, wobei am Ende nur mehr wenige, allerdings von den Südtirolern für unverzichtbar erklärte Maßnahmen in den Bereichen Wirtschaft, Verwaltung, Sozialfragen, Schulen, Arbeit und öffentliche Sicherheit abgelehnt wurden. Beim Außenministertreffen vom 16. Dezember 1964 in Paris erklärte Saragat, das Maximum dessen gewährt zu haben, was gewährbar war [89]. Die Südtiroler könnten niemals mehr erreichen. Im Falle der Ablehnung dieses Ergebnisses müsse der Punkt 11 der Resolution der VN Anwendung finden und ein anderes Mittel zur friedlichen Streitbeilegung gesucht werden. Am 8. Jänner 1965 wurden die Verhandlungsergebnisse in Innsbruck von einer österreichischen Expertengruppe (Kreisky, Gschnitzer, Ermacora, Wallnöfer, Stadlmayer) und einer von Silvius Magnago angeführten Delegation mit Benedikter, Brugger, Pupp, Volgger, Dietl, Mitterdorfer und Vaja besprochen. Dabei wurde beschlossen, weiterzuverhandeln und sich nicht mit dem in Südtirol allgemein als unzulänglich erachteten italienischen Angebot zufriedenzugeben. Vor allem sollten in Zukunft die Verhandlungen über die Ausweitung der Autonomie von den Südtirolern selbst mit den zuständigen Ministern geführt werden. Auf italienischer Seite blieb Aldo Moro zuerst als Ministerpräsident und dann als Außenminister Verhandlungspartner [90].

Im Spätsommer 1969 hatten die drei Verhandlungsparteien das 137 Punkte umfassende Paket als materielles Verhandlungsergebnis und den Operationskalender als Terminkalender für die Maßnahmendurchführung fertiggestellt. Die Landesversammlung der SVP in Meran stimmte am 22. November 1969 diesem Ergebnis mit knapper [91] Mehrheit zu und ebnete damit den Weg für ein neues Autonomiestatut, das um vieles günstigere Bedingungen für die Überlebensmöglichkeit der Südtiroler Minderheit schuf.

Dieses sogenannte 2. Autonomiestatut trat als Verfassungsgesetz am 20. Jänner 1972 in Kraft.

---

89 Vgl. Fenet, A., a.a.O., S. 313.

90 Vgl. Alcock, A.E., a.a.O., S. 433.

91 Kritisiert wurde vor allem die mangelnde internationale Verankerung. Deshalb und aus einer Reihe weiterer Gründe sei der Wert der 1969 erreichten Zugeständnisse weit geringer einzuschätzen als das 1964 angebotene Maßnahmenpaket. Vgl. Brugger, Benedikter, Dalsass, "Südtirol vor der Entscheidung - Fragen und Antworten zu Paket und Operationskalender" und Kreisky, B., a.a.O., S. 157.

Die Durchführung gestaltete sich in der Folge oft schleppend und langsam. Erst am 19. Juni 1992 konnte durch Österreich und Italien die "Streitbeendigungserklärung" vor den Vereinten Nationen abgegeben werden.
Südtirols neue Landesautonomie konnte einerseits durch die Geschlossenheit der Südtiroler Volksgruppe und andererseits durch das diplomatische Geschick und dem Gespür für das Erreichbare durch den legendären langjährigen Landeshauptmann und Parteiobmann der Südtiroler Volkspartei Silvius Manago erreicht werden.

III. Schlußbemerkungen

"Was schließlich herauskam, überstieg unsere Hoffnungen"
- B. Kreisky -

Die Anrufung der GV der VN stellt einen entscheidenden Augenblick in den Bemühungen um eine bessere, eine diese Bezeichnung verdienende Autonomie für Südtirol dar [92]. Die Resolutionen 1497 (XV) und 1661 (XVI) waren dann zwar nicht Ergebnis, aber doch Wendepunkt für das Schicksal dieser Anstrengungen. Die jahrelang von Italien verfolgte Taktik, sich durch Augenverschließen des Südtirolproblems nicht annehmen zu müssen, war nun nicht mehr praktizierbar. Italien mußte nun von "Gesprächen" über eine nach eigener Qualifikation "innerstaatliche Angelegenheit" zu Verhandlungen über ein internationalisierte Frage übergehen. Durch die internationale Aufmerksamkeit, die die Südtirolfrage nun gewonnen hatte, und durch die - wenn auch widerstrebend abgegebene - Bestätigung durch die Völkergemeinschaft, daß diese Frage entgegen den italienischen Behauptungen immer noch offen war, hatten die Südtiroler ein neues Selbstbewußtsein gewonnen. Sie baten nun nicht mehr, sie forderten die Einhaltung der von Italien übernommenen Verpflichtungen. Der anfängliche Mißerfolg der von den Südtirolern genauestens mitverfolgten österreichisch-italienischen Verhandlungen führte zu Bombenanschlägen, und der landesweite Protest ähnelte bald einer Volkserhebung. Dem Militär und der Polizei gelang es zwar stets, mit großem materiellem und personellem Einsatz das Land unter Kontrolle zu halten, doch die italienische Regierung sah ein, daß das Problem auf politischer Ebene einer Lösung bedurfte. Die Einsetzung der Neunzehnerkommission und die bis 1969 erreichten Verhandlungsergebnisse sind in diesem Lichte zu sehen. Die Idee, die Auseinandersetzung unter Austausch des Verhandlungspartners vom internationalen Austragungsort auf einen nationalen zu transferieren, ist Beweis für den Erfindungsreichtum der italienischen Politik, die Möglichkeit einer solchen Vorgangsweise Ausdruck der Flexibilität des Völkerrechts und eines

---

92 Auch Toscano gab zu, daß eine Verbesserung der Lebensbedingungen für die deutschsprachige Minderheit in Südtirol der italienisch-österreichischen Auseinandersetzung ihren Konfliktstoff nimmt. Gleichzeitig stellt er jedoch besorgt die Frage, ob die Minderheit denn je zufrieden sein werde. Vgl. Toscano, M., a.a.O., S. 643.

nur bedingt möglichen Vergleichs zwischen den Prinzipien der nationalen Prozeßordnungen und den äußerst pragmatischen Streitregelungsmechanismen des Völkerrechts.

Während all der beschriebenen Auseinandersetzungen war Österreich unermüdlich im Dienste Südtirols tätig. Hatte Italien anfangs noch die Verhandlungslegitimation Österreichs bestritten bzw. dem Nachbarstaat revisionistische Bestrebungen unterstellt, so zeigten sich diese Vorwürfe doch als unbegründet. Es war vielmehr ein besonderes Verantwortungsgefühl für diese kulturell und emotional noch engstens mit dem ehemaligen Vaterland verbundenen Menschen, das Österreichs Bemühungen lenkte. Auch der Gegenstand der Forderungen, eine "echte Autonomie" für Südtirol stand ganz im Sinne der Betroffenen und war keinesfalls Ausdruck eines österreichischen Machtstrebens. Der Preis, den Österreich für diesen Einsatz zahlen mußte, war nicht unbeträchtlich. Für das kleine Österreich bedeutete die Vorbereitung und Beschickung der Vielzahl an Konferenzen und Verhandlungen eine erhebliche Beanspruchung der für die Außenpolitik verfügbaren personellen und materiellen Ressourcen. Zudem blieben die Beziehungen zu Italien über Jahre belastet. Die angebliche Mitverantwortung Österreichs an den Bombenanschlägen war ein Vorwand für Italien, um den Beitritt Österreichs zu den EG zu verhindern. Der letztendliche Erfolg des österreichischen Einsatzes läßt auch allzuleicht das Risiko vergessen, das eine Anrufung der GV der VN in der Südtirolfrage beinhaltete. Ein im Verlauf der Diskussionen sich mehrmals andeutender österreichischer Mißerfolg hätte nur mehr den Weg zum IGH offengelassen, dort aber wäre die Verteidigung der österreichischen Position noch schwerer gefallen. Gleichzeitig hätte die diplomatische Niederlage über Jahre das internationale Ansehen Österreichs beeinträchtigt. Es ist ein Beweis für den Realitätssinn der österreichischen Außenpolitik, daß trotz der späteren Verzögerungen und Schwierigkeiten in den zwischen Österreich und Italien bzw. zwischen Italien und den Südtirolern stattgefundenen Verhandlungen auf eine erneute Anrufung der VN verzichtet wurde. Nun galt es, das vor den VN unter hohem Einsatz Erreichte mit Ausdauer und Geschick über bilaterale Verhandlungen umzusetzen. Der Erfolg bestätigte die Richtigkeit dieser Vorgangsweise.

IV. Riepilogo in italiano

Il Sudtirolo o "Südtirol" come viene chiamato in tedesco, fa parte del Tirolo e si trova nel cuore delle Alpi.
Il Tirolo era una vecchia contea sovrana, i cui territori più importanti vennero unificati da Mainardo II, Conte di Gorizia e del Tirolo, alla fine del 13esimo secolo.
Nel 1363, il Tirolo passò all'Austria e da allora ne é rimasto parte integrante fino al 20esimo secolo.
Dopo la prima guerra mondiale, il trattato di St. Germain-en-Laye assegnò l'Alto Adige all'Italia, in conformità al patto segreto di Londra del 1915, che aveva promesso questo territorio all'Italia se fosse entrata in guerra a fianco delle potenze dell'Intesa, ovvero Gran Bretagna, Francia e Russia. Woodrow Wilson, Presidente degli Stati Uniti d'America, voleva istituire un sistema di pace, che trovò espressione nei suoi famosi "14 punti".
Il punto numero 9 fissò la frontiera austro-italiana in coincidenza con quella linguistica, chiaramente definibile. Ovviamente il Trattato di S. Germain-en-Laye non riuscì a rispettare tale principio.
Il Tirolo del Nord e il territorio ad est rimasero con l'Austria di lingua tedesca, che perse la guerra. Oggi, queste zone formano la regione austriaca del Tirolo, detta "Bundesland Tirol".
Benché la popolazione del Sudtirolo fosse di lingua tedesca, anch'essa venne assegnata al territorio italiano.
Nel 1922 in Italia giunsero al potere i fascisti di Benito Mussolini: la minoranza austriaca fu oggetto di una durissima repressione. L'insegnamento della lingua tedesca e l'uso della stessa negli uffici pubblici e nei tribunali vennero banditi, anche i nomi di famiglia sulle pietre tombali, originariamente tedeschi, vennero rimossi. Con questo rigoroso programma di italianizzazione, il governo fascista ha cercato di estinguere la minoranza di lingua tedesca che viveva in Alto Adige, in special modo attraverso gli imponenti insediamenti industriali nella città capoluogo di Bolzano. Ciononostante nel 1939 in Alto Adige gli abitanti di lingua tedesca erano ancora 200.000, 81.000 quelli di lingua italiana, mentre 20.000 erano ladini, un' altra minoranza linguistica che vive in Alto Adige.
A quel tempo l'Austria era già stata annessa al Terzo Reich di Adolf Hitler. Mussolini e Hitler firmarono un trattato, comunemente noto con il nome di "Accordo sulle opzioni", che offrì ai Sudtirolesi due alternative: o lasciare le

loro case e trasferirsi in Germania, sotto il Reich, diventando strumento delle politiche espansionistiche di Hitler, oppure diventare Italiani a tutti gli effetti, e venire trasferiti in Italia a sud del fiume Po, centinaia di chilometri ancora più a Sud. Fortunatamente questo accordo non venne mai posto in essere in tutti i suoi dettagli.

Durante la Seconda guerra mondiale, gli abitanti di lingua tedesca del Sudtirolo crearono un movimento di resistenza.

La Carta Atlantica, firmata nel 1941, gettò le prime basi delle future Nazioni Unite. A quel tempo, molti Italiani di fama internazionale come Arturo Toscanini, siglarono una risoluzione a favore del diritto di autodeterminazione per il Sudtirolo, che non trovò tuttavia un esito positivo. Nelle trattative successive alla guerra il diritto di autodeterminazione venne nuovamente negato alla minoranza austriaca. Tra gli abitanti di lingua tedesca del Sudtirolo, 156.000 persone, pari al 100 % ca. dell´intera popolazione adulta, sottoscrissero una mozione per la riunificazione con l´Austria.

Nella primavera del 1946 venne stipulato il trattato di pace tra le Potenze alleate e l`Italia, che sancì la definitiva appartenenza del Sudtirolo all´Italia.

Non essendo possibile ottenere il diritto di autodeterminazione per il Sudtirolo, il 5 settembre 1946, il Ministro degli Esteri austriaco Gruber e il Ministro degli Esteri italiano Degasperi, con la mediazione e l´intervento del governo e del Parlamento britannico, conclusero un´Accordo a Parigi, che concedeva l´esercizio di un potere legislativo ed esecutivo autonomo alla popolazione sudtriolese.

Poco tempo dopo, il governo italiano istituì la Regione Autonoma Trentino-Alto Adige, composta dal Trentino, ovvero il territorio contiguo a sud, e dall´Alto Adige, ovvero l´equivalente italiano di Sudtirolo. All´interno di questa nuova regione, la maggioranza della popolazione era di lingua italiana, il che si poneva in contrasto e costituiva una violazione dell`Accordo di Parigi del 1946.

Nei primi dieci anni successivi alla Seconda guerra mondiale, si impose chiaramente la necessità di una soluzione alla questione dei sudtirolesi emigrati in Germania, desiderosi di tornare nella loro terra. Tuttavia negli anni seguenti, il governo italiano disattese alcuni punti dell´Accordo, di cruciale importanza per la minoranza di lingua tedesca.

Nel 1955, l´Austria riacquistò l´indipendenza, stipulando un trattato di pace con gli Alleati.

Nonostante le ripetute sollecitazioni del governo austriaco, la situazione rimase immutata e così venne deciso che solo il ricorso ad una Corte internazionale avrebbe potuto migliorare la situazione della popolazione Sudtirolese. Di conseguenza la controversia venne definitivamente deferita alle Nazioni Unite nel 1959. Nel corso del dibattito, l'Italia cercò di sostenere che il problema altoatesino fosse una questione bilaterale tra l'Italia e l'Austria e pertanto non trovava la sua sede competente all'ONU.
Dopo lunghi e complessi negoziati, l'Assemblea Generale delle Nazioni Unite approvò la risoluzione 1497 (XV) il 31 ottobre 1960, che sanciva l'esistenza di una minoranza di lingua tedesca in Sudtirolo e ufficializzava le responsabilità dell'Austria nei confronti dei Sudtirolesi.
La risoluzione intendeva favorire una soluzione della controversia mediante negoziati bilaterali.
Ciononostante, non si ottenne alcun risultato positivo. Anzi, venne perpetrata una serie di attentati ai tralicci degli elettrodotti, a dimostrazione della piena insoddisfazione dei Tirolesi per la situazione politica ed economica allora in atto.
Gli obiettivi di questi attentati sono stati ovviamente le infrastrutture pubbliche, evítando accuratamente di provocare feriti.
Conseguentemente il governo austriaco ripresentava la questione e ricorreva nuovamente alle Nazioni Unite, dove venne discussa tra il 15 ed il 28 novembre 1961. Nel mese di novembre dello stesso anno venne adottata la risoluzione numero 1661 (XVI), che sollecitava nuovamente una soluzione bilaterale della controversia. Inoltre le Nazioni Unite decisero di insediare una Commissione, supportata da esperti austriaci ed italiani, per vigilare ed esaminare sul posto i miglioramenti ottenuti dalla popolazione sudtirolese.
Alla fine del 1969, venne varato un pacchetto di diritti e doveri per i Sudtirolesi, che offrì notevoli e migliori opportunità di sopravvivenza. Questo pacchetto, denominato "Secondo Statuto di Autonomia", è entrato in vigore il 20 gennaio 1972.
Comunque ci sono voluti altri 20 anni affinché il governo italiano decretasse i presupposti costituzionali e giuridici per l'attuazione di una reale autonomia della minoranza tedesca in Sudtirolo. Ad esempio é stato riconosciuto il diritto all'uso della loro madrelingua negli uffici pubblici e nei tribunali. Inoltre è stato introdotto il principio della proporzionale etnica nell'amministrazione pubblica.

Il 19 giugno 1992 il governo austriaco e quello italiano hanno ufficialmente dichiarato conclusa la vertenza altoatesina al Segretario Generale delle Nazioni Unite. Senza il supporto e l´intervento austriaco, l´autonomia della minoranza di lingua tedesca in Sudtirolo sarebbe stata impossibile.
L´assetto odierno consente alla gente di questa terra di vivere una realtá economica o politica dello stesso tenore di quella vissuta, per secoli, dai loro antenati.
L´attuale modello di autonomia, potrebbe fungere da esempio per la risoluzione pacifica dei problemi delle minoranze anche in altre parti del mondo.
E´auspicabile che con l´Europa Unita, la questione dei confini nazionali, tracciati all´insegna dell´odio dopo una guerra lunga ed inutile, possa perdere di significato in un prossimo futuro.

V. Summary in English

South Tyrol or "Südtirol" as it is called in German is a part of Tyrol, deep in the heart of the Alps.
Tyrol is an old sovereign county, which was in its main parts unified under Graf Meinhard II von Görz-Tirol at the end of the 13th century.
In 1363, Tyrol was united with Austria. Since then it was an integrative part of Austria until the 20th century.
After World War I South Tyrol was given to Italy in the treaties of St. Germain-en-Laye as a result of the secret London Treaty of 1915. In the London treaty Italy was promised South Tyrol for its entry to the war on the part of the Allies. Woodrow Wilson, President of the United States of America, intended to erect a system of peace. Therefore he published his system of 14-Points.
Number 9 of this program demanded the Austro-Italian border along the clearly recognisable lines of language borders. The treaties of St. Germain-en-Laye obviously failed to realise this demand.
The northern and eastern parts of Tyrol remained with the German-speaking Austria, which lost the war. Today, these form the "Bundesland Tirol".
Although the population of South Tyrol was German-speaking as well it became part of the Italian territory.
In 1922, the fascists under Benito Mussolini came to power in Italy. As a result the Austrian minority was suppressed in a very severe way. It was denied to teach the German language or to use it in public offices or in court. Even the originally German names on tombstones were removed. With this rigorous program of "Italianisation" the fascist government tried to extinguish the German-speaking minority of South Tyrol, especially through the settlement of big Italian industries in the capital Bozen. Nevertheless there were still 220.000 German-speaking inhabitants, 81.000 Italians and 20.000 Ladins, another minority living in South Tyrol, in 1939.
In that time Austria had already been annexed by the German Third Reich under Adolf Hitler. A treaty between Hitler and Mussolini was signed, commonly known as the "Option"-treaty, which offered South Tyroleans two choices: Either to leave their homes and move to the Reich as an instrument of Hitler´s expansionist policies or to become "real" Italians which meant to be

moved south of the River Po, several hundred of kilometers further south in Italy. Luckily, this contract was never completely realised.
During World War II a Resistance Movement was founded by the German-speaking inhabitants of South Tyrol.
With the signation of the Atlantic Charter in 1941 the basis of the United Nations was established. At that time several well-known Italians like Arturo Toscanini signed a resolution in favor of the right of self-determination for South Tyrol, which did not lead to a positive result.
In the negotiations after the war the Austrian minority was again denied the right of self-determination. Among the German-speaking inhabitants of South Tyrol 156.000 persons signed a communiqué for the reunification with Austria. This represented almost 100 per cent of the adult German-speaking population.
In spring 1946, the peace treaty of the Allied powers with Italy was signed. This treaty left South Tyrol definitely with Italy.
As it was not possible to reach an autonomy for South Tyrol the Austrian minister of Foreign Affairs, Mr. Gruber, and the Italian minister of Foreign Affairs, Mr. De Gasperi, signed under the mediatorship and influence of the British Parliament and government an agreement in Paris on September 5, 1946, which provided the South Tyroleans with autonomous legislative and executive powers.
Soon afterwards the Italian government constituted the autonomous region of Trentino-Alto Adige. Trentino is the adjoining area in the south, and Alto Adige is the Italian name of the South Tyrol. In this new region the Italian-speaking group was in the majority. This was a violation of the Paris agreement of 1946.
In the first decade after World War II, the problem of the South Tyroleans, who had emigrated and wanted to return to their homes, had to be solved.
But in the following years the crucial points for the German-speaking minority were not fulfilled by the Italian government.
In 1955, Austria regained its independence in form of a peace treaty with the Allies.
As the situation did not change in spite of the Austrian government´s repeated demands, it was decided that only an international forum could improve the situation of the German-speaking population in South Tyrol. Consequently, the problem was finally brought before the United Nations in 1959. During these discussions Italy tried to argue that the question of South Tyrol was a bilateral

topic between Austria and Italy. Therefore the UNO was not the right forum of discussion.
After a long process of negotiations the UN General Assembly passed Resolution 1497 (XV) on October 31, 1960, which stated the existence of a German-speaking minority in South Tyrol, and that Austria was responsible for the South Tyroleans. The resolution aimed at a solution by bilateral negotiations.
They did not achieve any positive results. Quite on the contrary, a series of bomb attacks against electrical circuit lines took place and showed the deep dissatisfaction of the Tyroleans with their current political and economic situation. These bomb attacks clearly aimed at the infrastructure and strictly avoided to injure any persons.
As a result the Austrian government again presented the problem to the institutions of the United Nations, where it was discussed between November 15 and November 28, 1961. On November 1961, Resolution 1661 (XVI) was adopted, which once again urged a solution in a bilateral way. The United Nations also decided to install a commission to supervise the improvements for the German-speaking inhabitants in South Tyrol. This commission was supported by Austrian and Italian experts.
At the end of 1969, a package of rights and duties of the South Tyroleans was designed, which offered a much better chance of survival. This is also called the "Second Statute of Autonomy" which was set in force on January 20, 1972.
Nevertheless it took another 20 years until the Italian government enacted the constitutional and legal basis of the fulfillment of a real autonomy for the German-speaking minority of South Tyrol. For instance, they received the right to use their own language in public offices and in court. In addition, the principle of ethnic proportional representation was introduced into the public adminstration.
On June 19, 1992, the Austrian and the Italian governments officially declared the end of the dispute to the Secretary-General of the United Nations. Without the Austrian assistance the autonomy of the minority in the South Tyrol would not have been possible.
Today´s situation allows the population to lead an economic and political life in their country as their forefathers did for many centuries.
The current state of autonomy could be used as an example of peaceful settlement of minority problems in other areas of the world as well.

One can only hope that with the unification of Europe the question of national borders, which were drawn in the spirit of hate after a long and useless war, might become less important in the near future.

VI. Literatur

1. Bibliographie

Albrich, T.; Eisterer, K.; Steininger, R. (Hrsg.), "Tirol und der Anschluß. Voraussetzungen, Entwicklungen, Rahmenbedingungen 1918 - 1938", Innsbruck 1988.

Alock, A.E., "The history of the South Tyrol Question", Genf 1970.

"Atlantic Charter", published by United Nations, New York.

Brugger, Benedikter, Dalsass, "Südtirol vor der Entscheidung - Fragen und Antworten zu Paket und Operationskalender", Bozen 1969.

Brugger, O., "Peter Brugger. Ein Politiker mit Herz und Verstand", Bozen 1996.

Caprotti, G., "Alto Adige o Südtirol?", Mailand 1988.

Corsini, U.; Lill, R., "Südtirol 1918 - 1946", Bozen 1988.

Dengel, P., "Italien auf falschem Weg", Wien 1919.

Egen, A.v., "Die Südtirolfrage und das englische Parlament", Trient 1996.

Eisterer, K.; Steininger, R. (Hrsg.), "Die Option. Südtirol zwischen Faschismus und Nationalsozialismus" (Innsbrucker Forschungen zur Zeitgeschichte, Band 5), Innsbruck 1989.

Eisterer, K.; Steininger, R. (Hrsg.), "Tirol und der Erste Weltkrieg" (Innsbrucker Forschungen zur Zeitgeschichte, Band 12), Innsbruck 1995.

Ermacora, F. (Hrsg.), "Pariser Friedenskonferenz 1946. Geheimbericht der Südtiroler Delegation zur Pariser Konferenz 1946",Wien 1987.

Ermacora, F.; Pan, Chr., "Grundrechte der Europäischen Volksgruppen, Fundamental Rights of Ethnic Groups in Europe, Droits Fondamentaux des Groupes Ethniques Européens; Diritti Fondamentali dei Gruppi Etnici in Europa, Az Európai Népcsoportok Alapvetö Jogai" (Ethnos, Band 40), Wien 1992.

Ermacora, F., "Südtirol und das Vaterland Österreich", Wien 1984.

Ermacora, F.; Pan, Chr., "Volksgruppenschutz in Europa" (Ethnos, Band 46), Wien 1995.

Fenet, A., "La question du Tyrol du sud", Paris 1968.

Fontana, J., "Der Kulturkampf in Tirol 1861 bis 1890" (Schriftenreihe des Südtiroler Kulturinstitutes, Band 6), Bozen 1978.

Fontana, J. (Hrsg.), "Geschichte des Landes Tirol", Band 1 - 4, Bozen 1985 - 1988.

Fontana, J., "Vom Neubau bis zum Untergang der Habsburger-Monarchie (1848-1918)", (Geschichte des Landes Tirol, Band 3), Bozen 1987.

Forcher, M., "Tirols Geschichte in Wort und Bild", Innsbruck 1984.

Freiberg, W., "Südtirol und der italienische Nationalismus. Entstehung und Entwicklung einer europäischen Minderheitenfrage" (Schlern - Schriften, Band 282/1), Innsbruck 1989.

Gatterer, C., "Im Kampf gegen Rom. Bürger, Minderheiten und Autonomien in Italien", Wien 1968.

Gruber, A., "Südtirol unter dem Faschismus" [3], Bozen 1978.

Huter, F. (Hrsg.), "Südtirol, eine Frage des europäischen Gewissens", Wien 1965.

Köfler, W., "Land, Landschaft, Landtag. Geschichte des Tiroler Landtages von den Anfängen bis zur Aufhebung der Landständischen Verfassung 1808" (Veröffentlichungen des Tiroler Landesarchives, Band 3), Innsbruck 1985.

Kreisky, B., "Im Strom der Politik. Der Memoiren zweiter Teil", Wien 1988.

Miehsler, H., "Südtirol als völkerrechtliches Problem", Graz 1962.

Mittermair, K., "Südtirol, Geschichte, Politik und Gesellschaft", Wien 19.

Mussolini, B., "Popolo d'Italia", Bari 1925.

Oxenknecht, R., "Der Schutz ethnischer, religiöser und sprachlicher Minderheiten in Art. 27 des Internationalen Paktes über Bürgerliche und Politische Rechte vom 16. Dezember 1966", Frankfurt 1988.

Parteli, O., "Südtirol (1918 bis 1970)", (Geschichte des Landes Tirol, Band 4/I), Bozen 1988.

Pfaundler, W., "Südtirol. Versprechen und Wirklichkeit", Wien 1958.

Ramminger, H.K., "Dolomiten und Alto Adige", Innsbruck 1983.

Riedl, F. (Hrsg.), "Tirol im 20. Jahrhundert. Festschrift für Viktoria Stadlmayer", Bozen 1989.

Riedmann, J., "Geschichte Tirols", Wien 1982.

Ritschel, H.K., "Diplomatie um Südtirol. Politische Hintergründe eines europäischen Versagens", Stuttgart 1966.

Stadlmayer, V., "Die italienischen Argumente für die Brennergrenze", in Huter, F., "Südtirol - Eine Frage des europäischen Gewissens", Wien 1965.

Stadlmayer, V., "Die Südtirolpolitik Österreichs seit Abschluß des Pariser Vertrages", in Huter, F., "Südtirol - Eine Frage des europäischen Gewissens", Wien 1965.

Steininger, R., "Los von Rom? Die Südtirolfrage 1945/46 und das Gruber - Degasperi Abkommen" (Innsbrucker Forschungen zur Zeitgeschichte, Band 2), Innsbruck 1987.

Steurer, L., "Südtirol zwischen Rom und Berlin 1919 - 1939", Wien 1980.

Stolz, O., "Geschichte des Landes Tirol", Innsbruck 1955.

Strasser, W., "Österreich und die Vereinten Nationen", Wien 1967.

Stuhlpfarrer, K., "Die Operationszonen "Alpenvorland" und "Adriatisches Küstenland" 1943 - 1945", Wien 1969.

Stuhlpfarrer, K., "Umsiedlung Südtirols", Wien 1985.

"Südtirol seit dem Paket 1970-1980", Wien 1982.

Tinzl, K., "Die formellen Grundlagen der Südtiroler Autonomie", in: Geschnitzer, F., "Südtirol, Land europäischer Bewährung" (FS für Kan. Michael Gamper zum 70. Geburtstag), Innsbruck 1955.

Toscano, M., "Alto Adige/South Tyrol: Italy's frontier with the German world", Baltimore 1975.

Toscano, M., "Storia diplomatica della questione dell'Alto Adige", Bari 1967.

UNO Charta, published by United Nations, New York.

Veiter, T., "Bibliographie zur Südtirolfrage 1945 - 1983" (Ethnos, Band 26), Wien 1983.

Veiter, T., "Das Recht der Volksgruppen und Sprachminderheiten in Österreich", Wien 1970.

Veiter, T., "Die Italiener in der Österreichisch-Ungarischen Monarchie. Eine volkspolitische und nationalitätenrechtliche Studie", München 1965.

Veiter, T., "Nationalitätenkonflikt und Volksgruppenrecht im 20. Jahrhundert, Band 1: Entwicklungen, Rechtsprobleme, Schlußfolgerungen" (Ethnos, Band 15), Wien 1977.

Veiter, T. (Hrsg.), "System eines internationalen Volksgruppenrechts. 1.Teil: Grundlagen und Begriffe", Wien 1970.

Veiter, T. (Hrsg.), "System eines internationalen Volksgruppenrechts. 2. Teil: Innerstaatliche, regionale und universelle Struktur eines Volksgruppenrechts", Wien 1972.

Veiter, T. (Hrsg.), "System eines internationalen Volksgruppenrechts. 3. Teil: Sonderprobleme des Schutzes von Volksgruppen und Sprachminderheiten", Wien 1978.

Volgger, F., "Südtirol am Scheideweg", Innsbruck 1984.

Weisgerber, J., "Vertragstexte als sprachliche Aufgabe. Formulierungs-, Auslegungs- und Übersetzungsprobleme des Südtirol-Abkommens von 1946", Bonn 1961.

"World Conference of Human rights", published by United Nations, Wien 1993.

Zeller, K., "Das Problem der völkerrechtlichen Verankerung des Südtirolpakets", Wien 1989.

2. Bestand der Bibliothek der VN in New York zum Thema "Südtirol"

Stichworte: Bozen (Bolzano) Province, see ITALY: Bolzano (Bozen) Province.

- Kreiskys Kurs im Südtirolkonflikt. innenpolitische Hemmungen der Gewisseserforschung. Der Schritt bei den Vereinten Nationen. Neue Zürcher Zeitung (Zürich) 182: Fernausgabe Nr.199, Blatt 2, 22. Juli 1961. "Tel. unseres Korrespondenten, C.K., Wien, 20. Juli"
- Kussl, B. Apple of discord, South Tirol. Sudeten bulletin (Munich) 8:277-180, November 1960 - So.Tyrol.
- Landy, P. Tension subsides in the South Tyrol, Statist (London) 177:532-534, 24. August 1962 - South Tyrol.
- Lebre, H. Une question anachronique: le Tyrol du Sud. Ecrits de Paris (Paris) 92:28-32, avril 1961 - South Tyrol.
- Miehsler, H. Das Südtirol-Abkommen: Entstehung, Auslegung und Wege zur Entscheidung. Donauraum (Wien) 5:125-138, 1960 - South Tyrol.
- Polemica sull'Alto Adige alle Nazioni Unite. Relazioni internazionali (Milano) 23:1360-1361, 3 ottobre 1959 - UN GA.
- La prima fase dell'esame del ricorso austriaco all'ONU. Relazioni internazionali (Milano) 24:1407-1408, 29 ottobre 1960 - So. Tyrol.
- La risoluzione dell'ONU sulla controversia altoatestina. Relazioni internazinonali (Milano) 24:1447-1448, 5 novembre 1960 - So. Tyrol.

- Savory, D. Crisis in South Tyrol; the cause. Contemporary review (London) 200:509-511, October 1961 - South Tyrol.
- Schloh, B. Die Entwicklung der Südtirol-Frage in den letzten Jahren. Europa-Archiv (Frankfurt a.M.) 17:147-162, 10.März 1962. Bibliography - South Tyrol.
- Sconfitta dell'Austria all ONU per Alto Adige. Relazioni internazionali (Milano) 25:1632-1633, 2 dicembre 1961 - South Tyrol.
- Seymour, C. Woodrow Wilson and self-determination in the Tyrol. Virginia quarterly review (Charlottesville) 38:567-587, autumn 1962 - South Tyrol.
- Sládek, C. Jizní Tyroly ve stínu západonemackých revansistu. Mezinárodní politika (Praha) 4:587-582,ríjen 1960 - So. Tyrol.
- Sottile, A. Le diefférend italo-autrichien sur le Haut-Adige à l'Assemblée Générale des Nations Unies. Revue de droit international (Genève) 38:426-436,octobre-décembre 1960 - South Tyrol.
- Der Stand der Südtiroler Frage. Die Vereinten Nationen und Österreich (Wien)6:3, April 1957 - UHX.06 (436) V3.
- Sterling, C. Southern Italy: land, politics, and the empty belly. Reporter (New York) 9:17-20, August 4, 1953.
- Die Südtiroler Frage. Österreichische Zeitschrift für Außenpolitik (Wien) 1:25-73, Oktober 1960 - South Tyrol.
- Veiter, T. Südtirol als rechts- und staatspolitisches Problem. Donauraum (Wien) 6:12-24, 1961 - So. Tyrol.
- Wieser, T. A visit to South Tyrol. Swiss review of world affairs (Zurich) 12:9-14, June 1962 - South Tyrol.
- Fenet, Alain: La question du Tyrol du Sud; um problème de droit international. Paris, Librairie Générale de Droit et de Jurisprudence, 1968, 369 p map (Bibliothèque de droit international, 45), Bibliography - 945.3 F332.
- Italy. Ministero degli Affari Esteri. Servizio Storico e Documentazione Chronological record of the activities of Italy in the United Nations; with the status of observer from 1. Oct. 1947 to 13 Dec. 1955 and as a member state from 14. Dec. 1955 to 31. Dec.1969. [Edited by A. D'Anneo. [Rome, 1970?]], 338p - UNX.945 I88 Added T.p. in Italian.
- Südtirol; geschichtlicher Abriss einer europäischen Frage. [Neuaufl. München, Südtirol-Verlag, 1966], 48 p. maps. 1. Trentino and Alto

Adige, 2. Trentino and Alto Adige - Hist, 3. Trentino and Alto Adige - Documents, etc., sources, 4. U.N. - Trentino and Alto Adige - 945.3 S943.

- Periodical Articles. During 1949 - 57, most entires from official and non-official periodicals appeared in List of selected aricles (ST/LIB/SER.C/1-15). Beginning in 1958, most entries from official periodicals appeared in United Nations documents index (ST/LIB/SER.E/111-), most titles from non-official periodicals in List of selected articles (ST/LIB/SER.C/16-). Cards are arranged alphabetically by surname of author, or if no author is named, by title of article.
- Block, M. de., De kwestie Zuid-Tirol in de Verenigde Naties. Wordende wereld (Den Haag) 12:5, november 1960 - So. Tyrol.
- Burgueño Alvarez, G., El Sud-Tirol o Alto Adige en su proceso de problema europeo. Política internacional (Madrid) no. 53: 85-103, enero febrero de 1961 - South Tyrol.
- Choffy, S.C., The problem of the South Tyrol. World affairs (Washington) 124:47-49, summer 1961 - So. Tyrol.
- Le conversazioni per lÀlto Adige. Relazioni internazionali (Milano) 25:127-128, 4 Febbraio 1961 - South Tyrol.
- Dibattito parlamentare silla questione alto-atesina. Relazioni internazionali (Milano) 25:159-160, 11 febbraio 1961 - South Tyrol.
- Evoluzione positiva delléconomia alto-atesina. Relazioni internazionali (Milano) 24:1238-1239, 1° ottobre 1960 - South Tyrol.
- Battisti, Carlo. L`Italia e Alto Adige; dall´accordo Italo-austriaco del 1946, alla nota austriaca del 1956, esperienze d´un decennio. 2a ed. riv. ed ampliata. Firenze, F. Le Monnier, 1957. 161 p. Foot notes, partly bibliographical, - Geneva 943.64 B336 - 1. South Tirol question.
- Tyrol´s appeal to UNO. Chur, Switzerland, Schmidl Microfilm, 1960, 117 p. maps, "Facsimile copy", Text in German, 1. U.N. - Trentino and Alto Adige - Documents, etc. sources, 2. Trentino and Alto Adige - Documents, etc., sources, UNX.945.3 T992.
- Austria. Bundesministerium für Landesverteidigung. Abteilung Bildung und Kultur, Österreich und die Vereinten Nationen. Wien, 1967, 68 p. illus., 1- U.N.- Austria, 2. U.N.- Trentino and Alto Adige, 3. Neutrality - Austria I. Title - UNX.943.6 A938.
- Gschnitzer, F. Südtirol vor die Vereinten Nationen. Aussenpolitik (Stuttgart) 11:573-575, September 1960 - So. Tyrol.

- Gaspard, A. Le problème du Tyrol méridional. Preuves (Paris) no.137:51-51, juillet 1962 - South Tyrol.
- Gschnitzer, F. Test case; South Tyrol. Sudeten Bulletin (München) 9:201-206, September 1961 - South Tyrol.
- Gschnitzer, F. Le Tyrol du Sud. Archives diplomatiques et consulaires (Genève) 25:361-365, octobre 1960 - So. Tyrol.
- Heraud, G. L'autonomie du Tyrol du Sud. Revue générale de droit international public (Paris) 60:317-336, juillet-septembre 1956 - LSA x1 R454G.
- Kneussl, E. Was sagt Tirol zu den Verhandlungen über Südtirol bei der Generalversammlung der Vereinten Nationen in New York ? Vereinte Nationen und Österreich (Wien) 9:3-4, Dezember 1960 - South Tyrol.

VII. Anhang

Der Anhang wurde aus den offiziellen Protokollen der Vereinten Nationen in New York übernommen. Vereinzelte Tipp- und Rechtschreibfehler wurden, sofern sie den Sinn nicht beeinträchtigen, nicht korrigiert.

1. 1959: Erste Befassung der UNO GV mit Südtirol (25.09.1959)

President: Mr. Víctor A. Belaunde (Peru).
Agenda Item 9
General debate (continued)

1. Mr. KREISKY (Austria): Mr. President, I should like to avail myself of this opportunity to offer you the sincere congratulations of the Austrian delegation on your election to the high office of President of the General Assembly. Your distinguished record in international affairs and your profound understanding of the problems which beset the world today clearly make this a most auspicious choice.

2. Let me also pay a tribute to the Secretary-General, to whose brilliant leadership this Organization owes so much.

3. Austria is not a large country; our contribution to the solution of world-wide problems is necessarily a modest one. It is nevertheless incumbent upon us to do our part and to state our views before this Assembly.

[4. - 9. behandelt Fragen der allgemeinen Weltpolitik.]

10. Austria, needless to say, has full confidence in the principles of the peaceful settlement of disputes, a principle fully relevant to the question that ranks among the highest of our foreign affairs, namely, the question of the South Tyrol, whose cultural and economic development must be safeguarded and whose ethnic substance must be preserved. Clearly this is a problem which can only be solved in the spirit of the United Nations Charter, whose aim it is, in conformity with the principle of justice and international law, to bring peaceful means to bear on the settlement of international disputes, and to develop friendly relations among nations.

11. I should like briefly to state our case. The Saint-Germain Treaty of 1919 severed the southern part of the Tyrol from Austria and made it part of Italy. The South Tyrol now is a territory of 2.860 square miles with a population of roughly a quarter million Tyrolese. Under the Fascist régime, South Tyrol suffered the consequences of a sustained campaign of de-nationalization - even the children were prevented from receiving instruction in their own language - and finally, in 1939, an agreement between the two dictatorships led to the displacement of ten thousand families. After the end of World War II, all attempts to find an equitable solution of the problem of the South Tyrol ended in failure. I should like to stress in this context that it was not only Austria which considered this state of affairs unjust and, indeed, untenable. For instance, an "Italian Manifesto" appeared in the American Press as early as 1944; it was signed by prominent political leaders, scientists and artists, among them Randolfo Pacciardi, Professor Giuseppe Borghese, Professor Gaetano Salvemini, and Arturo Toscanini. In this manifesto it was even suggested that Italy relinquish her control over the ethnic minorities in the extreme north and north-east of her territory.

12. In 1946, Italy and Austria reached an agreement which, it was then hoped, would assure the South Tyrol a cultural and economic development unhampered by restrictions. This agreement which, as annex IV, is a part of the 1947 Treaty of Peace with Italy, expressly provides for "special provisions to safeguard the ethnical character and the cultural and economic development" of the South Tyrol; it also grants this minority group autonomous legislative and executive powers. And yet, the correct interpretation of this agreement has been subject to differences between the Governments of Italy and Austria ever since.

13. Let me briefly summarize the situation in the South Tyrol. There can be no doubt that, compared with the Fascist era, the South Tyrol is now relatively free of restrictions in the cultural field. The social and economic area, however, presents a different picture. Here the situation is indeed serious. Let me say at once that the South-Tyrolese are an extremely vital ethnic group. Yet the present practice of the administration undermines the very foundations of their existence on their native soil. It discriminates against them when they look for employment; and, as far as housing is concerned, it may be apposite to point out that only 7 per cent of the apartments built with Government aid in the

South Tyrol have been made available to its indigenous inhabitants. This is indeed a gross and incomprehensible discrimination; it has compelled many thousands of young South-Tyrolese to emigrate.

14. The South Tyrol problem which, of course, remains a national question, is increasingly becoming a social and economic concern. It is one of the more tragic aspects of the problem that, in a court of law, a South-Tyrolese will probably be faced with a judge with whom he cannot communicate in his own language. Among those whom jurisdiction over the South Tyrol - with a population of a quarter million - is entrusted, there are only five South-Tyrolese judges. The parliamentary representatives of the South Tyrol have repeatedly sought redress of this utterly unsatisfactory state of affairs; they have also submitted a draft bill outlining the proper autonomous status for the region of South Tyrol.

15. In their draft bill, the representatives of the South Tyrol insist on their people´s right to use their own language in public life, to claim their share in public office in proportion to their population, and, finally, to create conditions requisite to the equality of opportunity in their daily lives, paying particular attention to housing and employment. The Austrian Government cannot but endorse these just aspirations. Clearly, the only way to implement the agreement, in spirit as well as in fact, is to create an autonomous Province of Bozen. Indeed, is there any other way of assuring an ethnic minority its full democratic rights than to grant it self-administration? It is only thus that an ethnic minority may claim to profit from the principle inherent in the Magna Charta of modern democracy, the Declaration on Independence, according to which Governments derive their just powers from consent of the governed.

16. In the true spirit of the Paris Treaty, the Austrian Government will continue to claim its proper share in the implementation of that international agreement. Should, however, bilateral negotiations not succeed in creating conditions satisfactory for a minority of 250,000 in a nation of almost 50 million, Austria will have no alternative but to appeal to the United Nations to put this question on its agenda at the earliest possible moment.

17. It is quite evident that it is neither spite nor hostility against our Italian neighbour that compel us to state the case of South Tyrol. Indeed, how could

we have hostile feelings against a nation with which, for many centuries, we have been bound by mutual ties of commerce and trade, a nation whose abundant spiritual heritage has greatly enriched our own culture?

18. It is, let me repeat, not enmity which motivates our step, but the responsibility which rests upon us. It is, moreover, the restlessness of thousands of young people of the South Tyrol, who want to plan their future and to shape their lives, as young people do elsewhere in the world. Nothing devides us from our Italian neighbor but this open question. If a solution can be found which the South-Tyrolese can accept, new avenues of fruitful co-operation would be opened up in our part of Europe.

[19. - 128. behandelt Fragen der allgemeinen Weltpolitik.]

129. Mr. PELLA (Italy) (translated from French): Mr. President, in offering you my Government´s warm congratulations on your unanimous election as President, I am not merely doing what ritual demands; I am expressing the satisfaction I feel at this recognition of the merits of a great friend and a distinguished citizen of a country which shares with my own a common heritage of traditions and ideals. I shall not add to the tributes of previous speakers to your qualities as a diplomat and statesman, in which I am sure all concur.

[130. - 164. behandelt Fragen der allgemeinen Weltpolitik.]

165. Before I conclude I must refer to that part of the statement made in this Assembly by the Austrian Minister of Foreign Affairs, Mr. Kreisky [800th meeting], which has a direct bearing on my country. My Government categorically rejects the attempt to bring up for discussion here a question which is not within the province of the Assembly.

166. I must also deplore the strange procedure which the Austrian Government has followed in making such statements while diplomatic conversations are in progress between Italy and Austria on matters concerning the two countries, including certain aspects of the application of the De Gasperi - Gruber agreement, in which an attempt was made in 1946 to work out a definitive solution of the question of the Alto Adige. The attempt to engage in polemics on the

subject endangers the success of the talks; if that is Austria's purpose it must assume full responsibility for the outcome. Austria's attitude is far from reassuring. It is tantamount to ignoring the facts in an attempt to achieve aims which have no relation to the facts themselves or to the terms of the De Gasperi - Gruber agreement. It is impossible to come to terms with those who claim that they have not obtained satisfaction or forget what they have obtained, with those who negotiate a final settlement and later make it the basis for subsequent claims, or with those who artificially create a controversy because they wish a continuing crisis.

167. As Mr. Kreisky's statement, in so far as it refers to Italian domestic affairs or relates to a legal evaluation of a bilateral agreement, does not fall within the competence of this Assembly, I do not intend, by dealing with the substance of the question, to subscribe in any way to the inadmissible interpretation of the statutory rules by the representative of Austria.

168. I will only remind you that Italy has not only applied the De Gasperi - Gruber agreement, but has also accorded the minorities of the Alto Adige a liberality of treatment unsurpassed in any other part of the world.

169. Nor must we forget that the allogeneous population of the Alto Adige expressed its wishes in a free referendum at the end of the Second World War, when it asked and was allowed to become Italian again, although in 1939 it had voted by a large majority for transfer to Nazi Germany. The latest choice was freely made and must be considered final.

170. At the thirteenth session of the General Assembly, and at others, one urgent question was present in the minds of all representatives and implicit in all the speeches made: how was the United Nations, with its still limited resources, to deal with the problems of the day? The gap between reality and the existing needs seemed so great that pessimism was justified.

171. Today the search for methods of achieving peace continues, but we feel at least that we are no longer in a state of crisis and that we are working in a less dramatic but more constructive atmosphere.

172. Italy pledges its full contribution to this constructive task and this labor for peace.

The meeting rose at 1 p.m.

Agenda Item 9
809th Plenary Meeting
General debate (continued)

1. The PRESIDENT (translated from Spanish): With the kind consent of the representative of Denmark, who was the first speaker on my list for this afternoon, I call upon the representative of Austria for a brief statement.

2. Mr. KREISKY (Austria): I am really unhappy that I again have to claim the indulgence of this Assembly with regard to the matter on which I have already stated my views. However, I am compelled to reply to the remarks of the Head of the Italian delegation.

3. Mr. Pella, Minister for Foreign Affairs of Italy, spoke of a "free referendum", [804th meeting] through which the population of the South Tyrol expressed its will at the end of the Second World War. What has really happened in the South Tyrol? In 1939, Mussolini and Hitler agreed to "resettle" the indigenous population of the South Tyrol. A simple choice was offered to the South Tyrolese: to emigrate or to renounce their ethnic personality. Faced with such pressure, the majority of South Tyrolese opted to emigrate.

4. The war prevented the full implementation of the resettlement agreement. Nevertheless, 70,000 South Tyrolese left their native country. After the end of the war, the Anglo-American forces inhibited further displacements.

5. By the terms of the agreement concluded between Austria and Italy in 1946 [93], Italy renounced the policy of resettlement, which in fact implied a partial redress of the wrongs committed under the two dictatorships against the population of South Tyrol. Italy insisted, however, that a declaration of

---

93 This agreement, also known as the De Gasperi-Gruber Agreement, forms Annex IV of the Peace Treaty with Italy, signed in Paris 1947. See United nations, Treaty Series, Vol. 49 (1950), p.184.

"reoption" should be made not only by those who had emigrated and wished to return, but also by those who had remained. The South Tyrolese were presented with the alternative: either to render the declaration that was demanded of them, or to accept an uncertain future as a people without citizenship. Really, can such a choice be considered a "freely expressed referendum"? I leave it to this Assembly to pass judgment on this question.

6. As far as the South Tyrolese are concerned, their freely expressed opinion was demonstrated by the fact that in April 1946, 123,000 of them - that is almost the entire population of voting age - petitioned for a free plebiscite.

7. If Mr. Pella finally states that no minority is treated more liberally than the South Tyrolese, why not grant them, for instance, the autonomous rights enjoyed by the Swedish minority of the Finnish Aland Islands?

8. The PRESIDENT (translated from Spanish): I presume the Assembly has no objection to my calling upon the representative of Italy.

9. Mr. PELLA (Italy) (translated from French): I do not wish to impose upon this Assembly by dwelling on matters that will divert it from the discussion of really important problems which affect the whole world and its destiny. Nevertheless, in view of the reply of my Austrian colleague I must respectfully but clearly reiterate that the question to which he saw fit to draw attention is not within the competence of this Assembly. This is not a question which concerns the maintenance of international peace and security or the respect for human rights and fundamental freedoms. The matter has been settles by a bilateral agreement, the De Gasperi - Gruber Agreement, and negotiations are now being carried on between the two countries with regard to certain details of implementation.

10. Italy has been, and is now, giving full effect to that agreement by guaranteeing to the German-language minority complete equality of rights with other Italian citizens and by safeguarding the ethnic character and the cultural and economic development of that minority from both the constitutional and the individual points of view. I entirely agree that there are other minorities which enjoy excellent treatment, but I must repeat that the liberality of Italy's treatment of the minorities in the Upper Adige is not surpassed anywhere in the

world. Mr. Kreisky asserted that in certain respects Italy has not fulfilled its obligations under the De Gasperi - Gruber Agreement. I am in a position to prove, and I propose to do so at the appropriate time and place, from the very words of eminent members of the Austrian Government and of the "Süd-tyroler Volkspartei" that these charges are devoid of any foundation in fact or in law.

11. I should like to refer only briefly to the reproach directed to me by my Austrian colleague that I presented as a referendum the decision of the German minority to resume Italian nationality after agreements had been made for its transfer to Nazi Germany. Although that decision may not have been a referendum in the technical sense of the word, there is no denying that it embodied an irrevocable manifestation of free will.

12. I cannot conclude without expressing ma disappointment and resentment at the fact that the Minister of Foreign Affairs of Austria has, in his statement today, chosen to dwell on this question. The possible unfortunate result will be to confirm our opinion that for some time past the Austrian Government has wanted to create artificial tension between Italy and Austria and to disturb a situation which was normal and which can and should continue to be so.

[ab 13. werden Fragen der allgemeinen Weltpolitik behandelt.]

2. 1960: Brief Kreisky mit Memorandum

Fifteenth session

PROVISIONAL AGENDA OF THE FIFTEENTH REGULAR SESSION OF THE GENERAL ASSEMBLY: ITEM PROPOSED BY AUSTRIA

THE PROBLEM OF THE AUSTRIAN MINORITY IN ITALY

Letter dated 23 June 1960 from the Federal Minister for Foreign Affairs of Austria, addressed to the Secretary-General

Vienna, 23 June 1960

Referring to rule 13 (e) of the rules of procedure of the General Assembly, I have the honor to propose the following item for inclusion in the agenda of the fifteenth regular session of the United Nations General Assembly:

"The Problem of the Austraian Minority in Italy".

In accordance with rules 20 of the rules of procedure an explanatory memorandum is attached.

(Signed) Bruno KREISKY
Federal Minister for
Foreign Affairs

EXPLANATORY MEMORANDUM

As a result of the First World War and in conformity with the terms of the London Agreement of 1915, the Peace Treaty of St. Germain handed over to Italy the territory of what is today the province of Bozen, which had for centuries formed an integral part of Austria. This separation occurred against the express wish of the Austrian part of the population of South Tyrol, which then formed 97 per cent of the total number of inhabitants of the territory, and was, therefore, in clear contradiction to the principles of the Fourteen Points Program of President Wilson, on the basis of which the armistica and peace negotiations were to be conducted; more precisely it contradicted Point 9 (postulating the demarcation of the Austro-Italian frontier along clearly recognizable lines of nationality) and Point 10 (regarding the poeples′ right of self-determination).

Austria protested strongly against this decision of the Peace Conference, but did not succeeded in changing it. Later, even Allied statesmen admitted publicly that this decision was a mistake.

In the late fall of 1919, the population of South Tyrol, having been incorporated against their will in Italy, demanded from Rome an autonomy "for the compact and coherent territory of German or Ladinian ethnic and linguistic character". Italian representatives in high office gave the assurance to protect the ethnic character of the territory and to fulfill the request for autonomy.

However, these promises were not kept. On the contrary, the policy of Italianisation of the territory began immediately, gaining momentum after the seizure of power by the Fascists and leading finally to the Agreement between Mussolini and Hitler of 23 June 1939 regarding the transfer of the South Tyrolean population into the German Reich. It was only due to the outbreak of the war and the collapse of the dictatorships that the resettlement could not be brought to its end. Nevertheless, these developments had the effect that the percentage of the Italian part of the population, which had amounted to 3 per cent at the time of separation of South Tyrol from Austria and had reached 8 per cent in 1921, rose to 24 per cent in 1939. In 1953, it amounted to as much as 34 per cent.

After the end of the Second World War, the South Tyrolean population made new efforts aiming at the return of their country to Austria. In 1946, their representatives presented the Austrian Federal Chancellor with a petition bearing 123,777 signatures and requesting the incorporation of South Tyrol in Austria. As the Austrian minority consisted then of about 230,000 people, this collection of signatures represented practically the declared will of all enfranchised South Tyroleans. Notwithstanding this clear manifestation, on 20 April 1946 the Conference of the Foreign Ministers in Paris decided that South Tyrol was to remain with Italy.

In order to protect the ethnic and cultural character of the Austrian population in South Tyrol, on 5 September 1946 an Agreement between the Austrian

Foreign Minister Gruber and the Italian Premier De Gasperi was signed providing for a legislative and executive autonomy of the South Tyrolean population. This Agreement has been incorporated, as its Annex IV, in the Peace Treaty between Italy and the Allied Powers and has, therefore, acquired multilateral character. Apart from certain measures enumerated by way of example and aiming primarily at the reparation of Fascist wrongs, it provides among other things for the parification of the German and Italian languages in public offices and the establishment of a more appropriate proportion in the distribution of posts in public offices.

But its most important provision is contained in Article 2, by which the population of the province of Bozen is granted the exercise of an autonomous legislative and executive regional power.

Unfortunately, this Agreement was interpreted and applied by Italy in a way that contradicted its purpose in essential respects. This is particularly true in view of the amalgamation, brought about by the Autonomy Statute of 1948, of the province of Bozen with the Italian Trentino in one autonomous region, in which the Italians form a majority of two thirds. This procedure turned the autonomy pledge made to the South Tyrolese, in spite of the granting of a certain sub-autonomy to the province of Bozen, largely into an empty promise. But even the few competences that are conceded to the province within the framework of this sub-autonomy have been so reduced by implementation regulations of the Italian Government and by decisions of the Italian Constitutional Court that, in comparison with the model autonomy for the Aaland Islands or the one for the Faroe Islands, but also with other autonomies in Italy itself, it is scarely possible to call this regime an autonomy.

Obviously, it cannot have been the purpose of the Gruber - De Gasperi Agreement to secure the right of self-government to the Italian population of the Trentino; moreover, on what title should Austria have based such a claim? So the Austrian minority has not received by the above arrangement the autonomy promised to it, the exercise of which is in the hands of the Italian majority.

As one might have expected, the disadvantages of this arrangement became more and more obvious and led to a growing exasperation in South Tyrol. In

1954, the South Tyrolese presented the Italian Government with a memorandum containing their complaints regarding the disadvantages of the Agreement. No answer was received.

In the meantime, Austria has been making efforts for several years to find, in negotiations with the Italian Government, a solution to these questions and has tried every bilateral way in order to arrive at a settlement.

The Austrian Federal Government has firstly proposed an Austro-Italian Mixed Commission to examine this problem, but declared itself equally ready, after this proposal had been turned down by the Italian Government, to conform with the latter's wish and enter into negotiations conducted through diplomatic channels. Up to the present day these negotiations have unfortunately not led to any concrete results; on the contrary, due to the refusal of the Italian Government even to discuss the principal issue, i.e. the granting of an autonomy to the province of Bozen, during these last months they have been reaching a dead end.

During all this time the situation on the spot became more and more acute as the population was ever more convinced that the right of self-government promised to them in the Paris Agreement was being withheld from them.

In view of the fruitless efforts to solve this problem bilaterally and considering the strained relations in South Tyrol itself, the Austrian Federal Government feel entitled and even obliged to request that the South Tyrolean problem be put on the agenda of this year's General Assembly. In doing so, they have in mind Resolution 217 c (III) of 10 December 1948, in which the General Assembly declared that "the United Nations cannot remain indifferent to the fate of minorities" and Resolution 532 B (VI) of 4 February 1952, listing the protection of minorities as one the most important branches of the positive work undertaken by the United Nations.

In virtue of Article 10 and Article 14 of the United Nations Charter, Austria, therefore, requests the General Assembly to consider the Austro-Italian dispute that has arisen from Italy's refusal to grant autonomy to the province of Bozen and, in the spirit of the Charter, to bring about a just settlement based on democratic principles, by which the Austrian minority in Italy is conceded a true autonomy so as to enjoy the self-administration and self-government it has asked for and, indeed, it needs for the protection of its existence as a minority.

3. 1960: Diskussion im General Committee

Item 68

At the invitation of the Chairman, Mr. Kreisky (Austria) and Mr. Martino (Italy) took places at the Committee table.

13. Mr. KREISKY (Austria) said that after several years of bilateral negotiation, no settlement had been achieved in regard to the problem of the Austrian minority in Italy. His Government had therefore decided to lay the question before the United Nations, in accordance with Article 14 of the Charter. He was confident that on the basis of the documentation submitted by the Austrian delegation the General Committee would recommend the inclusion of item 68 in the General Assembly's agenda.

14. Mr. MARTINO (Italy) stated that, subject to certain conditions, his delegation would not object to a discussion of the question brought forward by the Austrian delegation, although it did not consider that reasons adduced by the Austrian delegation justified recourse to the General Assembly.

15. He recalled that on 5 September 1946, in Paris, the Italian and Austrian Governments had signed an agreement on the status of the German-speaking inhabitants of the Bolzano and Trento provinces of Italy [94]. Many of the differences that had arisen subsequently between the two Governments had been overcome through consultations. Since, however, certain difficulties had persisted, Italy had proposed that the question should be referred to the International Court of Justice. The Italian Government was still convinced that that would be the proper course and that the Court was the only forum in which allegations relating to the lack of implementation of the agreement should be discussed and judged. However, out of deference to the General Assembly, it would not oppose the discussion of the matter at the fifteenth session, provided

---

94 United Nations, Treaty series, vol. 49 (1950), I. No. 747, annex IV ("Provisions agreed upon by the Austrian and Italien Governments on September 5, 1946").

that the formulation of the item reflected the real terms of the problem and did not, as the existing wording did, prejudge the issue. The formulation proposed by Austria was inappropriate and could not be accepted for two principal reasons.

16. He objected, first, to the use of the words "Austrian minority". The words used in the Paris Agreement of 1946 were, "German-speaking inhabitants" and that had been the definition used in the bilateral conversation before and after the conclusion of the agreement. The phrase "Austrian minority" had not been employed in any of the official correspondence exchanged by the two Governments (as late as in a communication of October 1959 from the Austrian Foreign Minister), and it was erroneous and misleading. The German-speaking inhabitants of the Bolzano province did not constitute an Austrian minority on the grounds of citizenship, religion, language or of race. Moreover, article 25 of the draft Covenant on Civil and Political Rights [95] rejected the concept of "national" minorities.

17. Secondly, his Government objected to the absence of any reference to the Paris agreement, since Austria´s claims were based solely on certain provisions of that agreement, and since that was the only international instrument under which any claim could be made for discussion of the matter by the United Nations. If there had not been such an agreement, the matter would clearly be within Italian domestic jurisdiction. The approval of the item as formulated by Austria would amount to sanctioning the principle that questions concerning citizens of one State might be submitted to the Assembly by another State merely on the basis of the fact that such citizens constituted a minority. As worded in the provisional agenda, therefore, the item would create an undesirable precedent, clearly contrary to the principles of the Charter. As a matter of fact, the wording proposed by Austria raised serious doubts as to whether the Austrian Government was pursuing the implementation of the Paris agreement or whether, on the contrary, it intended to invalidate that agreement.

---

[95] Official Records of the Economic and Social Council, Eighteenth Session, Supplement No. 7, annex I B.

18. For those reasons, the Italian delegation proposed that the item should read "Implementation of the international agreement between Italy and Austria of 5 September 1946".

19. Mr. ADEEL (Sudan) said that, as Italy had indicated that it was not opposed to the inclusion of the item itself but only to the way in which it was worded, an effort should be made to formulate a title acceptable to both parties. In the view of his delegation, the 1946 agreement was an important element, since as long as it remained in force it regulated the relationship between Austria and Italy on the question at issue. He therefore saw no reason why it should not be referred to in the title.

20. Mr. STANOVNIK (Yugoslavia) observed that there were Yugoslav minorities in both Italy and Austria and expressed his Government's view that the existence of such minorities should constitute a link rather than a source of conflict between the countries concerned. That could be achieved only if the human rights of persons belonging to such minorities were fully respected. He was in favor of including the item in the agenda and felt that the Member State proposing it had the right to formulate the title provided that it was understood that in accepting the title the General Assembly was not prejudging the issue.

21. Mr. FEKINI (Libya) expressed his appreciation of Italy's willingness to discuss the issue. He too hoped that the Italian and Austrian delegations would be able to agree on a title satisfactory to both.

22. Mr. BERARD (France) felt that a reference to the 1946 agreement as the instrument establishing the international character of the issue was necessary if the General Assembly's competence to discuss it was not to be challenged. As the Italian delegation had shown that it was not in principle opposed to the inclusion of the item, he would appeal to the Austrian delegation to accede to its request.

23. Sir Claude COREA (Ceylon) agreed that the item should be discussed by the General Assembly and suggested that the titles proposed by both parties should be combined to read "The problem of the Austrian minority in Italy and the implementation of the agreement between Italy and Austria of 5 September 1946".

24. Sir Patrick DEAN (United Kingdom) said that his delegation had hoped that the dispute could be settled bilaterally without the publicity which discussion in the United Nations would entail. As that was not the case, however, every effort should be made to ensure that the dispute should be brought to a satisfactory conclusion as quickly as possible. He found the arguments in favor of the reformulation of the title convincing and thought that Italy was to be commended for agreeing to have the item included in the agenda.

25. Mr. ILLUECA (Panama) remarked that Panama, as a small country, attached particular importance to the opportunity which Article 14 of the Charter provided for the peaceful settlement of international disputes. In accordance with the terms of that article it would be appropriate to discuss the item proposed by Austria and he was therefore in favor of its inclusion in the agenda. He hoped, however, that the two parties could come to an agreement concerning the wording.

26. Mr. SOSA RODRIGUEZ (Venezuela) said that the disagreement over the wording was important because the course of the debate could be affected by the formulation of the item on the agenda. The Paris agreement unquestionably had an important bearing on the issue and a reference to it would facilitate the discussion in the General Assembly.

27. Mr. PACHACHI (Iraq) expressed satisfaction that Italy was not opposed to the discussion of the item but agreed with the Yugoslav representative that it was for the delegation proposing an item to formulate it. Acceptance by the General Committee of the title proposed by Austria would not imply that it favored either side in the dispute. In the interests of harmony, however, it would be helpful if the Austrian representative would state whether he objected to the formulation proposed by Italy and, if so, what alternative he might propose.

28. Mr. AUGUSTE (Haiti) said that he too appreciated the spirit of conciliation shown by Italy and hoped that the two parties would agree on a title.

29. Mr. WADSWORTH (United States of America) proposed that the Committee should defer a decision on the item in order to allow Italy and Austria to try to reach agreement on the title between themselves.

30. Mr. TSIANG (China) supported that proposal. He would like to recall, however, that in similar circumstances in the past it had frequently been decided to use titles such as "Complaint of..." or simply "Letter from..." in order to avoid prejudging issues in the formulation of agenda items. That precedent could be followed in the case in point.

31. Mr. MATSUDAIRA (Japan) said that, while the Italian delegation appeared to find the title proposed by Austria prejudicial, the wording proposed by Italy was prejudicial from the Austrian standpoint, since it implied that the problem was within the competence of the International Court of Justice rather than the United Nations. The most important consideration was whether discussion of the item would contribute to the furtherance of the Purposes and Principles of the United Nations as set forth in the Charter; it was by that consideration that the Committee should be guided in deciding whether to include or reject the item.

32. Mr. KREISKY (Austria) stated that the title proposed by Austria implied no criticism of or accusation against any other party, and he saw no reason why it should be changed. The wording proposed by Italy covered only one aspect of the substance of the question and was, in his view, prejudicial. Nevertheless he would be prepared, in a spirit of conciliation, to agree to another title as long as it covered the substance of what his Government wished to discuss.

33. Mr. MARTINO (Italy) asked if the Austrian delegation could accept the title "The status of the German-speaking inhabitants of Bolzano province with reference to the Paris agreement of 5 September 1946".

34. Mr. KREISKY (Austria) suggested as an alternative "The status of the German-speaking inhabitants of South Tyrol and the implementation of the Paris agreement of 5 September 1946".

35. The CHAIRMAN remarked that the Committee would do well to accept the United States delegation's suggestion to defer a decision while the two delegations concerned tried to reach agreement on the title.

It was so decided.
Mr. Kreisky (Austria) and Mr. Martino (Italy) withdrew.

Organization of the fifteenth session of the General Assembly: memorandum by the Secretary-General (A/BUR/153)

Item 68 (concluded)

At the invitation of the Chairman, Mr. Kreisky (Austria) and Mr. Martino (Italy) took places at the Committee table.

1. Mr. GREEN (Canada) proposed that the title of item 68 (A/BUR/152 and Add.1) should be amended to read: "The status of the German-speaking element in the province of Bolzano (Bozen); implementation of the Paris agreement of 5 September 1946". He understood that the wording was acceptable to the Austrian and Italian delegations.

2. Mr. KREISKY (Austria) said that his delegation was gratified that there had been no objection to the inclusion of the substance of item 68 in the agenda. He would explain in due course, if the item was included, why his Government had used the expression "Austrian minority" in its proposal. That explanation would be based on racial arguments.

3. The problem involved relations between two States and was therefore, under Article 14 of the Charter of the United Nations, within the competence of the General Assembly. The dispute had clearly arisen owing to the existence of a minority and the competence of the United Nations to deal with minority problems was uncontested. As in all such cases, there was a twofold need: to protect the weaker group and to avoid creating any strain in the relations between the two States concerned.

4. In deference to the Committee's apparent desire, his delegation had agreed to a major revision of the title of item 68. However, that revision should not restrict the subsequent discussion in any way.

5. The Canadian delegation was to be commended for its conciliatory efforts.

6. Mr. MARTINO (Italy) thanked the Canadian delegation for the assistance it had rendered in connexion with the wording of the item. His delegation attached particular importance to the title because of the implications which the wording originally proposed by Austria seemed to have for the Austrian Government. If the Austrian Foreign Minister spoke of a minority in Italy, he could do so only on the basis of a linguistic distinction since there were German-speaking inhabitants in Italy.

7. His Government had participated in bilateral conversations on the question and had now agreed to a discussion of the problem in the General Assembly, not for any reason connected with the past history of the area involved, but because it was a signatory of the Paris agreement of 5 September 1946. Because of the agreement it still insisted on the offer to submit the question to the International Court of Justice.

8. His country was very much concerned at the rescent attitude taken by Austria. His delegation noted the assurance given by the Austrian representative that his delegation did not intend to present racial arguments. However, it had been noted in Italy that only a few days previously a so-called "meeting of three countries" had been held in a place of Hitlerite memory in Munich, Germany, and that meeting had laid claim to a territory which legitimately belonged to Italy.

9. In deference to the Committee, his delegation had not pressed for the amended title it had proposed at the proceding meeting.

The Committee decided to recommend to the General Assembly that item 68 should be included in the agenda, and that it should read as follows: "The status of the German-speaking element in the province of Bolzano (Bozen); implementation of the Paris agreement of 5 September 1946".

10. Mr. WADSWORTH (United States of America) expressed his Government´s regret that the Government of Austria should have felt obliged to bring the matter referred to in item 68 before the United Nations. He believed that adjudication offered a better prospect for settlement of the dispute than discussion in the General Assembly.

Mr. Kreisky (Austria) and Mr. Martino (Italy) withdrew.

4. 1960: Generalversammlung Plenarversammlung

AGENDA ITEM 68

29. Mr. SEGNI (Italy) [96]: I wish first of all to extend to you, Mr. President, on behalf of the Italian Government and myself, our heartiest congratulations on your election as President of this Assembly. My congratulating you on your election to the highest office in the United Nations is the more gratifying for me inasmuch as your outstanding talents as a diplomat are well known and highly appreciated in my country. Just as universally known and highly regarded are the skill and ability with which you have always handled the tasks entrusted to you by the United Nations. It is my desire to add my most fervent wish for complete success in your endeavour, which is always laden with great responsibility and which this year appears particularly delicate.

30. The Italian Government recognizes the authority of the highest international body and to this authority, at once political and moral, it always bowed, in the belief that the relationships among States should also function in accordance with the democratic principles of equality and liberty, and in compliance with the law governing international relations.

[31. - 62. behandelt Fragen der allgemeinen Weltpoltik.]

63. In addition to the consideration of the great problems of world-wide scope which this high forum has to debate and to which I have already referred, I cannot refrain from saying a few words on a matter which the Assembly might

---

96 Mr. Segni spoke in Italian. The English version of his statement was supplied by the delegation.

have been spared and which Italy is now called upon to discuss, namely, the Alto Adige question.

64. Italy has nothing to fear from this discussion and on its own initiative proposed to Austria that there be recourse, by mutual consent, to that organ of the United Nations which is competent in matters pertaining to the implementation of treaties, namely, the International Court of Justice.

65. Unfortunately, the Austrian Government chose to dramatize a question that presents itself in extremely simple and clear terms and decided to put it before the General Assembly. We did not oppose this, even though we had to ask for rectification of the heading of the item which is now included in the agenda.

66. The Italian Government, while gratified to be able to point to the steps taken so far to strengthen the democratic way of life in the territories of Alto Adige, wishes to stress its firm commitment to a wholehearted implementation of the de Gasperi - Gruber Agreement concluded in Paris 1946, which allowed the German-speaking minorities to develop their economy successfully, to safeguard their institutions and to enrich their cultural traditions.

67. Only in 1956 Austria advanced a few complaints of a general character on the implementation of the de Gasperi - Gruber agreement, and it was Italy which invited Austria, in July of that same year, to specify its demands. Negotiations ensued through diplomatic channels as a consequence of which, in my capacity as Prime Minister, I invited the Chancellor of the Federal Republic of Austria to negotiations at the highest level, convinced, as I was, that direct dealings in a spirit of good will could lead to a solution of the dispute. The same invitation was extended later by my successor as Prime Minister, who also proposed to Austria recourse, by mutual consent, to the International Court of Justice on the matter. The Austrian Government preferred not to accept the two-fold-invitation, and decided to bring the question before the Assembly.

68. Having said that, however, I must point out that, as this is only a matter of implementing a freely stipulated agreement, the Italian Government will have no choice but to oppose any attempt to drag on to a political ground a question that the parties, given good will on both sides, would certainly be able to settle

by other means in the very framework of the principles of the United Nations Charter.

69. It is a characteristic of all free assemblies to gather diverse and often differing opinions. This must neither discourage nor hold us back. I believe that the work of the present session, which is in many respects more important than previous ones, could be fruitful if everyone were to be pervaded with the spirit of justice and equanimity which should govern relations among the peoples.

70. Sardar Mohammed NAIM (Afghanistan): At the outset, Mr. President, allow me to extend to you my sincere congratulations on your election to the important and responsible post of the Presidency of the present session, and to wish you success in achieving the aims and purposes of the Charter, for which the General Assembly has been convened.

71. It is a source of great pleasure for us that the inauguration of this session has been marked by a most important and historic event, the increase in the membership of the United Nations. I wish once again to extend the sincere welcome of the Afghan people and Government to the representatives of these fourteen nations and, through them, to their peoples and Governments.

72. With the increased number of Members the Organization is approaching the ideal of universality. We hope that this forum of independent voices of mankind will be completed soon through the attainment of independence by the dependent peoples, and that it will lead to the realization of a united, free world in the true sense. It is our fervent hope that the Organization will thus become a power strong enough to overcome the difficulties confronting mankind, in the interest of humanity, on the basis of justice and equality, and for the preservation of a peace founded upon the legitimate rights of individuals and nations.

73. In this connexion we believe that the right of the People´s Republic of China to its rightful place in the United Nations should be implemented without any further delay. This belief does not emanate only from the fact that China is our neighbour, and that we have diplomatic relations with China. It is based also upon the fact that the Government of the People´s Republic of China

is the only legitimate government representing the Chinese people. The exclusion of this great nation from the United Nations is in no way in the interest of the Organization, and is in fact a denial of the principle of universality of the United Nations.

74. The meeting of the General Assembly of the United Nations is certainly the most important international event. At this session special interest has been demonstrated by the Member States in the solution of the great problems confronting the Organization, and therefore the occasion is more momentous. The significance of such an occasion calls, before everything else, for an increased sense of responsibility and an unselfish attitude and approach which would be in the interest of mankind. The occasion can bring about a great many constructive and fruitful results, but failure to use such an opportunity for constructive ends could lead to most discouraging consequences.

75. In the face of the threat to humanity, the shifting of blame from one side to another will neither shift the responsibility for unfavourable consequences nor save anyone from the destructive results which will be ultimately universal.

76. Our failures in the past, outside the United Nations, should in no way deprive us of cherishing the hope that this Organization, set up for peaceful negotiations, will provide everyone with the means of better understanding, particularly the big Powers, who can better hear the cry of humanity for peace and prosperity. These failures have been rightly deplored, but, welcoming the most important and indeed greatly significant fact that the United Nations is the ultimate repository of world problems, we hope for the peaceful solution of even the most complicated problems.

77. There are many issues before us - all of them the great concern of the United Nations and all its Members - which will be discussed by the General Assembly in due course. At this stage, however, I shall confine myself to a few most urgent points.

78. I speak strictly for a small, peace-loving country, with a most impartial and independent position in international affairs, having the deepest conviction in the United Nations, the only alliance to which we belong under its Charter, where our record is well known, and our friendship with all cannot be

questioned. We are confident, therefore, that our views will be considered in the most friendly spirit in which we express them.

[79. - 144. behandelt Fragen der allgemeinen Weltpolitik.]

145. Mr. KREISKY (Austria): May I congratulate the President, on his election to the Presidency of the fifteenth General Assembly? As far as his outstanding qualifications are concerned, there is little I can add to the laudatory remarks of the speakers who preceded me; however, I may be permitted to affirm them, and to say that it is a source of special gratification to my country, which is bound to his by close and lasting ties, that Mr. Boland has been chosen to guide us through this historic session.

146. Never before in the history of the United Nations have so many heads of State and of Government addressed a General Assembly; as has been pointed out before, this fact has undoubtedly lent special significance to this year´s Assembly.

147. It would be a most damaging self-delusion, however, if we were to attempt either to ignore or to minimize the basic contradictions which have so far been revealed in the debate. In the recent past, it was the process of polarization which overshadowed all other developments. However, there has been evidence for some time of another, simultaneous process, which, in a period of relative stability and peaceful progress, might soon occupy the center of the political stage; it is the crystallization of several political and ideological centres which may well be destined to supplant the former clear-cut pattern of East versus West. Matters would then have progressed beyond the stage where we could simply regard those who do not always agree with us as belonging to the other camp.

148. Although the experience of a colonial past may have induced resentment against the Western world among the emerging nations, it does not necessarily follow that they therefore must subscribe to the political aims of the East. And it is equally true that one´s dedication to the principles of Western thought need not be imparied if one does not always accept Western political practice. Clearly, one must no longer overlook the fact that the political problems besetting the world today cannot be exclusively seen in terms of oversimplified

alternatives. There is no doubt that several fundamentally contradictory views have been advanced at this year's General Assembly and not, as has often been held, only two.

149. The United Nations and, more specifically, the General Assembly, cannot consider it its task merely to register conflicting opinions. It must also provide an opportunity to establish the extent to which the various views might lend themselves to conciliation.

150. For example, at this session of the General Assembly the leaders of the two great Powers, Mr. Eisenhower [868th meeting] and Mr. Khrushchev [869th meeting], have both subscribed to the view that the era of colonialism is at an end, and that the new nations which are now emerging into a new phase of their history must be given aid and support by tangible evidence of international solidarity.

151. The United States has on previous occasions succoured many European nations which might have perished without such aid. And President Eisenhower has now again given expression to the magnanimous spirit of his nation. He proposed that we join forces in order to carry out a great programme which, it should be stressed, envisages measures designed not only to fight hunger and epidemics but, in equal measure, to render a contribution towards the utilization of the great intellectual resources of the new nations. There are no differences of opinion on this, the most fateful question of our era. On the contrary, the two great Powers are determined to contribute to its solution.

152. This has been, up to now, the outstanding result of the fifteenth Session of the General Assembly.

153. The recent turn of historic events has brought about a substantial increase in United Nations membership. Consequently, the world Organization has come even closer to the realization of the principle of universality on which it is founded.

154. The development, which attests to the change of the political structure of Asia and Africa, has been a source of great satisfaction to all of us. It is the consummation of a development which began some time ago and which has

already brought us new Members from among the Asian and African States without whose collaboration our Organization would be immeasurably poorer.

155. In this context, however, we must also take note of the regrettable fact that Germany is not yet a member of the United Nations and that the question of the representation of China has not been solved in a manner satisfactory to all Member States.

156. The precipitate increase in the number of independent nations should be accompanied by a process of assimilation based on the principles of equality and mutual co-operation. The Foreign Secretary of the United Kingdom has described the essential development in the following terms: "from dependence to independence to interdependence."

157. However, it is not only the political structure of Asia and Africa - and, incidentally, of Latin America - which have undergone a fundamental change. There has been a peaceful evolution in Europe the importance of which should not, I submit, be underestimated. And there is a growing conviction among the democratic European nations - nearly 300 million people - that a programme of mutual co-operation, transcending frontiers, should be initiated with the aim of combining the spiritual and material resources of that part of the continent. I would ask you to consider that the concepts of social welfare and social justice originated in Europe and that it is in Europe that they have reached maturity.

158. At present the European nations have embarked upon a venture of economic integration. I should like to avail myself of this opportunity to state before this international forum that in so doing we do not propose to serve only our own ends; it is no less our purpose to contribute an increasing share of our national income to the economic development of other nations. European economic integration, whatever its final shape, has been conceived to serve peace and nothing else.

159. In the wider international arena it is the United Nations, its specialized agencies, committees and funds which provide the framework for the co-operation of all nations in all fields of human endeavour. Therefore, in spite of the great financial obligations assumed by Austria in the past years, we are

determined substantially to increase our contribution to the Special Fund and to the Technical Assistance Programme.

160. To us, the small countries, the United Nations is not merely a clearing-house of political opinions. The difficulties which beset the world Organization are of the utmost concern to us. It is our view, therefore, that the organizational structure of the United Nations should not be subjected to an additional strain which could not but increase these difficulties.

161. It is hardly conceivable that many of the small nations could subscribe to a concept exposing the office of the Secretary-General to the risk of immobilization which, unfortunately, other organs of the United Nations have incurred in the past. The opposite should be our aim: we should assist the United Nations in solving the problems which confront it and we should support the Secretary-General, whose activity we have had occasion to observe with increasing admiration during the past weeks.

162. It is often held to be the cause of the present political impasse that the protracted disarmament negotiations have yielded few results. It would be futile to ponder the question whether the disarmament talks have been stalemated as a result of present political tensions or whether the break-down of disarmament negotiations has itself caused the situation to deteriorate. What we should consider, however, is the fact that a fair measure of agreement has been reached on matters of principle as well as of detail.

163. It is widely held that in order to overcome the present impasse, some measure of confidence should be established between the great Powers. Yet time and again such confidence has been destroyed by mere incidents which have wiped out the patient efforts of many years. We will escape this vicious circle only if we can gain some significant, tangible success by solving one of the outstanding problems. This would mean much more than any exposition of one's own views - however thorough - which, after all, would convince only those who have been convinced in advance.

164. It appears, therefore, that a new attempt should be made to achieve at least preliminary results; to be quite specific, nuclear test control is one of the most vital aspects of this vast and intricate problem, and here again it should be

noted that agreement has been reached on several points. I would therefore suggest that the United Nations and affiliated bodies pursue this subject with the utmost vigour.

165. I should now like to comment on the problem of the Austrian minority in Italy. Permit me first to express my gratitude to the members of the General Committee who, in compliance with the Austrian request, have voted for the inclusion of this item on the agenda.

166. Originally it had not been my intention to deal with the merits of this problem in the general debate. Yesterday, however, the Italian Foreign Minister, Mr. Segni, gave his views [876th meeting] on the problem of the South Tyrol - one which, I hardly need to say, is of crucial importance to Austria. I feel, therefore, that I should make a few remarks on the substance of this problem.

167. Article 14 of the Charter of the United Nations specifically states that the General Assembly may recommend measures for the peaceful adjustment of any situation which it deems likely to impair friendly relations among nations. And, indeed, relations between Austria and Italy have been seriously impaired by the unsettled problem of the South Tyrol. It follows then that the General Assembly is the proper authority to deal with this question.

168. As the Charter indicates, the founders of the United Nations were guided by three basic purposes: to bring about world-wide co-operation, to prevent conflicts from breaking out, and to promote the principle of self-determination and self-government.

169. With these aims in view, the problem of South Tyrol could be speedily brought to a satisfactory solution if only the demand of the Austrian minority for autonomy, raised on 4 February 1958 by the freely-elected South Tyrolean representatives in the Italian Parliament, were complied with.

170. The Austrian delegation will therefore submit proposals designed to secure such autonomy to the Committee dealing with this question.

171. We live in an era in which the right to self-determination and to self-government has been accorded universal recognition. It has been solemnly reaffirmed by the admission of many new States into the United Nations. Should we expect the South Tyroleans to understand why they - and apparently only they - must forego the right to self-government?

172. For some years now we have patiently endeavoured to solve this problem in the course of bilateral negotiations which have finally ended in a deadlock. The Foreign Minister of Italy drew attention yesterday to correspondence he and his successor as Prime Minister, Mr. Tambroni, have conducted with Chancellor Raab. Mr. Segni stated that the Austrian Government rejected an invitation to talks at the heads-of-government level. Allow me to say that the Austrian Chancellor, in his letter of 26 January 1960, agreed to such talks provided that they dealt with the question of autonomy for the province of Bozen. Clearly this was a most reasonable stipulation; yet Italy rejected it.

173. I believe that this might well demonstrate that it was not Austria which dramatized this issue. The facts - and not any action that Austria might have taken - have contributed to this dramatization.

174. These facts are simply that the South Tyroleans, a population of a quarter of a million people, have so far been denied the very rights which have been granted to much smaller populations elsewhere in the world.

175. Let me express the hope that the United Nations will bring this question closer to a solution which would affirm the right of the South Tyroleans to self-administration and self-government; it might thus contribute towards a renewed concord between the two neighbouring States.

The meeting rose at 1.10 p.m.

AGENDA ITEM 68

The status of the German-speaking element in the Province of Bolzano (Bozen); implementation af the Paris agreement of 5 September 1946

REPORT OF THE SPECIAL POLITICAL COMMITTEE (A/4553)

Pursuant to rule 68 of the rules of procedure, it was decided not to discuss the report of the Special Political Committee.

Mr. Sanz Briz (Spain), Rapporteur of the Special Political Committee, presented the report of that Committee (A/4553) and then spoke as follows:

1. Mr. SANZ BRIZ (Spain) (translated from Spanish): As Rapporteur of the Special Political Committee, I have the honour to present to the General Assembly the report [A/4553] by that Committee on its consideration of agenda item 68, entitled "The status of the German-speaking element in the Province of Bolzano (Bozen); implementation of the Paris agreement of 5 September 1946". The Special Political Committee devoted ten meetings to this item, which was thoroughly discussed in a debate in which more than forty delegations took part. Although, at first, the viewpoints of the two parties most directly concerned appeared irreconcilable, the conciliatory attitude adopted by both the Austrian and the Italian delegations made it possible for a group of representatives to draft a text which was generally acceptable. Taking some clauses from previous draft resolutions, and adding others which they themselves formulated, seventeen Powers prepared a draft resolution which appears in the report of the Committee [A/4553, para.16] and was adopted by acclamation. The seventeen delegations to which I refer were those of Argentina, Bolivia, Brazil, Canada, Ceylon, Cyprus, Denmark, Ecuador, Ghana, India, Iraq, Ireland, Jordan, Mexico, Norway, Paraguay and Uruguay. Later, during the debate, the representative of Cuba expressed the wish that his delegation should also appear among those who had sponsored the draft resolution.

2. All members of the Committee cherish the hope that the spirit of conciliation and concord to which I have referred, and which was most clearly apparent in the debate, will constitute a happy augury for the future negotiations to be

embarked on by the Governments of Austria and Italy as a consequence of the recommendation which the Special Political Committee now has the pleasure to present for the approval of the General Assembly.

3. The PRESIDENT: The Chair will now call, in turn, on the representatives who have expressed a desire to explain their votes on the draft resolution before the Assembly.

4. Mr. KREISKY (Austria): Permit me first to express my gratitude to the General Assembly for having put the question of the South Tyrol on its agenda. This august body has thus given evidence of its willingness to deal also with such matters which are not within the immediate sphere of world-wide political contest.

5. May I also express my appreciation of the fact that the Special Political Committee has, in a long debate, subjected this problem to a searching examination which bore the stamp of high competence and authority. It should be noted that roughly more than one-third of all States represented in the United Nations participated in this debate - which is the more remarkable as it dealt with a problem which until a short while ago had not received world-wide attention. This development attests to our view that here we are indeed dealing with a serious political problem.

6. Originally, the Austrian delegation submitted a draft resolution [A/SPC/L.45/Corr.1] which expressed the conviction that a speedy solution - and of course, a solution satisfactory to the South Tyroleans - could only be brought about if substantial and effective regional autonomy were granted to the Province of Bozen.

7. Of course, the Austrian delegation has been aware from the very beginning of these proceedings that the General Assembly could only recommend that negotiations be conducted between the two States concerned, with the aim that autonomy be granted to the Province of Bozen as stipulated in the Paris agreement [97].

---

[97] United Nations, Treaty Series, vol. 49 (1950), No. 747, annex IV.

8. Perhaps it ought to be stressed that the Paris Treaty gives clear title to this demand; specifically, annex IV of the Treaty states in its paragraph 2 with reference to the present territory of the Province of Bozen that it:
"should be granted the exercise of autonomous legislative and executive regional power".

9. The draft resolution now before the General Assembly in its operative paragraph 1: "Urges the two parties concerned to resume negotiations with a view to finding a solution for all differences relating to the implementation of the above agreement". It is a source of great satisfaction to the Austrian delegation that this resolution does not exclude any article, nor indeed, any part, of the Treaty; it follows then that it also provides for negotiations concerning article 2 of the Paris agreement to which I have just referred.

10. Another point which I should like to stress is the following. In the past. only conversations could be held on the problem of the South Tyrol since Italy insisted that we lacked the title to conduct negotiations. Should the General Assembly pass the draft resolution now before it, this state of affairs, long held objectionable by Austria, will be substantially changed.

11. From the Austrian point of view this draft resolution contains in its operative paragraph 2., in addition, a particularly valuable recommendation which will be of the utmost importance during the forthcoming negotiations.

12. The draft resolution explicitly states that it is within the discretion, as well as the choice, of both parties to avail themselves of the means - any means - provided by the Charter of the United Nations; the peaceful means to which the draft resolution refers are enumerated in the Charter; they are: inquiry, mediation, conciliation, arbitration, judicial settlement, resort to regional agencies or arrangements, or other peaceful means of their own choice. We shall thus be enabled, in the event that the negotiations should fail, to resort to the means and methods appropriate for any given situation.

13. Most important from the Austrian viewpoint, however, is the fact that the language of the Paris agreement, which is most expressive of its spirit, has been included in the preamble of the present draft resolution. I should like to refer in this context to the third preambular paragraph, citing the text of the

Paris agreement, that the South Tyroleans should be granted ". . . a complete equality of rights with the Italian-speaking inhabitants within the framework of special provisions to safeguard the ethnical character and the cultural and economic development of the German-speaking element".

14. My delegation therefore agrees to the present draft resolution which, as I already said in the Special Political Committee, is designed to create fundamentally new conditions for negotiations on the problem of the South Tyrol.

15. The Special Political Committee has unanimously resolved to recommend to the General Assembly the adoption of the present draft resolution. This unanimity could be achieved only because the representatives of a number of countries took upon themselves the difficult task of seeking formulations which would enable both parties to the dispute to approve of this draft resolution. May I take this opportunity to express the sincere gratitude of the Austrian delegation to those representatives. We are also greatly indebted to the Chairman and the officers of the Special Political Committee who have guided the lengthy discussions in a painstaking, patient and sympathetic manner.

16. In conclusion, may I say that I sincerely hope that the spirit which led to the unanimous adoption of this draft resolution may continue to bring its influence to bear upon this issue and help create an atmosphere which will allow the problem of the South Tyrol to be brought to a solution satisfactory to all concerned.

17. Mr. MARTINO (Italy): In taking the floor to explain briefly why the Italian delegation not only is glad to support the draft resolution that is before you, but actually urges you to adopt it, I wish to express my Government's great satisfaction and appreciation for the manner in which the draft resolution was brought about in the course of the Special Political Committee's debate. The foresight which manifestly inspired the debate cannot but be truly gratifying to all who have sincerely at heart the destiny of the United Nations.

18. The reasons why the Italian delegation finds this draft resolution entirely acceptable can be enumerated as follows: First, taking the outcome of the entire discussion in the Special Political Committee as its inspiration, the draft refers unequivocally to the implementation of the Paris agreement of 5 September

1946 which has governed, and still governs, the status of the German-speaking inhabitants of the Province of Bolzano. All wrangling aside, I should like in this connexion to stress the satisfaction of the Italian delegation at the acceptance of this fundamental premise on the part of the Austrian delegation. The Italian Government could never have agreed either to a different framework for the problem, or to any reference to territorial claims or to impossible treaty revisions. May I say, moreover, that such a territorial question could have been nothing but an anachronism in the world in which we live. The trend today is for national States to give way, inevitably and unrelentingly, to the formation of great supra-national entities. What Guizot prophesied a century ago is now coming true. Only within the framework of such entities is it possible today to make sufficient progress to solve the great issues at stake in the modern world. This world strives to progress, and all its toil and travail stems from the urgent desire for progress latent in the hearts of all men. Being aware of this, I have devoted the best and most significant part of my political life to this very task of surmounting traditional frontiers and seeking to unite the peoples of Europe, thus interpreting the deepest and truest aspirations of the Italian people.

19. Secondly, the draft resolution, in urging the resumption of the bilateral Italian-Austrian negotiations on the problems relating to the implementation of the Paris agreement, disregarded until the last moment by the Austrian delegation, meets a wish and a hope expressed time and time again by the Italian Government. But I wish to point out quite clearly that this does not mean that the Italian Government shares with the Austrian Government the point of view that no autonomy has been granted to the German-speaking inhabitants of the Province of Bolzano. The contrary is the truth, as I had the honour to state in the debate in the Special Political Committee. It is our firm conviction that the resumption of negotiations, thus placed in their proper setting, might well lead to a solution of the differences relating to the implementation of the Paris agreement, and thus put an end to the present dispute. Such an understanding, arrived at along the high road of direct negotiation - let me repeat here once again - is what we desire and what we seek above all.

20. And may I say that the distinction between conversations and negotiations, to which the Foreign Minister of Austria has made reference, is not an important one. The fact that the draft resolution invites us to resume negotiations means that the Committee has not considered the previous conver-

sations as something different. Otherwise, how could one resume something that had not happened?

21. One of the vital concerns of the Italian Government is to see the relations among Italian citizens who speak different languages and dwell in the same region established on the basis of trust and co-operation. Its constant aim and pledge will be to see that such an atmosphere of harmony and fellow-feeling is fostered and developed.

22. Third, in the unfortunate event that the efforts made in the course of future negotiations be not met by complete success within a reasonable period of time, the draft resolution recommends that the parties should give favourable consideration to the possibility of submitting the dispute to the International Court of Justice or of seeking a solution by any other peaceful means of their own choice. This part of the operative paragraphs of the draft resolution likewise meets with the full approval of the Italian Government, which had already taken the initiative of proposing recourse, by mutual agreement, to the International Court of Justice for a final judgement of the issue. It seems to me that if the matter cannot be settled quickly in the course of direct negotiations between the two parties, it ought not to be difficult to reach agreement on any appropriate procedure, due to the very nature of the dispute, that is, to its strict delimitation to the implementation and to the interpretation of an existing agreement. It would certainly not be wise or conducive to harmony if the question were allowed to drag on, should the bilateral negotiations fail to reach a successful conclusion. So long as both parties abide faithfully by the solemn recommendation contained in the draft resolution, all real concern about what is going to happen will vanish and we shall be able to count with reasonable confidence on a satisfactory settlement of the present dispute.

23. Fourth, I should like to add a word with regard to the recommendation to the two Governments in operative paragraph 3 of the draft resolution now before the Assembly to refrain from any action which might impair their friendly relations. I hardly need say that this course will be followed by Italy, as it always has been, most willingly and diligently, and I trust that the same will be the case with Austria.

24. Here, in a nutshell, are the reasons why the Italian delegation is happy to support the draft resolution now before the Assembly and hopes that it will receive the unanimous vote of the Assembly, just as it received the unanimous vote of the Special Political Committee.

25. In concluding these few remarks I cannot help but express my joy and pride in being called to represent my country here on this day which marks an important act of international co-operation, an important milestone along the thorny path to peace among men.

26. Our age demands an infinite number of such acts; and each of them, however small, is essential for the unity of the human world. Needless to say, no single act, no single day will meet this purpose; but every day calls for its act, its milestone, on the rough road towards the final goal which all men of good will yearn for in their inner hearts.

27. Mr. GARCIA ROBLES (Mexico) (translated from Spanish): When, on 24 October 1960, I spoke for the first time in the Special Political Committee [181st meeting] on the item dealt with in the report we are now discussing. I had occasion to state that in the opinion of the Mexican delegation any recommendation which the General Assembly might make in connexion with this matter could only be of a formal nature.

28. I also said at that time - and these are my exact words - that in our view "the procedure which might be considered the best one and the one which would doubtless offer the best prospects of success would be that which might enlist the spontaneous support of the two States that are parties to the controversy since it would thus, from the very outset, undoubtedly also have the loyal and determined support of those States". Then, as a conclusion to that part of my statement at the same meeting, I said, and I again quote: "In the light of the facts brought before us in the documents submitted by the Austrian and Italian delegations and the statements made by their representatives, my delegation considers that it is feasible to find a means of peaceful settlement from among the many set forth in the United Nations Charter."

29. In the two main statements which I later made in the Special Political Committee on 25 [182nd meeting] and 26 October [184th meeting] respec-

tively, I gave special emphasis to the same idea that the procedure to be recommended must be acceptable to both parties to the dispute.

30. My delegation is gratified that its views have been fully endorsed by the draft resolution whose text appears in paragraph 16 of document A/4553 which was adopted by acclamation in the Special Political Committee and which, we are sure, will also be unanimously adopted by the General Assembly. We are convinced that when this draft resolution, which has been expressly accepted by both parties, becomes a resolution of the General Assembly of the United Nations, it will constitute a solid foundation for the achievement by the two States directly concerned of what we venture to hope will be a lasting and stable settlement of the unhappy dispute which has been disturbing their traditionally friendly relations.

31. It is particularly gratifying to the Mexican delegation that it has been able, to the extent of its modest possibilities, to contribute to the achievement of such a happy result, since Mexico maintains the most cordial relations with both Italy and Austria.

32. I should like, in conclusion, to express my delegation's conviction that the present case is a further example of the fact that where there is faith, perseverance and genuine and mutual goodwill, the United Nations is stiff a splendid centre for harmonizing the actions of its Members as, in the words of the Charter, they strive to bring about by peaceful means, and in conformity with the principles of justice and international law, the adjustment or settlement of disputes which may arise between States.

33. Mr. AMADEO (Argentina) (translated from Spanish): The report [A/4553] of the Special Political Committee on the item relating to the status of the German-speaking element in the Province of Bolzano has just been presented to the General Assembly by the Rapporteur of that Committee.

34. This document contains in its paragraph 16 the draft resolution, submitted by a group of countries in various continents, which gained unanimous approval in the Special Political Committee.

35. As was said from this rostrum a moment ago, the draft resolution that was unanimously approved by the Committee and is today being presented to the General Assembly by the Rapporteur represents a happy compromise and is the outcome of a series of efforts in which the generous spirit of the parties and the desire for harmony on the part of many delegations taking part in the debate were equally in evidence. That is sufficient reason for the General Assembly to give a sympathetic reception to the report now under discussion.

36. I should merely like to mention what, in my delegation's opinion, are the fundamental concepts on which the draft resolution is based. It was happily apparent, from the very beginning of the debate, that no delegation in discussing item 68 was raising any question affecting the territorial status of the two countries, which had been established by treaties solemnly entered into by them. Thus, there was not, in connexion with this item, any problem concerning the principle of self-determination. Secondly, the draft resolution adopted by the Committee is centred around the implementation of an international agreement freely entered into by the parties concerned, the Paris agreement of 5 September 1946.

37. That agreement, therefore, is at the centre of the problem which must now be solved by voluntary agreement between the two countries concerned. The agreement - as, in our view, is clear from the draft resolution - establishes the foundations on which the two countries, in a spirit of mutual co-operation and harmony, may find it possible to reach a stable agreement.

38. The draft resolution invites the two parties to resume negotiations in order to give effect to the agreement and thus make possible an amicable solution of the main points which are still in dispute between them. As a precaution, however, in the event that those bilateral negotiations, which we ardently hope will be successful, do not lead to satisfactory results within a reasonable period of time, the draft resolution recommends that the parties resort to other procedures envisaged in the Charter, including recourse to the International Court of Justice or to other procedures of their own choice.

39. The draft resolution thus allows the parties to agree on what procedure should be followed in the event of their direct negotiations producing no result. It is clear, in the view of our delegation, that such procedures must, of course,

be those most appropriate to the nature of the problem as seen by the Committee; they must, in other words, be those most appropriate to a dispute involving an international agreement.

40. The draft resolution now being considered by the General Assembly contains provisions which, it is to be hoped, will make it unnecessary for this international Organization to deal with this subject again in the future, because procedures are indicated which will facilitate a peaceful and equitable solution of the problem by the parties concerned without its being submitted to the United Nations.

41. In conclusion, I should like to say, as I did during the debate in the Committee, that we welcome the acceptance by both parties of this equitable arrangement arrived at in the Committee as indicating the dawn of a new era in the relations between two noble countries linked by long tradition and a common spiritual heritage, to which history and the future offer the promise of great achievements under the aegis of international co-operation.

42. Mr. VELAZQUEZ (Uruguay) (translated from Spanish): My delegation will vote in favour of the draft resolution recommended and unanimously approved by the Special Political Committee. The draft resolution was the result of constructive joint efforts, and since my delegation took an active part in drafting the text which was finally adopted, I should like here to pay a tribute to the spirit of understanding and compromise that was displayed at all times both by the co-sponsors and by the parties directly concerned.

43. The draft resolution which is being put to the vote is something more than work well done; it represents an excellent example of international co-operation and shows what can be accomplished when we act in accordance with the spirit of the Charter of the United Nations. International law - and in this case international law in the literal sense is what is at issue - cannot fully achieve its objectives unless there is a disposition to comply with it and to submit voluntarily to its provisions.

44. True to their great traditions of civilization, Italy and Austria have in the present instance given evidence of their political, cultural and moral maturity. That is the example which we wish to set before you.

45. The PRESIDENT: No other representative having expressed a desire to explain his vote, I take it that the Assembly is now prepared to proceed to a decision on the draft resolution contained in paragraph 16 of document A/4553. Since the Committee adopted the draft resolution by acclamation, may I take it that it is now likewise adopted in plenary?

In the absence of any objection, the draft resolution was adopted.

5. 04.10.1960: Brief Botschafter Matsch

Fifteenth Session

THE STATUS OF THE GERMAN-SPEAKING ELEMENT IN THE PROVINCE OF BOLZANO (BOZEN). IMPLEMENTATION OF THE PARIS AGREEMENT OF 5 SEPTEMBER 1946

Letter dated 4 October 1960 from the Permanent Representative of Austria to the United Nations addressed to the Secretary-General

With reference to my letter No. 2192-A/60 of 19 September 1960, and in accordance with instructions received from my Government, I have the honor to request that the enclosed memorandum [98] of the Austrian Federal Government concerning the South Tyrol Question be distributed as a General Assembly document to the delegations of the General Assembly in view of the forthcoming discussion, in the Special Political Committee of the fifteenth General Assembly, of the item entitled "The status of the German-speaking element in the Province of Bolzano (Bozen). Implementation of the Paris Agreement of 5 September 1946".

(Signed) F. MATSCH
Ambassador
Permanent Representative of Austria
to the United Nations

---

98 A limited number of copies of the memorandum have been made available by the Government of Austria.

6. 10.11.1960: Brief Botschafter Matsch

Sixteenth session
SPECIAL POLITICAL COMMITTEE
Agenda item 74

THE STATUS OF THE GERMAN-SPEAKING ELEMENT IN THE PROVINCE OF BOLZANO (BOZEN). IMPLEMENTATION OF GENERAL ASSEMBLY RESOLUTION 1497 (XV) OF 31 OCTOBER 1960

Letter dated 10 November 1961 from the Permanent Representative of Austria to the United Nations addressed to the Acting Secretary-General

With reference to my letter No. 263-Res/61 of 18 July 1961, and in accordance with instructions received from my Government, I have the honor to request that the enclosed memorandum [99] of the Austrian Federal Government concerning the South Tyrol Question be distributed as a General Assembly document to the delegations of the General Assembly, in view of the forthcoming discussion, in the Special Political Committee of the sixteenth General Assembly, of the item entitled "The status of the German-speaking element in the province of Bolzano (Bozen); implementation of Resolution 1497 (XV) of the General Assembly of the United Nations of 31 October 1960".

Accept, etc.

(Signed) M. Matsch
Ambassador

---

[99] A limited number of copies of the memorandum have been made available by the Government of Austria.

7. 1960: Res. des Special Political Committees

Fifteenth session
SPECIAL POLITICAL COMMITTEE
Agenda item 68

THS STATUS OF THE GERMAN-SPEAKING ELEMENT IN THE PROVINCE BOLZANO (BOZEN). IMPLEMENTATION OF THE PARIS AGREEMENT OF 5 SEPTEMBER 1960

Resolution adopted by the Special Political Committee at its 185th meeting on 27 October 1960.

The General Assembly,
Having considered item 68 of the agenda,
Considering that the status of the German-speaking element in the Province of Bolzano (Bozen) has been regulated by an international Agreement between Austria and Italy, signed in Paris on 5 September 1946,
Considering that the said Agreement establishes a system designed to guarantee the German-speaking inhabitants of the said Province "a complete equality of rights with the Italian-speaking inhabitants within the framework of special provisions to safeguard the ethnical character and the cultural and economic development of the German-speaking element",
Bearing in mind that a dispute had arisen between Austria and Italy in regard to the implementation of the Paris Agreement of 5 September 1946,
Desirous of preventing the situation created by the dispute from impairing the friendly relations between the two countries,

1. Urges the two parties concerned to resume negotiations with a view to finding a solution for all differences relating to the implementation of the above Agreement;
2. Recommends that in the event of the negotiations referred to in the preceding paragraph not leading to satisfactory results within a reasonable period of time, both parties should give favorable consideration to the possibility of seeking a solution of their differences by any of the means provided in the Charter including recourse to the International Court of Justice or any other peaceful means of their own choice;

3. Likewise recommends that the countries in question should refrain from any action which might impair their friendly relations.

8. 1960: Corrigendum zu Punkt 7.

Fifteenth session
SPECIAL POLITICAL COMMITTEE
Agenda item 68

THE STATUS OF THE GERMAN-SPEAKING ELEMENT IN THE PROVINCE OF BOLZANO (BOZEN). IMPLEMENTATION OF THE PARIS AGREEMENT OF 5 SEPTEMBER 1946

Resolution adopted by the Special Political Committee at its 185th meeting on 27 October 1960.
Corrigendum

The title of this document should read as above.

9. 1960: Resolutionsentwürfe

9.1. Österreichischer Entwurf

Fifteenth session
SPECIAL POLITICAL COMMITTEE
Agenda item 68

THE STATUS OF THE GERMAN-SPEAKING ELEMENT
IN THE PROVINCE OF BOLZANO (BOZEN)
IMPLEMENTATION OF THE PARIS AGREEMENT OF
5 SEPTEMBER 1946

Austria: draft resolution

The General Assembly,
Considering that the United Nations cannot remain indifferent to the fate of minorities,
Noting that a dispute has arisen between Austria and Italy on the problem of the Austrian minority in Italy,
Considering that the dispute centers on the question of the area to which substantial and effective regional autonomy should be granted in order to safeguard the existence of the Austrian minority,
Noting that bilateral negotiations conducted for years have so far not yielded satisfactory results concerning effective protection of this minority by granting such autonomy to the Province of Bozen/Bolzano where the South Tyroleans constitute a majority,
Considering that the Italian constitution provides for autonomous regions and that such regions already exist in Italy,
Considering that the consent of the freely elected representatives of the South Tyroleans seems essential to a satisfactory solution of the problem,
Considering the repeatedly expressed will of the South Tyroleans to solve the problem in accordance with the principles of the Charter of the United Nations,
Concerned that the tense situation created by the dispute might impair the friendly relations between the two countries,

1. Recognizes the justified demand of the South Tyroleans to be a substantial and effective regional autonomy;
2. Recommends that the two parties concerned resume without delay negotiations aiming at the establishment of the Province of Bozen/Bolzano as an autonomous region with legislative and executive power;
3. Invites the two parties to submit a report on the result of these negotiations to the General Assembly at its sixteenth session.

9.2. Corrigendum zum Östereichischen Entwurf

Fifteenth session
SPECIAL POLITICAL COMMITTEE
Agenda item 68

THE STATUS OF THE GERMAN-SPEAKING ELEMENT
IN THE PROVINCE OF BOLZANO (BOZEN)
IMPLEMENTATION OF THE PARIS AGREEMENT OF
5 SEPTEMBER 1946

Corrigendum

In operative paragraph 1, for the words "to be a" substitute the word "for".

9.3. Überarbeiteter Österreichischer Entwurf

Fifteenth session
SPECIAL POLITICAL COMMITTEE
Agenda item 68

THE STATUS OF THE GERMAN-SPEAKING ELEMENT
IN THE PROVINCE OF BOLZANO (BOZEN)
IMPLEMENTATION OF THE PARIS AGREEMENT OF
5 SEPTEMBER 1946

Austria: revised draft resolution

The General Assembly,
Having discussed the question entitled "The status of the German-speaking element in the Province of Bolzano (Bozen). Implementation of the Paris Agreement of 5 September 1946",
Noting that a dispute has arisen between Austria and Italy on this question and that bilateral efforts to settle the issue have so far not resulted in agreement,
Concerned that the tense situation created by the dispute might impair the friendly relations between the two countries,

1. Invites Austria and Italy to enter without delay into negotiations on the implementation of the Paris Agreement of 5 September 1946 in order to find a just and democratic solution,
2. Requests the Secretary-General to place himself at the disposal of the parties to provide them with any assistance they might require during the course of the negotiations, either directly or by means of a representative.

9.4. Vier Mächte Entwurf

Fifteenth session
SPECIAL POLITICAL COMMITTEE
Agenda item 68

THE STATUS OF THE GERMAN-SPEAKING ELEMENT
IN THE PROVINCE OF BOLZANO (BOZEN).
IMPLEMENTATION OF THE PARIS AGREEMENT OF
5 SEPTEMBER 1946

Argentina, Brazil, Paraguay and Uruguay: draft resolution

The General Assembly,
Having considered item 68 of the agenda,
Considering that the status of the German-speaking element in the Province of Bolzano (Bozen) has been regulated by an international Agreement between Austria and Italy, signed in Paris on 5 September 1946,
Considering that the said Agreement establishes a system designed to guarantee the German-speaking inhabitants of the said Province the enjoyment of their fundamental rights,
Bearing in mind that a dispute has arisen between Austria and Italy in regard to the implementation of the above Agreement,

1. Urges the two parties concerned to resume negotiations with a view to finding a solution for all differences relating to the implementation of the above Agreement;
2. Recommends that in the event of the negotiations referred to in the preceding paragraph not leading to satisfactory results within a reasonable period of time, both parties should give favorable consideration to the possibility of submitting the said differences to the appropriate jurisdictional bodies;
3. Likewise recommends that the countries in question should refrain from any action which might impair their friendly relations.

9.5. Corrigendum

Fifteenth session
SPECIAL POLITICAL COMMITTEE
Agenda item 68

THE STATUS OF THE GERMAN-SPEAKING ELEMENT
IN THE PROVINCE OF BOLZANO (BOZEN)
IMPLEMENTATION OF THE PARIS AGREEMENT OF
5 SEPTEMBER 1946

Corrigendum

In the last preambular paragraph, substitute the word "controversy" for the words "a dispute".

9.6. "12-er Entwurf"

Fifteenth session
SPECIAL POLITICAL COMMITTEE
Agenda item 68

THE STATUS OF THE GERMAN-SPEAKING ELEMENT
IN THE PROVINCE OF BOLZANO (BOZEN)
IMPLEMENTATION OF THE PARIS AGREEMENT OF
5 SEPTEMBER 1946

Bolivia, Ceylon, Cuba, Cyprus, Denmark, Ecuador, Ghana, India, Iraq, Ireland, Jordan and Mexico: amendment to the revised draft resolution submitted by Austria (A/SPC/L.45/Rev.1)

1. Modify the third paragraph of the preamble to read as follows:
   Desirous of preventing the situation created by the dispute from impairing the friendly relations between two countries,
2. Modify operative paragraph 1 to read as follows:

Invites Austria and Italy to conduct negotiations without delay on the implementation of the Paris Agreement of 5 September 1946 in order to find a solution in conformity with the principles of justice and international law.

3. Modify operative paragraph 2 to read as follows:
Recommends that in the event of the negotiations referred to in the preceding paragraph not leading to satisfactory results within a reasonable period of time, both parties should give favorable consideration to the possibility of seeking a solution to their differences by other peaceful means of their own choice.

9.7. Zusatz zum "12-er Entwurf"

Fifteenth session
SPECIAL POLITICAL COMMITTEE
Agenda item 68

THE STATUS OF THE GERMAN-SPEAKING ELEMENT
IN THE PROVINCE OF BOLZANO (BOZEN).
IMPLEMENTATION OF THE PARIS AGREEMENT OF
5 SEPTEMBER 1946

Bolivia, Ceylon, Cuba, Cyprus, Denmark, Ecuador, Ghana, India, Iraq, Ireland, Jordan and Mexico: amendment to the draft resolution submitted by Argentina, Brazil, Paraguay and Uruguay (A/SPC/L.46)

1. Modify the third paragraph of the preamble to read as follows:
Considering that the said Agreement establishes a system determined to guarantee the German-speaking inhabitants of the said Province "a complete equality of rights with the Italian-speaking inhabitants within the framework of special provisions to safeguard the ethnical character and the cultural and economic development of the German-speaking element",

2. Modify operative paragraph 2 to read as follows:

Recommends that in the event of the negotiations referred to in the preceding paragraph not leading to satisfactory results within a reasonable period of time, both parties should give favorable consideration to the possibility of seeking a solution of said differences by other peaceful means of their own choice.

9.8. Zweiter "12-er Entwurf"

Fifteenth session
SPECIAL POLITICAL COMMITTEE
Agenda item 68

THE STATUS OF THE GERMAN-SPEAKING ELEMENT IN THE PROVINCE OF BOLZANO (BOZEN). IMPLEMENTATION OF THE PARIS AGREEMENT OF 5 SEPTEMBER 1946

Bolivia, Ceylon, Cuba, Cyprus, Denmark, Ecuador, Ghana, India, Iraq, Ireland, Jordan and Mexico: draft resolution

The General Assembly,
Having considered item 68 of the agenda,
Considering that the status of the German-speaking element in the Province of Bolzano (Bozen) has been regulated by an international Agreement between Austria and Italy, signed in Paris on 5 September 1946,
Considering that the said Agreement establishes a system designed to guarantee the German-speaking inhabitants of the said Province " a complete equality of rights with the Italian-speaking inhabitants within the framework of special provisions to safeguard the ethnical character and the cultural and economic development of the German-speaking element",
Bearing in mind that a dispute has arisen between Austria and Italy in regard to the implementation of the above Agreement,
Desirous of preventing the situation created by the dispute from impairing the friendly relations between two countries,

1. Invites Austria and Italy to conduct negotiations without delay on the implementation of the Paris Agreement of 5 September 1946 in order to find a solution in conformity with the principles of justice and international law;
2. Recommends that in the event of the negotiations referred to in the preceding paragraph not leading to satisfactory results within a reasonable period of time, both parties should give favorable consideration to the possibility of seeking a solution of their differences by other peaceful means of their own choice;
3. Likewise recommends that the countries in question should refrain from any action which might impair their friendly relations.

9.9. Endgültige Fassung des 12-er Entwurfs

Fifteenth session
SPECIAL POLITICAL COMMITTEE
Agenda item 68

THE STATUS OF THE GERMAN-SPEAKING ELEMENT
IN THE PROVINCE OF BOLZANO (BOZEN).
IMPLEMENTATION OF THE PARIS AGREEMENT OF
5 SEPTEMBER 1946

Argentina, Bolivia, Brazil, Ceylon, Canada, Cyprus, Denmark, Ecuador, Ghana, India, Iraq, Ireland, Jordan, Mexico, Norway, Paraguay and Uruguay: draft resolution

The General Assembly,
Having considered item 68 of the agenda,
Considering that the status of the German-speaking element in the Province of Bolzano (Bozen) has been regulated by an international Agreement between Austria and Italy, signed in Paris on 5 September 1946,
Considering that the said Agreement establishes a system designed to guarantee the German-speaking inhabitants of the said Province " a complete equality of rights with the Italian-speaking inhabitants within the framework of

special provisions to safeguard the ethnical character and the cultural and economic development of the German-speaking element",

Bearing in mind that a dispute has arisen between Austria and Italy in regard to the implementation of the Paris Agreement of 5 September 1946,

Desirous of preventing the situation created by the dispute from impairing the friendly relations between the two countries,

1. Urges the two parties to resume negotiations with a view to finding a solution for all differences relating to the implementation of the above Agreement;
2. Recommends that in the event of the negotiations referred to in the preceding paragraph not leading to satisfactory results within a reasonable period of time, both parties should give favorable consideration to the possibility of seeking a solution of their differences by any other of the means provided in the Charter including recourse to the International Court of Justice or any other peaceful means of their own choice;
3. Likewise recommends that the countries in question should refrain from any action which might impair their friendly relations.

10. 1960: Verhandlung im Special Political Committee

The status of the German-speaking element in the Province of Bolzano (Bozen); implementation of the Paris agreement of 5 September 1946 (A/4395, A/4530; A/SPC/44; A/SPC/L.45 and Corr.1)

1. Mr. KREISKY (Austria) recalled first of all that the Tyrol had been a distinct political entity since 1254, and had constituted an integral part of Austria since 1363. It took its name from a castle situated in the South Tyrol, where its first capital, Meran (Merano), also stood. The Italian-speaking Trentino had likewise belonged to the Austro-Hungarian monarchy. The frontier between the Italian and German languages was clearly marked by the gorge of Salurn (Salorno); a natural dividing line, as was acknowledged by an Italian representative to the Assembly of Frankfort in 1848, and also by the Italian historian Gaetano Salvemini in 1944. Before Italy´s entry into the First World War, Austria, recognizing that that was the natural frontier, had been ready to cede the Trentino to Italy. On 26 April 1915, however, Great Britain, France and Russia had concluded the (secret) Treaty of London under which they promised Italy that if it declared war on its former ally Austria, it would, in the event of an Allied victory, receive all of the Tyrol situated south of the Brenner and certain parts of Dalmatia and Istria. The United States had never been a party to that Agreement.

2. After Italy entered the war against Austria in May 1915, France and the United Kingdom according to the French statesman André Tardeu, had tried to persuade Italy to agree to certain revisions of the (secret) Treaty of London, while President Woodrow Wilson had vehemently protested against Italy´s designs, especially with regard to areas that should have belonged to the newly created State of Yugoslavia. Point 9 of President Wilson´s Fourteen Points, made public on 8 January 1918, had called for a readjustment of the frontiers of Italy along clearly recognizable lines of nationality.

3. Nevertheless. the Treaty of Peace of Saint-Germain-en-Laye of 1919 decided to grant the so-called "strategic Brenner frontier" to Italy on the pretext that its other territorial claims-along the Adriatic coast and in the Levant-had been rejected. Austria had, however, previously expressed its readiness to grant Italy military concessions and economic advantages in the South Tyrol.

4. That annexation by force had been a gross violation of the right to self-determination. The mayors of all the South Tyrolean communities had signed a petition strongly protesting against the decision adopted by the 1919 Peace Conference, and the Allied leaders- Woodrow Wilson, David Lloyd George and Georges Clemenceau-had later recognized the injustice which had been done. Within the Italian Parliament itself, forty-eight Socialist deputies had opposed the annexation of the South Tyrol and had voted against the ratification of the 1919 Treaty of Saint-Germain-en-Laye while a former Minister, Bissolati, had stated that the acquisition of that area was contrary to Italy´s real interests.

5. From then on matters had gone from bad to worse. King Victor Emanuel had never made good his promise to grant the South Tyroleans an autonomy statute. On 2 October 1922 Tolomei, the notorious Italian Fascist, had organized a march on Bozen (Bolzano) as a prelude to the March on Rome. Claiming that the people of the South Tyrol, which he had christened Alto Adige, were of Latin stock, he had harrassed them mercilessly. In a book published in 1952 Gaetano Salvemini [100] admitted that the situation constituted a gross injustice based on a distortion of history. A few examples would suffice to demonstrate the oppressive character of the régime instituted by the Fascists in the South Tyrol: German place-names and family names had been replaced by invented Italian names; Italian had been made the only official language-including the language oft he courts; the use of German as the medium of instruction in public and private schools, including kindergartens, and as the medium of religious instruction, had been forbidden; even the inscriptions on tombstones had been replaced by Italian ones (Decree of the Provincial Prefect No. 762 of 16 November 1927).

6. The sufferings of the South Tyrolean people had reached a climax with the establishment of the Mussolini-Hitler Axis. As Nazi Germany had approved Italy´s ignominious attack on Ethiopia, Mussolini, for getting his promise to support Austria, had in turn approved the annexation in 1938 of Austria as the first victim of Nazi expansionism. To strengthen the Axis which was soon to plunge Europe and the world into war, Hitler and Mussolini had signed the German-Italian Agreement on option to be made by German-speaking persons

---

100 Gaetano Salvemini. Mussolini diplomatico (Bari) (1952), p. 439.

in the South Tyrol of 23 June 1939 which provided for the resettlement, in the German Reich or elsewhere, of the entire South Tyrolean population. Seventy thousand South Tyroleans had thus left their native soil and settled abroad. That had not been in any sense a voluntary decision on their part, however; the South Tyroleans had had no alternative but to submit to the violent campaign of de-nationalization undertaken by Mussolini or to become refugees.

7. Italy might perhaps try to ascribe pan-Germanist motives to Austria for placing the case of the South Tyrol before the General Assembly. Yet it was Mr. Martino who at a meeting of the General Committee, recently had resuscitated a typically pan-Germanist catchword, speaking of a Nordic race. Austria itself had been the first victim of Hitler´s pan-Germanism, as the Allied Governments had solemnly affirmed in the Moscow Declaration on General Security of 1943. Moreover, it was absurd to think of Austria, with its seven million inhabitants, harbouring aggressive designs against Italy, which had fifty million.

8. Austria had been confident that after the end of the Second World War its frontiers with Italy would be rectified in accordance with the principle of self-determination. The South Tyroleans had expressed clearly their desire to be reunited with Austria. Furthermore, the eminent signatories to the Italian Manifesto of 1 June 1944, including Randolfo Pacciardi, who later became Deputy Prime Minister, and Arturo Toscanini, had stated that they were convinced that Italy would voluntarily relinquish control over Germanic and Slavic groups forming compact settlements in the extreme north and northeast of the peninsula.

9. The Treaty of Peace with Italy, signed at Paris 10 February 1947, had nevertheless decided otherwise, and again some of the leaders of the victorious Allies, including Mr. Ernest Bevin and Lord Vansittart, had expressed regret at that decision, while Winston Churchill had stated that the South Tyroleans should have had the benefit of the provisions of the Atlantic Charter and subsequently of the United Nations Charter. Winston Churchill had asked why there should not be a fair and free plebiscite under the supervision of the great Powers in that area. It had seemed to him illogical to have one standard of ethnic criteria for Trieste and Venezia Giulia and another for Southern Tyrol.

10. On 5 September 1946, Austria and Italy had concluded the Paris agreement [101] concerning the South Tyrol. It should not be forgotten that Austria had been occupied by the four Allied Powers at the time and had not been a fully sovereign State, nor had its Government been a free agent in the true sense of the term. However, a generous and equitable implementation of the Paris agreement might have created conditions in which the South Tyroleans could have administered their own affairs and so settled down to a reasonably secure existence within the Italian State. Italy had not implemented either the spirits or the letter of the Paris agreement. Yet in the forthcoming debate, Italy was proposing to base its case exclusively on that agreement. There was an urgent political problem to be faced. Since the vital interests of a minority group of 250,000 persons were at stake, the problem could not be reduced to a simple matter of legal interpretation, which invariably meant protracted deliberations. For example, in the Austrian Government´s opinion the International Court of Justice could not solve the problem of the South Tyrol. Austria was most anxious to reach a solution in keeping with the spirit of the Charter of the United Nations.

11. He protested against the attempts that had been made to dismiss the Austrian case as unimportant, and he appealed to the members of the Committee, and especially to the nations which had just become independent. Austria had watched their struggle for freedom with keen interest and had sympathized with their aspirations, and it now urged them not to be indifferent to the fate of a minority which was denied fundamental human rights.

12. Turning to the present situation in the South Tyrol, he recalled the Italian arguments used to show that the Province of Bozen (Bolzano) was thriving. Austria was not asking for economic assistance to the Province; its aim was to enlist support for the political demands of the inhabitants, who were rightly claiming regional administrative and legislative power. There was no question that Italy was a democratic State, and that it had made sincere efforts to rid itself of the heritage of fascism, but the residue of fascist administrative practice had nowhere survived as it had in the South Tyrol. Hardly anything had been done to redress the injustice inflicted on the region by the Fascist régime, which had denied the South Tyrol people any chance of employment in

---

[101] United Nations, Treaty Series, vol. 49 (1950), pp. 184 - 185.

the public service, compelled them to devote themselves to agriculture and forced 70,000 to emigrate, of whom only about 20,000 had been able to return. It all went to show clearly that, even if the South Tyroleans had been given equal rights after the war, with such a handicap they had not the same chances as the Italians.

13. The agreement between Hitler and Mussolini had forced most South Tyroleans to opt for resettlement, and Italy had treated those who had chosen to stay as if they were stateless. It had deprived them of all basic rights of citizenship and even, in some cases, had confiscated their property. Many of the applications for withdrawal of the option had not been acted upon for three years after they had been filed. The "reoptants" had been promised help in building a new life, but the promise had not been kept. Yet the number of "reoptants" was insignificant compared with the total population of Italy. Austria, though a small country, had granted asylum to more than a million refugees, provided employment to hundreds of thousands and conferred Austrian citizenship on 400,000 persons.

14. The proportion of Italian people in the South Tyrol - a name which was taboo to the Italians, just as it was during the fascist era, and could not be used in official documents- had risen from three per cent in 1918 to about thirty-three per cent today. However, although the South Tyroleans comprised two thirds of the population, and although both the Paris treaty and an Italian Act of 22 December 1945 guaranteed the full parity as between the German and Italian languages, Italy still insisted on making Italian the only official language.

15. A few other relevant facts might be quoted. The South Tyrol charitable institutions suppressed by the fascists had not been re-established, and their assets were still withheld. Less than seven per cent of State- subsidized housing was inhabited by South Tyroleans. Most fascist civil servants retained their posts or had been re-employed. The situation in regard to the administration of justice was particularly tragic: only thirteen per cent of all positions were held by South Tyroleans. Of fifty-two judges, all but four were Italians. In 1958, all nine medical directors of the clinics of the City Hospital of Bozen (Bolzano), the largest in the South Tyrol, had been Italians, and the same had been true of the fifty-seven nurses, of whom only one spoke German; while eighteen of the

other twenty-three doctors had been Italians. Of the 7,800 persons employed in the public and semi-public services in the South Tyrol, 7,100 were Italians. The proportion of South Tyroleans had increased only within the provincial administration, although more than fifty per cent of the employees were still Italians.

16. Italy contended that the South Tyroleans had failed to take advantage of openings in the public services. But there were cases where South Tyroleans had not been accepted for public employment for "health reasons" even though they had been fit for military service, and even skiing champions. In the industrial zone of Bozen-Meran (Bolzano-Merano), only 300 South Tyroleans were employed, as against 6,300 Italians. In the circumstances, was it surprising that thousands of South Tyroleans were forced to emigrate every year because they could not find work in their native land?

17. The South Tyroleans were thus denied many basic democratic rights. They could not play any real part in the legislative process, because they were only a minority of 250,000 in a nation of fifty million. Hence they might well have been accorded wide provincial self-government, but the German-speaking province of Bolzano (Bozen) had been merged with the Italian Province of Trento, and autonomous rights had been given to that new region, inhabited by half a million Italians and 250,000 South Tyroleans. The merger had therefore rightly been described by an Italian journalist, Mr. Indro Montanelli, as resulting in autonomy not for the South Tyroleans but for the Italians.

18. The South Tyroleans were at a disadvantage when they had to deal with judges, policemen or other administrative officials, whose language they seldom understood. Since Italy severely restricted them in the exercise of their basic democratic rights, and effectively excluded them from participation in the administration, they considered that they did not enjoy the full protection of the law and that their status was inferior to that of the Italians.

19. Italians and Austrians could live together in amity, and people of different nationalities were not bound to be ranged against each other in hostility. Switzerland provided a remarkable example of that. Unfortunately, Austria could not expect Italy to model its constitution on that of Switzerland for the sake of the South Tyroleans. It had therefore submitted a draft resolution which

was entirely in keeping with the provisions of the Italian Constitution concerning autonomous regions and autonomous regions with a special statute.

20. Referring to the provisions of the draft of an autonomy statute which the representatives of South Tyrol had submitted to the Italian Senate and Chamber in 1958 and 1959, he said that under it the Province of Bozen (Bolzano) would become an autonomous Italian region having the same rights as the autonomous region of Sicily and with all the powers it needed to protect the ethnic character of the minority. The Austrian Government agreed with the freely elected representatives of the South Tyrol people that, in present circumstances, only the establishment of an autonomous region of South Tyrol could solve the urgent problem which had arisen. His Government had, moveover, for several years attempted to settle those complex questions through negotiations with the Italian Government. Unfortunately, the negotiations had failed because Italy was unwilling to consider Austria s basic demand, namely, to grant the Province of Bozen (Bolzano) effective regional autonomy similar to that of the Valle d'Aosta where the French-speaking minority enjoyed autonomous regional status.

21. The United Nations Charter postulated the development of friendly relations among nations based on respect for the principles of equal rights and the self-determination of peoples. Austria therefore expected that world opinion would support its just and moderate request. He recalled that it had been the freely elected representatives of South Tyrol who had appealed to the United Nations to find a quick and equitable solution to their problem. It was the Congress of the South Tyrolean's People's Party, in its resolution of 7 May 1960 and not the Austrian Government which had requested that the question of South Tyrol be included in the General Assembly's agenda. It had also stated unequivocally that an autonomous South Tyrol would respect the rights of the Italian population and would give the necessary guarantees in that respect. The very wording of the appeal made the feelings of the South Tyroleans quite clear. It would undoubtedly have been far more popular to demand self-determination, but the implementation of such a demand would have created border problems which no one wished to see raised. Austria did not wish to create tensions in the very heart of Europe and considered that the problem would be solved peacefully through the granting of substantial autonomy; hence its self-imposed moderation.

22. Italy maintained that the granting of regional autonomy would be the first step towards self-determination. It was clear, however, from the declaration of the South Tyrol People's Party that if autonomy was not granted the representatives of South Tyrol would no longer be able to curb the demand for self-determination. If autonomy was granted in consultation with the elected representatives of the South Tyroleans the Austrian Government would be in a position to declare that the provisions of the Paris agreement had been carried out.

23. It had been said that minorities should be bridges between nations. Full autonomy granted to the South Tyrol would build a broad bridge not only between Italy and the South Tyrol but also between Italy and the Austrian people.

24. Mr. SEGNI (Italy), after congratulating the Vice-Chairman and the Rapporteur on their election, pointed out that the claims presented by the Austrian delegation were outside the scope of the item which by common agreement had been included in the Committee's agenda, and said that he regarded them as quite unacceptable.

25. He recalled that the territory of Alto Adige had been assigned to Italy at the end of the war fought against the Habsburg Empire which for centuries had oppressed not only Italians but also Poles, Czechs, Yugoslavs and Romanians. The Treaty of Saint-Germain-en-Laye in 1919 had established the natural alpine frontier at the Brenner, and, in spite of Austria's endeavours, the peace treaties concluded at the end of the Second World War had confirmed that decision, as had the State Treaty for the re-establishment of an independent and democratic Austria of 1955, article 5 of which provided that "the frontiers of Austria shall be those existing on 1 January 1938". Thus, any territorial claim by Austria would amount to a revision of the peace treaties and would not only be incompatible with the obligations of a neutral State but would set in motion a process which neither Italy nor the other Powers could accept.

26. Following the decision taken by the Council of Foreign Ministers in Paris in May 1946 to maintain the Brenner as the frontier, Austria had entered into negotiations with Italy regarding a statute for the German-speaking inhabitants of the Province of Bolzano and of the neighbouring bilingual townships.

Despite the fact that those inhabitants were the product of an, age-old process of Germanization of the Italian population of the region, that in 1939 most of them had opted in favour of Nazi Germany, and that between 1943 and 1945, during the military occupation by Hitler´s troops, a whole series of atrocities had been perpetrated against the Italian people, who had been denied even the right to use their own language-the Italian Government had indicated that it was prepared to grant the German-speaking inhabitants a liberal statute and to review some of the 1939 options. That was how the Paris agreement of 5 September 1946, subsequently annexed to the 1947 Peace Treaty, had come into being. He quoted statements made by Mr. Gruber, the Austrian Minister for Foreign Affairs (who said in 1947 that "it must be recognized that there is no German-speaking minority in Europe so favourably treated as the South Tyrolese") and Mr. Magnago, the head of the South Tyrolean People s Party, which showed that the Italo-Austrian Agreement and the interpretation placed upon it by the Italian Government had received the consent and even the approval of the Austrian Government and the German-speaking inhabitants of the Province of Bolzano.

27. He emphasized that the Paris agreement was the only legal title under which Austria could discuss the status of the German-speaking inhabitants of that part of Italy, as the heading of the agenda item indicated.

28. He drew attention to the memorandum submitted by the Italian delegation [102], which showed that Italy´s implementation of the Paris agreement had made the German-speaking inhabitants one of the best treated minorities in the world. The magnanimity with which Italy had carried out the provisions relating to the revision of the 1939 options was manifest. If the Italian Government had not shown such magnanimity, the number of German-speaking inhabitants in the area would today be very small. Similarly, Italy had scrupulously observed the provisions of the Paris agreement dealing with the recognition of certain university degrees and diplomas, and it had honoured, to Austria´s entire satisfaction, its obligations with regard to frontier facilities, local trade, and the free transit of persons and goods between Northern Tyrol and Eastern Tyrol. The other provisions of the agreement had also been fully

---

[102] Transmitted to Members of the General Assembly by the Secretary-General with document A/SPC/44.

implemented. The German-speaking inhabitants of Bolzano Province enjoyed full civil and political liberties; they were provided with a great number of German language elementary and secondary schools, the entire cost of which was borne by the Italian State; their culture, traditions and folklore were flourishing, and they enjoyed economic prosperity which gave them a higher standard of living than the average for the whole of Italy and one of the lowest unemployment indices in the country. Above all, they had a most active autonomous administrative unit - the autonomous Province of Bolzano - with wide legislative and executive powers of the same nature of those granted to other regions of Italy which enjoyed special status and with considerable financial resources. He emphasized the climate of freedom and democracy in which Italy allowed that autonomy to develop and pointed out that full freedom of thought and speech has always been allowed even to the more extremist spokesmen of the German-speaking population: in this context no obstacle was put in the way of those German-speaking Italian citizens who had come to New York on the occasion of this debate.

29. It was only since 1956 that the Austrian Government had begun to make reservations concerning the application of the Paris agreement (linguistic parity, autonomy, proportionate employment in the public services, Italian immigration). The Italian memorandum showed that the charges were entirely unfounded. When bilateral negotiations on these grievances reached a deadlock, the Italian Government proposed that the matter be referred to the United Nations judicial organ competent to decide such issues, namely, the International Court of Justice. The Austrian Government had rejected the proposal. Amongst the reasons brought forth Austria had stated that such a procedure would be too lengthy; yet the draft resolution submitted by the Austrian delegation (A/SPC/L.45) envisages a procedure which would be just as lengthy.

30. Austria´s demands went beyond the scope of the Paris agreement; they also amounted to a series of claims which were politically unacceptable to any sovereign State. In effect, by applying the Paris agreement, Italy had acted effectively for the German-speaking inhabitants to preserve their own distinctive characteristics yet holding firmly to the principle that there should be no encroaching on the freedom of the other inhabitants of the same territory. Austria, on the other hand, was seeking to surround the linguistic group it was championing with barriers that would not so much protect as isolate it. Hence

Austria´s reference to an "ethnic frontier" which would not follow the natural frontier of the Alps, but would pass through Salorno. Acceptance of those claims would victimize inhabitants speaking another language as well as those German-speaking elements who wanted to collaborate with the other group and would be the prelude to the annexation of the Alto Adige by Austria. He explained that Italian immigration into the Alto Adige in the 40 years of Italian sovereignty had been less than the Austrians were trying to claim, that it was part of the natural phenomenon of the growth of population and that it had practically ceased some years ago as authoritative Austrian spokesmen had themselves recognized.

31. The most disquieting feature of the entire affair was the Austrian Government´s mode of procedure, which was all too reminiscent of a time when a conceded demand had been followed by an endless succession of further demands. It was surprising that the Austrian Minister for Foreign Affairs, Mr. Kreisky, no longer referred to the Paris agreement, though all the Austrian Government´s communications hitherto referred to it, as did also Mr. Kreisky´s speech [103] on 21 September 1959 at the fourteenth session of the General Assembly. The Austrian draft resolution was evidently asking for the revision of the 1946 Paris agreement. Italy was obliged to reject that request Such action on the part of Austria could only be explained by a desire to reopen the question in terms of the annexation of the Alto Adige. The Austrian demands struck at the very principle of the sanctity of international treaties, and their acceptance would establish a precedent for a revisionist movement which could well endanger the principles of the Charter. He was sure that the members of the Assembly would not hesitate to take a firm stand in defence of the Charter, if only to reassure the new Member States, which had fought hard to gain their national independence and were determined to defend it against all attacks.

32. He cited disquieting declarations by members of the Austrian Government, by other Austrian authorities and by representatives of various Austrian organizations hinting that the Austrian final objective was the unification of the Italian Alto Adige to the Austrian North Tyrol and that in order to reach it "other methods" than peaceful negotiations could be used. Even more serious

---

[103] See Official Records of the General Assembly, Fourteenth Session, Plenary Meetings, 800th meeting.

were the manifestations of racism, which were irreconcilable with the Austrian Minister of Foreign Affairs' statement in the General Committee (128th meeting); he cited in this respect declarations of some local authorities objecting to mixed marriages and recommending separation in housing between the two linguistic groups.

33. Different, and indeed contradictory arguments, were used to suit the audience addressed: in an appeal to public opinion in the democratic countries, the issue was represented simply as one of a few minor requests for freedom within the framework of existing treaties; appeals to public opinion in the Germanic countries, on the other hand, talked of the protection of the superior race. Even official documents give versions which are not in keeping with the real facts. For instance, in the memorandum circulated at the United Nations [104], the Austrian Government had insinuated that the letter of appreciation addressed by the German-speaking party to the Italian Constituent Committee in relation to the autonomy Statute was the result of Italian pressure and was therefore worthless. He quoted in this respect the declaration made in February 1948 by the President of said party which proves that no such pressure was at anytime exerted. The propaganda effort resorted to such absurd catch-words as the German-speaking group's "march toward the grave", though its numbers were increasing, its living standard was steadily rising, and it showed clear evidence of growing prosperity.

34. It was unfortunate that the clamorous agitation of a small group of extremists had swayed the Austrian Government. To place extremists in important government posts or to become their spokesmen, was a grave matter, and there was no evading the responsibility for it. That responsibility rested all the more heavily on Austria since, under the 1955 State Treaty of Vienna, it has specifically undertaken to bar the activities of certain extremist political organizations on the Hitler model. Fortunately in Austria the voice of reason could also be heard; as an example he mentioned that all the Austrian Members of Parliament at the Council of Europe had approved a recommendation to apply disputes concerning minorities the procedure laid down in the

---

104 Transmitted to Members of the General Assembly by the Secretary-General with document A/4530.

European Convention for the Peaceful Settlement of Disputes, which provides for compulsory jurisdiction of the International Court of Justice.

35. In connexion with the draft resolution submitted by the Austrian delegation (A/SPC/L.45 and Corr.1), he pointed out that the wording of the draft was in striking contrast to that used in the agenda: the Austrian delegation persisted in referring to the Austrian minority in Italy after having officially agreed to the formula "the German-speaking element in the Province of Bolzano (Bozen)". The formulation of the item left no doubt as to its scope: "Implementation of the Paris agreement of 5 September 1946". But Austria was not claiming the application of the Paris agreement but was seeking to supersede it, which proved that it had no well-founded complaint in regard to the implementation of the agreement on the part of Italy. Moreover, it was distorting the terms in which the question had been included in the General Assembly's agenda, which was not a proper way of acting towards the Assembly. Furthermore, the preamble to the draft resolution was a distortion of the historical truth and the real wills of the German-speaking inhabitants of the Alto Adige. It did not reflect genuine concern for the protection of a minority, but rather the desire to transform that minority into a dominant racial group. Moreover, the preamble called for a new and quite distinct autonomy status for the Province of Bolzano, which the Austrian Government had in a number of recent documents defined as "self-government". He noted in that connexion that the notion that every minority has the right to self-government is one which is foreign to the Charter and incompatible with the whole philosophy of the United Nations. In fact it was quite clear that rights granted to a minority should not be such as to form separate communities within a State which might impair its national unity or security. Furthermore, Austria ignored the fact that the Province of Bolzano was not an ethnic unit, since out of a total of 375,000 inhabitants, 120,000 were Italian-speaking and 25,000 Ladin-speaking. The sixth paragraph of the preamble constituted unlawful interference by Austria in Italian domestic affairs , since it took sides openly in favour of a new Statute which was the subject of a Bill introduced before the Italian Parliament and on which only the Parliament was entitled to express its sovereign judgement. The Austrian Government was seeking to undermine the authority of the Italian State and to bring about the complete separation of the linguistic groups, thus attacking the integrity and unity of the Italian State. The draft resolution gave the impression that the bilateral negotiations between Rome and Vienna had been intended to

raise the Province of Bolzano to the status of an autonomous region, whereas in fact those conversations related only to the implementation of the Paris agreement.

36. In declaring the Austrian draft resolution unacceptable, the Italian delegation was not merely championing the interests and the lawful rights of the Italian State; it was also anxious to safeguard the basic constitutional principles of the United Nations itself. For that, if for no other reason, every Member State should reject the Austrian draft resolution. What Austria was asking the General Assembly in fact to do was to go beyond the limits laid down in the Charter for action by organs of the United Nations and to violate its fundamental principles. Austria was well aware that all claims on its part exceeding the Paris agreement were incompatible with the respect due to the sovereign freedom of the Italian State. The Austrian Government had therefore taken care in the past to cite the Paris agreement stipulations in its negotiations with the Italian Government and to emphasize that all that it was concerned with was the implementation of those stipulations. It had even been anxious to avoid creating the impression that it wished to interfere with the sovereignty of the Italian State. The Austrian Government had now abandoned that concern and would have the General Assembly interfere in the internal affairs of Italy in its stead. He wondered what principles, other than the Paris agreement, could give an international body the right to deal with the situation of a group of Italian citizens. Certainly no principles of international law, for, as the outstanding Austrian international lawyer Alfred Verdross had recalled, the States bound by a specific international agreement alone had obligations under international law in regard to the treatment of minorities. Nor was it the principles of human rights arising out of the Charter or proclaimed by the General Assembly. Neither the Universal Declaration of Human Rights nor the various resolutions and proposals adopted on the subject of minorities envisaged more liberal treatment than that laid down in the Paris agreement. More specifically, there had never been any suggestion of the right of minorities to autonomy. He was amazed that Austria should expect the General Assembly to urge that the German-speaking minority in Italy should be given a greater measure of autonomy than that laid down in the Paris agreement and to look favourably upon its contention that the Paris agreement should be regarded as null and void. *Pacta sunt servanda.* Any demand on the part of Austria which went beyond the implementation of the Paris agreement was

incompatible not only with the basic principles of international law but with the United Nations system itself, as defined in Article 2 (7) of the Charter.

37. Italy still hoped that Austria would act in due conformity with the Paris agreement and was therefore determined not to allow itself to be put out by the disconcerting attitude of the Vienna Government. The Italian Government would continue to apply the Paris agreement in its entirety. It was ready to resume conversations with Austria within the framework of that agreement and, should there by any insurmountable difference of opinion with regard to the implementation of any of the clauses of the agreement, it was prepared to submit the issue to the International Court of Justice for adjudication. Whatever the outcome might be, Italy would keep faith with its juridical traditions and submit to the Court´s decision. While it was determined to reject any deviation from the principle of legality, it would at all times side with respect for human rights and loyal observance of the obligations arising out of the Charter.

The meeting rose at 1.10 p.m.

AGENDA ITEM 68

The status of the German-speaking element in the Province of Bolzano (Bozen); implementation of the Paris agreement of 5 September 1946 (A/4395, 4530; A/SPC/44; A/ SPC/L.45 and Corr.1) (continued)

1. Mr. AMADEO (Argentina) pointed out that while the question of the status of the German-speaking element in the Province of Bolzano (Bozen) had been mentioned at previous sessions of the General Assembly, it was now for the first time a separate item on the agenda, and he was gratified that the two parties had reached agreement on the wording of the item.

2. The matter concerned a German-speaking ethnic group of some 250,000 persons inhabiting a region called South Tyrol by the Austrians and Alto Adige by the Italians. He explained that he would use either term merely as a matter of convenience, but that would not imply that he was taking any stand on the matter. At the end of the First World War, Alto Adige had been incorporated into Italy pursuant to the Treaty of Peace of Saint-Germain-en-Laye of 1919 and after the Second World War that action had been confirmed by the Treaty

of Peace with Italy signed in Paris on 10 February 1947. Geographical and historical reasons had been the determining factor in drawing the frontier through a territory inhabited by a people of Germanic origin. On the one hand, the Brenner was the natural geographical boundary between Italy and the Germanic world. On the other, Austria had been defeated and, more especially, the drafters of the Treaty of Saint-Germain-en-Laye had wished, in selecting the natural boundary to help bring an end of the war-like ventures which for a thousand years had made Italy the prey of the northern conquerors. However that might be, Austria had accepted the boundary; the territorial limits between Austria and Italy were definitive and inviolable and not subject to controversy; and no question of sovereignty was involved. In his delegation's view, the principle of self-determination did not apply, and he was gratified that the Austrian Minister for Foreign Affairs, Mr. Kreisky, had expressly recognized that at the 176th meeting.

3. The sole point at issue was therefore the status of the people of German origin inhabiting certain Italian territories which had once been part of the Habsburg Empire.

4. There could be no doubt that from the ethnic point of view the majority of the inhabitants of South Tyrol were Germanic and that their culture was akin to that of the North Tyroleans. The two parties concerned agreed that the population in question must enjoy certain rights ensuing from its allogeneous character. They did not agree, however, on the extent and scope of those rights or on the guarantees of their free exercise. Between the two wars, the status of the Germanic population of Alto Adige had not been regulated by any international instrument and had been subject solely to Italian legislation. In 1939, an agreement between Hitler and Mussolini [105] had granted the population the right to opt for German nationality with the concomitant obligation of leaving Italian territory. The majority of the allogeneous inhabitants had chosen that course although almost all of them had returned after the war. On 5 September 1946, the Austrian and Italian Governments had signed an agreement in Paris [106]- the Paris agreement - dealing with the status of the German-speaking

---

105 German-Italian Agreement on option to be made by German-speaking persons in the South Tyrol of 23 June 1939.

106 United Nations, Treaty Series, vol. 49 (1950), pp. 184-185.

inhabitants of the region in question. Clause 1 of the agreement provided that the German-speaking inhabitants of the Bolzano Province and of the neighbouring bilingual townships of the Trento Province would be assured complete equality of rights with the Italian-speaking inhabitants, within the framework of special provisions to safeguard the ethnical character and the cultural and economic development of the German-speaking element. That clause gave very broad protection to the Germanic minority in Alto Adige, and the other provisions of the agreement ensured the application of that clause.

5. The agreement, which had been incorporated into the Treaty of Peace of 1947 with Italy, was one of the most liberal bilateral instruments ever concluded in the matter of the status of allogeneous groups. Not only did it guarantee preservation of the minority's cultural legacy, but it also granted it the exercise of autonomous legislative and executive regional power.

6. Unfortunately, the interpretation and execution of the Paris agreement had given rise to serious differences between the two countries. The Austrian Government held that Italy had not applied the agreement in conformity with its letter and spirit, and it proposed that the General Assembly should lay the basis for a new arrangement. The Italian Government, on the other hand, considered that it had carried out the agreement faithfully and correctly.

7. In the first place, the parties differed on the manner in which the principle of parity regarding access to public office had been applied. Austria claimed that at least ninety per cent of the government posts were occupied by Italian-speaking persons. Italy held that it had taken all steps to ensure parity but that the German-speaking inhabitants were reluctant to occupy government posts. Italy likewise disputed the figures cited by the Austrian Government. Secondly, the Austrian Government claimed that the Paris agreement gave the German language the status of an official language on a par with Italian, but the Italian Government considered that the agreement only allowed the German-speaking inhabitants to use German in their relations with the authorities. Thirdly, the Austrian Government believed, as far as local self-government was concerned, that the merging of the Province of Bolzano with Trento, which had an Italian majority, violated the Paris agreement, while the Italian Government disputed that contention. Lastly, the Austrian Government contended that the Italian Government had taken no steps to protect the German-speaking ethnic group

against the influx of Italians from other parts of the peninsula; the Italian Government questioned those facts and at the same time reaffirmed the principle of freedom of movement within its borders. He considered that it was not for the members of the Committee to set themselves up as judges in those matters.

8. The dispute involved the status of inhabitants who differed both ethnically and culturally from the majority of the country's population. The approach to such situations had changed radically since the Second World War. Before then, questions relating to what had commonly been referred to as "minorities" had been dealt with on the political level. At that time certain peace treaties had provided for special regimes to protect linguistic, racial or religious minorities. Those regimes had later been embodied in "minority treaties" which had treated the minorities as distinct political entities within certain States such as Poland, Czechoslovakia, Greece, Romania and Yugoslavia. That system had been tantamount, according to Professor Charles Rousseau, to imposing upon the States, for the benefit of the minorities, an arrangement that had been exceptional and necessarily discriminatory. That concept had been intimately connected with the League of Nations and had weakened and disappeared with it.

9. After the Second World War, the peace treaties had confined themselves to imposing upon the vanquished States the obligation of ensuring to all persons coming under their jurisdiction the enjoyment of human rights and fundamental freedoms; that was the concept underlying article 15 of the Treaty of Peace with Italy. The recipient of the rights in question had ceased to be the minority group viewed as a political entity and had become the individual, the human being. The guarantees had thus lost their political nature and had become more personal and human. That modern concept was borne out in article 25 of the draft Covenant on Civil and Political Rights [107] and in the pertinent commentary of the Secretary-General [108]. Nothing in those texts could be construed as meaning that minorities were entitled to an autonomous status

---

107 See Official Records of the Economic and Social Council, Sixteenth Session, Suplement No. 8, annex I, p.45.

108 See Official Records of the General Assembly, Tenth Session, Annexes, agenda item 28, document A/2929, p. 63.

or government or that political prerogatives of that kind were an essential safeguard. That concept was alien to the United Nations Charter and had ceased to be recognized at the present time.

10. The United Nations, and especially the Special Political Committee, had studied and continued to study cases of ethnic groups subject to discrimination. The political status of the inhabitants involved was a matter outside the General Assembly's competence; on the other hand, the General Assembly as empowered to consider such a matter to the extent that fundamental human rights were at issue. Whether or not that was the case in Alto Adige could be determined on the basis of the Paris agreement. That agreement, however, not only granted complete equality of rights to the inhabitants of the territory, but also conferred on them the exercise of autonomous legislative and executive power. It therefore went beyond the concessions which the Italian State would have been required to make under existing international norms. The Committee was therefore not confronted with a question of principle in respect of the guarantees which the German-speaking minority should enjoy. The problem was, as the very wording of the agenda item indicated, to find out how the Paris agreement had been interpreted and applied by the Power exercising sovereignty over the territory inhabited by the minority group.

11. That was the point on which the dispute between the two parties turned. As to what body was competent to give a ruling on that dispute, no simple answer could be given, for the matters at issue were varied. The delegation of Austria maintained that the dispute was a political one, because anything concerning the status of a minority group was political in character. To the delegation of Italy, on the other hand, the question concerned the interpretation of a treaty in force and was thus a juridical matter. In the opinion of the Argentine delegation, the question was juridical in so far as it concerned interpretation of those clauses of Paris agreement which laid down definite rules. That applied, for instance, to establishing the degree of parity of the two languages; to whether the agreement did or did not recognize German in the bilingual territory, as a second official language; and to whether the autonomy envisaged in clause 2 should be limited to the districts where the allogeneous element was in the majority or should be extended to a broader area. If such questions had been matters of purely national concern and subject to domestic law, there was no doubt that they would be subject to the judgement of the courts. In the

circumstances, the law which applied the Paris agreement, and the competent authority was the International Court of Justice.

12. Other aspects of the dispute, however, did not permit of recourse to the law, as they concerned not the legal interpretation, but rather the practical application, of the Paris agreement. Such, for example, were the question of personal day-to-day contacts between Italian officials and the German-speaking population and the mutual respect which they should have for each other, and the policy of domestic migration, which was not provided for in the agreement. That was a vast area of undeniable importance which lay outside the province either of politics or of the law and which could be dealt with only by the exercise of the cardinal virtue of prudence. In that regard, everything would ultimately depend on the attitude of the Power exercising sovereignty in the territory. The United Nations could, in principle, appeal to that Power to treat its minorities in an equitable manner and to observe faithfully the provisions of the Paris agreement. It must be said, however, that the evidence adduced by the Austrian delegation did not justify such an appeal by the United Nations. The facts that had been cited had been contested by the other party, and they were not, in any case, sufficiently grave to warrant, in the defence of threatened human beings, the infringement of the sacred sovereignty of an independent State. One could only express the personal wish that the treatment of the minority in Alto Adige would be in keeping with the noble traditions of the Italian people, who were noted for their tolerance and adaptability. Unless new facts should oblige it to change its opinion, the General Assembly had no grounds for taking up the complaints which had been made.

13. For those reasons the delegation of Argentina opposed the draft resolution submitted by Austria (A/SPC/L.45 and Corr.1). The draft resolution presupposed an obligation to grant autonomy to the region in which the ethnic minority resided, moreover, it specified that the autonomous region must be that in which the allogeneous element was in the majority. Those provisions went further than the Paris agreement and established new principles, the political scope of which went beyond the safeguarding of human rights. The draft resolution attempted to replace the system of bilateral treaties by a decision of the General Assembly that would create inside the territory of a Member State an enclave in which the jurisdiction of that State would be

seriously weakened. Adoption oft he draft resolution would have very serious consequences and would constitute an unfortunate precedent.

14. In conclusion he said that he deplored a regional dispute which seemed anachronistic at a time when so many nations were regrouping in larger units in order to improve their living conditions. Austria and Italy shared the same fundamental beliefs and a common civilization, and their material interests also coincided. The two countries were bound by a treaty which was a model of its kind, and they agreed on the inviolability of frontiers and on respect for the basic rights of minorities. They had every reason therefore to show the world an example of agreement by seeking a solution through negotiation, instead of exerting international pressures which could only cause bitterness.

15. Miss WILLIS (United States of America) recalled the statement made at the fourteenth session of the General Assembly by the Minister for Foreign Affairs of Austria, Mr. Kreisky [109], to the effect that unless bilateral discussions on the question of implementing the Paris agreement led to satisfactory results, his Government would submit that complex issue to the General Assembly. Since then, the United States had ceaselessly urged that the two countries endeavour to find a mutually acceptable solution. After the failure of discussions through regular diplomatic channels, the United States had been gratified that the Heads of the two Governments had initiated an exchange of correspondence on the problem. It had hoped that that would lead to genuine progress toward a solution but such had unfortunately not been the case. However, on 22 June 1960, Mr. Tambroni, the Prime Minister of Italy, had proposed to Chancellor Raab that the dispute be submitted to the International Court of Justice. Because the dispute, in essence, concerned the extent to which Italy had carried out its obligations under the Paris agreement, the United States believed that adjudication by the Court was the course of action which offered the best prospects for a solution.

16. The delegation of the United States desired that consideration of the problem by the United Nations should advance rather than impede a settlement. It was convinced, however, that to ask the General Assembly to deter-

---

[109] See Official Records of the General Assembly, Fourteenth Session, Plenary meetings, 800th meeting.

mine how far the Paris agreement had been implemented would merely complicate the situation. Minority problems were among the most difficult and delicate with which any State had to deal. That fact was appreciated by all representatives, for there was scarcely any State which did not have minority problems of its own. Moreover, an international agreement was involved, and the United Nations had a responsibility to preserve the sacred character of treaties and to satisfy itself that the action taken would facilitate a solution.

17. Some provisions of the Paris agreement were quite specific, such as parity for the German and Italian languages in public offices and official documents. Other provisions were more general in nature, such as those relating to the exercise of legislative and executive regional power. Thus, questions both of law and of fact were involved. It would be exceedingly difficult for the General Assembly to give a ruling on matters of that kind, and the United States did not believe that the General Assembly should assume responsibility for interpreting an international agreement. That was why the United States had for long subscribed to the view that the question should be submitted to the International Court of Justice, a procedure to which the Italian Government had given its agreement.

18. Consequently, the delegation of the United States could not support the Austrian draft resolution (A/SPC/L.45 and Corr.1.), for its adoption would constitute acceptance of the Austrian version of the factual and legal situation. Furthermore, the draft resolution recommended a resumption of negotiations by the two parties, but pre-defined the object of the negotiations from the Austrian point of view. It was difficult to see how any Government could undertake serious negotiations which from the outset prejudged the character of the situation under dispute and the outcome of the negotiations. Adoption of the Austrian draft resolution would not contribute to a solution.

19. The United States, for its part, would like to see the two countries make still another effort to solve the problem through bilateral discussions. In the event of those talks failing, the International Court of Justice should be asked to give a decision which would be binding on both parties.

The meeting rose at 11.55 a.m.

AGENDA ITEM 68

The status of the German-speaking element in the Province of Bolzano (Bozen); implementation of the Paris agreement of 5 September 1946 (A/4395; 4530; A/SPC/44; A/SPC/L.45 and Corr.1) (continued)

1. Mr. GSCHNITZER (Austria) said that he would like first of all to dispel a misunderstanding. The fact that the Paris agreement [110] referred to the German-speaking inhabitants of the Bozen (Bolzano) Province and of the neighbouring bilingual townships of the Trento province might be advanced as an argument in favour of the amalgamation of the two Provinces in one autonomous region. In fact those bilingual townships - in which, incidentally, German was markedly predominant - had belonged to the Province of Bolzano until the establishment of the Fascist régime in Italy. Only then had they been incorporated in the Province of Trento in order to speed up their Italianization. Since 1946 they had again been under the Province of Bolzano, so that the provincial boundary at Salurn (Salerno) coincided with the linguistic boundary.

2. According to the Italian argument, the Alps formed a dividing wall between Austria and Italy, and the Brenner a natural frontier following the line of the watershed. But the Alps formed a band several hundred kilometres wide, enclosing within it such mountain States and countries as Austria and Switzerland. To claim that the Alps constituted a dividing wall was thus tantamount to challenging the very existence of Austria and Switzerland as separate entities. That had, in fact, been the Fascist and Nazi philosophy, unhappily reechoed since the war in publications like Italian Affairs [111]. South- Tyrol was also in the Alps; in fact the highest peak in the Tyrol, the Ortler, stood at its southern boundary. Before 1918, and even in Roman times, the Brenner had never formed the frontier of any State, region or province. As early as the seventh and eighth centuries, before the Italian people existed, the part of the Tyrol south of the Brenner had been inhabited by people of the same kind, and with the same way of life, as those of the rest of Austria. It was incorrect, therefore, to say that South Tyrol had been inhabited by Germanized Italians at the time of the Habsburgs. On the other hand the Ladins, a small ethnic group which

110 United Nations, Treaty Series, vol. 49 (1950), pp. 184-185.

111 Presidency of the Council of Ministers of the Italian Republic Information Service (Rome 1954).

deserved to be protected, had existed in the Dolomite valleys then as they did today. That was why the Austrian delegation had deliberately spoken, not of a German-speaking minority, but of an Austrian minority. In 1918 the Ladins - who were Rhaeto-Romans like the inhabitants of the Grisons in Switzeriand - had like the South Tyroleans proclaimed their wish for union with Austria. The signatories of the burgomasters′ petition included the burgomasters of the seven Ladin communes.

3. In 1363 the Tyrol, at that time one of the few democratic countries on the European continent, had joined Austria with the free consent of all elements of the population. That six-centuries-old union was not, therefore, to be compared with the brief Austrian domination over the Italian territories of Lombardy and Veneto.

4. In giving information of that type his purpose was not - as had been alleged - to reopen the issue of the Brenner frontier. The head of the Austrian delegation had made that quite clear on the first day of the discussion [176th meeting]. He had merely wished to demonstrate Austria′s moderation and the extent of the sacrifices it was willing to make in the cause of harmony between peoples. Austria′s sole desire was to seek honestly a lasting solution to the problem of the South Tyrol within the framework of the Italian State.

5. The Austrian Federal Government had decided to lay the question before the United Nations after bilateral negotiations had failed. The Italian Government had refused even to speak of autonomy. That fact and, more particularly, the treatment accorded the South Tyroleans since they had been living under Italian domination had created a situation likely to impair friendly relations between Austria and Italy. The General Assembly was accordingly fully competent to deal with the question under Article 14 of the Charter.

6. The Assembly′s competence in the matter - which had been questioned during the discussion - was further attested by other United Nations documents. Thus in paragraph 59 of the memorandum entitled "Definition and Classification of Minorities" [112] of the Secretary-General addressed to the Sub-Com-

---

[112] See United Nations publications, Sales No.: 1950. XIV.3.

mission on Prevention of Discrimination and Protection of Minorities, dated 7 December 1949, it was stated that:

> "The validity of the claim of specific minorities to additional protective measures is, however, a political question normally to be decided on the basis of the conditions and arrangements under which the minority was included in the State, and of all other relevant circumstances."

7. That proved, first, that the protection of minorities was indeed a political issue, and secondly, that the situation of each particular minority had to be treated on its merits, so that there could be no automatic application of universal panaceas.

8. In the present instance Austria was defending the cause of a population which, as an Austrian minority by origin, history and character, was beyond doubt a case in its own right. That population had been settled in a self-contained piece of territory in the South Tyrol for over a thousand years, and had been left from the mother country in violation of the very principles which were now embodied in the Charter of the United Nations. Thus it was clearly distinct from groups or individuals who settled in another State and wished to become assimilated. Furthermore the protection of the Austrian minority had had to be safeguarded by a special international agreement. The mere existence of that agreement, however, did not render the General Assembly incompetent to take measures to protect that minority. Under Article 14 of the Charter it mattered little whether a situation likely to impair friendly relations among nations arose from a treaty or from other causes.

9. That point had been made with vigour at the General Assembly´s second session by the Argentine representative [113], who along with the representatives of several other countries had even tried at the time, notwithstanding Article 107 of the Charter, to bring about a revision of the Treaty of Peace with Italy signed in Paris 10 February 1947 under United Nations auspices.

---

113 See Official Records of the General Assembly, Second Session, Plenary Meetings, vol.1, 90th meeting.

10. The effect of the Paris agreement had been that the status of the Austrian minority had ceased to lie essentially and exclusively within the domestic jurisdiction of Italy. That appeared to be challenged no longer although, at the General Assembly's fourteenth session, the Italian delegation [114] had still taken a different stand.

11. Nor, surely, could it be maintained that the international character of that status would involve nothing more than protective measures under the Paris agreement and would not apply to anything outside the agreement if even one of the Contracting Parties took that view. A whole nexus of political problems were involved, only some aspects of which were of a legal nature, and under Article 36 of its Statute, the International Court of Justice could not deal with a political question. Where then should such a question be examined if not in the General Assembly?

12. It was equally fallacious to plead the incompetence of the General Assembly under Article 2, paragraph 7 of the Charter. The General Assembly had explicitly stated in its resolution 217 C (III) that it could not remain indifferent to the fate of minorities.

13. It had also been said that the protection of minorities had changed radically between post-war periods following the First and Second World Wars. That was only partly true. After the First World War the protection of minorities had been based only on specific norms, whether unilateral, bilateral or multilateral. There had at that time been disagreement as to whether those norms protected the ethnic group as such. After the Second World War the United Nations had undertaken the noble task of providing minorities with general protection, whether or not they were also covered by specific protective provisions. It could not be claimed, however, that the protection of a minority as a group had nothing to do with Assembly resolution 217 C (III). On the contrary, the resolutions referred to "effective measures for the protection of racial, national, religious or linguistic minorities" - in other words, groups as such. In view of the General Assembly resolution, there was no need to comment on article 25

---

114 See Official Records of the General Assembly, Fourteenth Session, Plenary Meetings, 804th meeting.

of the draft Covenant on Civil and Political Rights [115], which was merely a draft issued by a Sub-Commission. At all events, since the end of the Second World War there had been various instances of the grant of model statutes such as those given to the Aaland and Faroe Islands; they too were examples of the collective protection and recognition of ethnic groups.

14. There was a further reason why Article 2, paragraph 7 of the Charter was inapplicable. The report [116] of the United Nations Commission on the Racial Situation in the Union of South Africa stated in paragraph 141 that:

> "The effect of Article 2 paragraph 7 seems, therefore, to prohibit *dictatorial interference* by the United Nations in matters which are essentially within the domestic jurisdiction of any State."

Paragraph 134 of the same report stated that: "The discussion of a matter by the Assembly and the drafting of recommendations do not amount to *dictatorial interference*."

15. It had been further argued that the United Nations had never considered that minorities had the right to autonomy. But paragraph 8 (e) of the Secretary-General´s memorandum entitled "Definition and Classification of Minorities" recognized that minorities had a right to a certain degree of autonomy, while paragraph 40 of the same memorandum stated that:

> "Some minorities wish to obtain autonomy...The sense of solidarity of some minorities with their co-nations is intensified when they are placed under another State´s jurisdiction, and they are willing to accept the authority of the new State only on condition that they are permitted to retain their particularly distinguishing characteristics and to carry on their own collective life by means of an autonomous regime."

---

115 See Official Records of the Economic and Social Council, Sixteenth Session, Supplement No. 8, annex I, p.45.

116 See Official Records of the General Assembly, Eigth Session, Supplement No. 16, document A/2505.

16. Autonomy, which offered a particularly appropriate solution to the problem of the South Tyrol, was in no sense incompatible with the structure or Constitution of the Italian State. The French-speaking population of the Val d'Aosta, which was smaller than the Austrian minority, had gained the status of an autonomous region. Why should there be double standards? Moreover, the South Tyroleans were claiming no more than Italy had granted to Sicily. A group of 250,000 persons living in a foreign State surely stood in a greater need of autonomy than did Italian territories within the Italian State.

17. The most serious reproach levelled at Austria was that it had contravened the principle of *pacta sunt servanda*. Actually, the Austrian delegation and the Federal Government saw in that principle one of their most cherished rules of conduct and were well aware that it did much to safeguard the very existence of small States. However, the Paris agreement of 5 September 1946 had been designed to redress the wrongs inflicted on the South Tyroleans by Italian Fascism. Reparations agreements, by their very nature, imposed only unilateral obligations on Austria, he did not see how Austria could have violated it. Surely it had not done so by asking the General Assembly to protect the Austrian minority, or by referring the case to the organ which, under Article 14 of the Charter, was competent to ensure the peaceful settlement of disputes. Austria was fully convinced that the general provisions underlying the Paris agreement gave it every right to urge the claim of the South Tyroleans for autonomy. Since Italy had so far contested that right, Austria, after years of fruitless negotiations on that Agreement, was now invoking the Purposes and Principles of the United Nations Charter. The second political remedy could not be called a violation of the Paris agreement.

18. Mr. MARTINO (Italy) thought it might have saved time if Austria and Italy had not spoken until the end of the general discussion, but since the representative of Austria had just made a long statement, he had decided to exercise his right of reply also.

19. Austria was again arguing that an Austrian minority existed in Italy and that the subject of the discussion was the status of that minority. As Italy had already pointed out at the 128th meeting of the General Committee, it was impossible to speak of an Austrian minority, because minorities could only be linguistic, religious or ethnic, and there was no Austrian language, religion or

race. The General Committee and the Assembly, moreover, had not accepted that wording for the item. One of the Austrian representative's arguments was that the region included, along with the German-speaking element, Ladin-speakers who had previously been Austro-Hungarian subjects. But Austria under the Habsburgs had also included Italian-speaking elements; it might therefore be asked whether they also constituted an Austrian minority. In any case, the wording of the agenda item had been amended by the General Committee: he questioned whether it was Austria's intention to go back on what it had accepted in the General Committee.

20. The question under discussion was therefore simply the status of the German-speaking element in the province of Bolzano (Bozen) and the implementation of the Paris agreement of 5 September 1946. Since the position of the German-speaking element had been fixed by that agreement, reference must be made to it. The Agreement had been freely negotiated by Italy and Austria. It had been said that Austria was under military occupation at the time. So was Italy, but the fact remained that the agreement had been freely negotiated and ratified by both countries and that representatives of the South Tyrol had on several occasions expressed satisfaction with it. The agreement accounted for the fact that there were now more than 200,000 German-speaking inhabitants in the area, since Italy had re-examined the options of those South Tyroleans who had opted for Nazi Germany, and had given back Italian citizenship to more than 200,000 of them. Were it not for the Paris agreement, there would be no problem, for there would be only about 30,000 German-speaking persons. The conclusions of the Paris agreement had given Austria what it had asked for: but Austria now wanted a new treaty. In its view therefore the question was a political one, and there was no point in referring to the existing Treaty. As to statements that had been made, there was no purpose dwelling on past events, speaking of the Brenner frontier of hacking back to the Fascist régime, Austria had itself been Nazi, and that Hitler had been an Austrian.

21. It would be better to return to the real question, namely the present status of the German-speaking element. Austria complaint that the measure of autonomy granted by the Paris agreement was not large enough. Actually it was a very large measure of autonomy, one of the most liberal granted under the Italian Constitution. It was true that the provinces of Trentino and Bolzano had been

unified in a common regional structure. But the aim had certainly not been to "Italianize" the German-speaking inhabitants, whose numbers, as the figures showed, had increased fifteen years not only in absolute terms but also in proportion to the other population groups. The two provinces had been united in one region only after consultation with the representatives of the German-speaking element, who had repeatedly expressed their satisfaction, as also had the Austrian Government. Austria maintained that the German-speaking element was being oppressed by the Italians because the population of Trentino was larger. The fact was under Statute the President changed every year - one year there was an Italian-speaking President, the next year a German-speaking one.

22. Article 73 of the Statute laid down that the budget of the region must be approved by a majority of the representatives of each group. Thus equality of rights was granted despite the fact that the Italians were more numerous. Proportional representation in the Government of the region was also guaranteed, for it was impossible to form a Cabinet without offering full participation to the German-speaking representatives. In addition, all representatives of the German-speaking elementbelonged to one party, the "Südtiroler Volkspartei" (STV), while the Italian-speaking element was divided in eight or nine parties. In fact, the "Südtiroler Volkspartei" had established a collaboration, for the past ten years, with the Italian Christian Democratic Party, and had thus formed the ruling majority, the other parties always - or almost always - forming the opposition. In addition to the large measure of autonomy enjoyed by the region, the German-speaking element also had wide executive and legislative autonomy within the region, something unique in the juridical structure of Italy. Furthermore the report on activities for the period 1952-1956, which had been signed by the most authoritative representative of the "Südtiroler Volkspartei" stated that the autonomy had always been found very satisfactory. It was therefore untrue to say that Italy did not wish to give the German-speaking element autonomy. The case of Switzerland had been cited. But Switzerland was a confederation: did Austria want a confederation of Italy and the South Tyrol. It wanted a greater degree of autonomy for the German-speaking population, but it must be remembered that in the Province of Bolzano, in addition to some 200,000 German-speaking persons, there were 120,000 Italian-speaking, and 25,000 Ladin-speaking, who deserved no less care and protection.

23. It was known that a real campaign of racial intolerance and persecution was being conduced by representatives of the German-speaking element, and encouraged by some members of the Austrian Government. He could give evidence to this effect. Mr. Segni had recalled certain statements made by the President of the Provincial Council of Bolzano and the fact that a law was passed there providing for separate stairways or separate buildings for German-speaking and Italian-speaking inhabitants. The campaign went further: children could not even make their first communion together, because of the spirit of intolerance; there were often disturbances at mixed weddings, and Mr. Gschnitzer himself supported the campaign against mixed marriages, which was unpleasantly reminiscent of Nazi racist practices. Some of the extremists were present at the discussion at that very moment, and were looking forward to a decision by the Committee which would encourage their attitude. The Austrian High Court had decided that propaganda against mixed marriages was a vestige of Nazism. Furthermore, it flagrantly contravened Article 16 of the Universal Declaration of Human Rights, and the Italian Constitution, which granted the free exercise of all human rights and freedoms to every citizen regardless of race, language or religion.

24. Italy was quite ready to resume negotiations with Austria if these were aimed at improved implementation of the Paris agreement; but it did not accept the idea that the agreement was no longer valid and that another treaty should be drawn up which would make the Italian-speaking or Ladin-speaking elements a prey to such intolerance. Italy was ready to submit the question to the International Court of Justice and agreed to carry out the decision of the Court, whatever it was. The question was whether Austria was prepared to do the same.

25. Austria had raised and insisted on the question of borders. Its representative had denied aiming at the rectification of borders, but then he had declared himself astonished that anyone should doubt that the South Tyrol belonged to Austria. Austria had further stated that the region would be a bridge between Italy and Austria across a disputed frontier. Why disputed? That suggested that Austria wanted to raise a frontier dispute. Thus the members of the Committee must be all the more careful, for it would be dangerous to consider such claims, which were liable to open up a new chapter for the United Nations - the revision of treaties.

26. Mr. NORIEGA (Colombia) said that his delegation had been able to obtain a clear idea of the situation from the documents submitted to the Committee and from the statements made by the two parties. The Colombian delegation fully understood Austria's brotherly solicitude for the fate of an ethnic group that had been placed under the sovereignty of Italy, thereby imposing on that country certain duties and obligations which it was discharging with evident liberality.

27. Fundamentally, the question under discussion appeared to be whether an agreement between two States had been disregarded in the letter and the spirit, as Austria claimed, or whether, as Italy asserted, it had been applied in such a way as to safeguard the ethnic character and the cultural and economic development of the German-speaking element. In the circumstances, the best way to prevent the dispute from becoming aggravated by acquiring political overtones was to refer the matter to the International Court of Justice, which could rule on the basis of the facts.

28. The highest aspiration of all peace-loving peoples that sincerely desired international coexistence was that one day there would be an organ endowed with unchallengeable powers and invested with moral and material authority which would give it exclusive competence to settle any dispute. If States wished to respect the moderating influence that the international organizations exercised with a view to eliminating all threat of war, they should submit their disputes to the International Court of Justice. To decide that the Court was not competent might endanger its very existence.

29. His delegation's position was based on two arguments. The first was that it was the defendant, the party generally opposed to the institution of judicial proceedings, that had proposed just such a course. The second was that both countries concerned were bound to Colombia by strong ties of friendship, they championed the same moral values and, in view of their traditions, they ought to demonstrate greater understanding in order to settle differences of a purely temporary nature.

30. Mr. PETREN (Sweden) regretted that such a dispute should have arisen in the heart of Europe where contact between two different expressions of a

common civilization should serve to enrich them both. He hoped that the dispute would be settled as soon as possible.

31. His delegation noted that the dispute concerned the interpretation and application of the Paris agreement, particularly the nature of the regional autonomy it guaranteed, the Austrian and Italian Governments interpreting the terms of that agreement quite differently. The dispute was therefore clearly of a juridical nature. The Italian Government had said that it was prepared to refer the matter to the International Court of Justice and undertook to comply with its decision; such a settlement would be wholly in conformity with the United Nations Charter. The Austrian Government, however, had preferred to bring the matter before the General Assembly and had submitted to the Committee a draft resolution (A/SPC/L.45 and Corr.1) which did not mention the Paris agreement but asked the General Assembly to recognize that the claims of the South Tyroleans were just and that the Province should be made an autonomous region. The Austrian Government did not state clearly whether there were other principles of law which provided a basis for the request for autonomy, but certain passages in the statement of the Austrian Minister for Foreign Affairs, Mr. Kreisky, inferred that there were. To the extent that the Austrian Government claimed that such principles of law supported the request for autonomy, the Italian Government opposed that argument. The matter accordingly involved a conflict of law, which should be brought before a judicial body like the International Court of Justice and not before the General Assembly.

32. The question could also be regarded solely as a political matter falling within the General Assembly's competence. That was what the Austrian Government appeared to have in mind. The argument would then be that the German-speaking element in the Province of Bolzano (Bozen) desired autonomy and that that desire had met with such a strong response in Austria that friendly relations between Austria and Italy were threatened. The matter would thus fall under Article 14 of the Charter, which he read out. However, consideration should also be given to Article 2 paragraph 7, and the Italian Government had invoked that provision in opposing the Austrian draft resolution.

33. The Committee was thus faced with a dispute involving several principles of law which it would be very difficult for the Committee to evaluate. From the political point of view, the situation was that in 1946 two States had settled a dispute by a treaty and one of the parties to that treaty was now attempting to get a new decision without mentioning the existing treaty. Under those circumstances the Swedish delegation, while recognizing that the draft resolution was a sincere expression of the grave concern aroused in Austria by the unsatisfied aspirations of the German-speaking element in the Province of Bolzano (Bozen), regretted that it could not support the draft.

34. Mr. RAMIREZ BOETTNER (Paraguay) said that his sole purpose in speaking was to help to bring about a friendly understanding between two neighbouring peoples to which world civilization owed so much and whose sons, scattered throughout the world, had worked together for so long in a spirit of international co-operation. Paraguay enjoyed the most cordial relations with Austria and Italy and hoped to see those countries reach an amicable settlement or agree to submit the matter for judicial decision. They should avoid a bitter controversy and prevent what was now a juridical question from becoming a political issue.

35. The history of Europe presented a tableau of nationalities that at certain times coincided with States and at others ceased to do so. The 1947 Peace Treaty was not in dispute, so that no problem of sovereignty or frontier demarcation was involved. The German-speaking population of the Province of Bolzano (Bozen) had been given a special status under the Paris agreement signed on 5 September 1946. The principle of self-determination was therefore not involved; what was at issue was the protection given by treaty to the German-speaking element in the Alto Adige (South Tyrol) region. The dispute concerned the application of the agreement, not its substance. It was not a minority question but a question of the minimum protection that Italy should afford under the agreement to the German-speaking element inhabiting its territory. All States contained allogeneous elements, but that was no reason for granting them autonomy or minority status. In saying that he did not mean to disregard the importance of the cultural heritage or the justice of international agreements guaranteeing minimum protection to persons of different origin, language or culture. The Paris agreement did not discriminate in any way either in favour of or against the German-speaking elements; it constituted the

standard to be applied in the matter. Austria, in bringing the question before the United Nations, complained of the treatment accorded to the German-speaking elements; Italy, on its side, denied that the Paris agreement was not being properly applied. Since what was involved was the application of an agreement, bilateral negotiation was surely the best solution. Under Article 36 paragraph 3, and Article 1, paragraphs 1 and 2 of the Charter, the Committee could only call on the parties to seek a peaceful solution to the question and, in the event of failure, to have recourse to the International Court of Justice, as the representative of Paraguay had recommended during the general debate in plenary (874th meeting). His delegation accordingly regretted that it could not vote for the Austrian draft resolution (A/SPC/L.45 and Corr.1) but hoped that the two parties would reach a solution which was in accordance with law and on which there could be unanimous agreement.

36. Mr. MILLET (France) said that his Government genuinely regretted that the question which the Committee was considering had been placed on the agenda of the General Assembly. France maintained the most friendly relations with Italy and Austria and could not but deplore anything that cast a cloud over relations between countries which were its friends and whose civilizations were among the finest in Europe. At a time when Western Europe seemed at last to be on the right track and was endeavouring to bring into play all the factors which would serve to unite it, France regretted that a dispute reminiscent of a past that was dead and buried should be brought into the political arena and made an international issue. Difficulties which were still inevitable should be dealt with realistically and dispassionately and an endeavour made to settle them by direct negotiation. France did not believe that the General Assembly was the most appropriate body for settling the dispute. That was a practical point based on the desire to see the matter settled in the best interest of the two parties.

37. He very much regretted certain references to Fascism, Nazism and Pan-Germanism, which were not conducive to the maintenance of a dispassionate atmosphere in the debates. It was not sound policy to stir up the troubled waters of the past, for there was a danger that by so doing present differences would be accentuated. France, looking resolutely to the future, had ended age-old disputes, and he hoped that anything which might revive revisionist ideas and challenges to earlier agreements would be avoided. The French delegation was

therefore glad that in his statement the Austrian Minister of Foreign Affairs had made it clear that he did not wish to embitter the debate.

38. While he did not want to comment on the Austrian draft resolution (A/SPC/L.45 and Corr.1) in detail, he felt that it was not likely to expedite the settlement of the dispute. Some of its provisions might well appear to constitute interference in Italy's internal affairs and his delegation regretted that there was no reference in it to the Paris agreement of 5 September 1946, though it was mentioned in the wording of the agenda item. The French delegation hoped that the Austrian Government would not continue to cite the time element as a reason for ruling out recourse to the International Court of Justice, seeing that according to the draft resolution Austria appeared to be prepared to wait a year for the General Assembly to consider a report on the question. Thus his delegation would be unable to support the Austrian draft resolution.

39. The French Government very much hoped that the dispute could be settled in a manner which respected the mutual interests of the parties. It understood the Austrian Government's interest in the German-speaking population of the Alto Adige and was convinced that the Italian Government regarded that concern as legitimate. Hence his delegation was certain that the two countries, both long renowned for their diplomacy, would be able to reach an understanding. If they could not, the International Court of Justice would certainly seem to be the competent organ to deal with the question, as the Italian Government had proposed to the Austrian Government. The French Government would be happy for the sake of both parties and in the interests of Europe if such a step were taken for it would be in accordance with the principles of the Charter of the United Nations. Italy and Austria would thereby give proof of their traditional political wisdom, of which the Paris agreement was an outstanding example.

40. Mr. TSATSOS (Greece) very much regretted that the dispute between Austria and Greece had not yet been settled amicably. In considering the question a distinction must be drawn between the legal principles applicable and the factual aspects. As far as the legal principles were concerned, he noted that the Austrian draft resolution (A/SPC/L.45 and Corr.1) made no reference to the Paris agreement and it seemed to him unwarranted to refer to rights without referring to the agreement which was the sole source of those rights. If

that procedure were admitted, a great many international treaties would be challenged again, and that could not be allowed. On the other hand, the draft resolution did refer to the principles of the Charter. Yet under Article 2 of the Charter none of its provisions authorized the United Nations to intervene in matters which were essentially within the domestic jurisdiction of a State or required Members to submit such matters to settlement under the Charter. Thus it could be held that if the Paris agreement did not exist the question would to a large extent come within "the domestic jurisdiction of a State". The first paragraph of the preamble of the Austrian draft resolution stated that the United Nations could not remain indifferent to the fate of minorities. But the existence of minorities in this or that country did not of itself require the United Nations to take up the question. It was only when the fundamental rights of a minority were violated that a right to protection came into existence. The Austrian delegation believed that the most important question was the establishment of a local government for the Austrian minority. But the framework of that autonomy was prescribed and defined by the Paris agreement, the validity of which was unquestionable since it had never been denounced. The Charter, which was of an earlier date than the agreement, did not impose any obligation that the agreement ignored. According to the Austrian Government, the violation of human rights took the form of administrative acts which ran counter to the Paris agreement and the Italian Government denied that there was any foundation for the charges. The dispute concerned the facts and not the legal instrument applicable. Thus the problem was one of interpretation of the Paris agreement as far as human rights were concerned and of investigation of the Austrian changes.

41. He noted with satisfaction the Italian statement regarding the submission of the dispute to the International Court of Justice, which would enable Austria to obtain objective and valid ruling, should a friendly settlement not occur beforehand. Such a settlement was possible because good will and a spirit of moderation existed. The only question at issue was the interpretation of the Paris agreement, the sole basis for certain rights which the German speaking element in the Province of Bolzano claimed and which existed only because they had been freely granted by the Italian Government. A sincere effort to apply the letter and above all the spirit of the Agreement in good faith would do much to promote a settlement of the issue. The German-speaking element in the Province of Bolzano enjoyed widespread sympathy and everyone would like

to see it preserve its traditions and civilization. He was convinced that democratic Italy would always respect those people´s rights, and that if in certain instances the local Italian authorities had misinterpreted the obligations arising from the Paris agreement, Italy would not fail to respect the decision of the International Court of Justice. He hoped that Austria, in following up the step it had taken, would act in a spirit of moderation and international co-operation in keeping with the times. More than ever before the principle pacta sunt servanda had to be applied, and recourse should not be had to the General Assembly except as a last resort. His delegation would follow the debate with close attention and, in voting, would be guided by the considerations he had mentioned.

The meeting rose at 1.5 p.m.

The status of the German-speaking element in the Province of Bolzano (Bozen); implementation of the Paris agreement of 5 September 1946 (A/4395, 4530; A/SPC/44; A/SPC/L.45 and Corr.1) (continued)

1. Mr. GSCHNITZER (Austria) exercising his right of reply, recalled the Italian representatives statement (176th meeting) that the South Tyrolean population had increased more rapidly than that of Italians living in the South Tyrol. However, in the "Landtag" elections of November 1956, the Italian parties had received 32.8 more votes than in 1948, against 16 per cent more for the Südtiroler Volkspartei, the only party of the South Tyroleans. In the 1958 parliamentary elections, the Italian parties had received 31.5 per cent more votes than in 1948, against 20.5 per cent more for the Volkspartei.

2. The Italian representative had also said that the problem would not have arisen if the Paris agreement of 5 September 1946 had not been signed [117], because about 200.000 South Tyroleans would not be in the country. However, in 1945 the 200,000 had been there, since most of those who had opted to leave had not left by then. The Italian representative´s statement implied that Italy would have had to expel the people after 1945. After 1945 the Italian authorities had tried to proceed with the resettlement, but they had been stopped by the Allies, who were then occupying the South Tyrol.

---

[117] United Nations, Treaty Series, vol.49 (1950), pp. 184-185.

3. South Tyrol had no real autonomy. Its three main resources, agriculture, commerce and the tourist trade, were not under the jurisdiction of the Province. Under Article 73 of its statute, the South Tyroleans could prevent the voting of the budget, but the Italian Minister of the Interior had repeatedly overruled their objections and approved the budget voted by the Italian majority.

4. His own words, cited as evidence of the intolerance of the South Tyroleans, had been quoted out of context. If the problem of South Tyrol could be solved by means of mixed marriages, as the Italian Minister Andreotti had written, then the South Tyroleans would be completely absorbed, and would no longer exist as a separate ethnic group. Their opposition to mixed marriages was therefore quite understandable.

5. Mr. MARTINO (Italy) said that he had to correct the statements made by the representative of Austria. First, the Austrian representative's figures for the increase in population were incorrect. The true figures were those given in the Italian memorandum [118]. Second, what he had said at the previous meeting was not that the 200,000 German-speaking inhabitants whose Italian citizenship had been restored had been out of Italy, but that they had been reinstated because of the implementation of the agreement. Otherwise they would be foreigners living in Italy, enjoying the same freedom as other foreigners.

6. Further, the International Court of Justice could decide whether the Province of Bolzano had more or less autonomy than other autonomous regions of Italy. He wondered why Austria had refused to submit the question to the Court's objective judgement. With regard to racial intolerance, he noted that the Austrian representative had not denied making the Alpbach speech criticized by Italy on that score. Further evidence of intolerance was that both the extremists of the Südtiroler Volkspartei and the Austrian Government itself, had objected to the industrialization of the Province - though the world was crying out for industrial development - arguing that industries had been created to denationalize the Province and to oppress its German-speaking inhabitants. The extremists' intention was to turn that area into a kind of national park, as for the preservation of wild life.

---

118 Transmitted to Members of the General Assembly by the Secretary-General with document A/SPC/44.

7. Mr. SANZ BRIZ (Spain) said that his delegation, like that of the United States, was against continuing the debate on the item. A question involving minorities was likely to give rise to discussions which would not help solve the problem, since it concerned the legal structure of the State. The two countries should resume direct negotiations or place the matter before a competent international legal body.

8. Mr. MASSOUD ANSARI (Iran) said that the spirit of friendship and co-operation which had apparently prevailed throughout the previous negotiations between Austria and Italy encouraged the hope that with the help of the United Nations a satisfactory solution of the problem could be found. The difficulty seemed to lie largely in the fact that while the Italian Government wished to confine itself strictly to the juridical question of the implementation of the Paris agreement of 5 September 1946, the Austrian Government regarded the problem as a political one having its origin in events occurring many years prior to that date. Whatever the merits of the Austrian position might be, however, the wording of the item as it appeared on the agenda obliged the Committee to limit itself to the juridical aspects of the problem namely, the implementation of the Paris agreement. That being the case, it might be argued that the problem should be referred to the International Court of Justice without further consideration by the General Assembly. Article 36 of the Statute of the Court indicated that any legal dispute concerning the interpretation of a treaty was within the Court's competence. In the interests of peace and good-neighbourly relations between the two countries, however, his delegation felt that the Assembly too could make a contribution by appealing to the Governments concerned to resume direct negotiations. He also noted that under rule 28 of the Security Council's rules of procedure the Council might appoint a rapporteur to maintain contact with the parties to a dispute and try to bring about a "rapprochement" between them. In the present instance, a rapporteur might perhaps be appointed to try to reconcile the views of the Austrian and Italian Governments within the framework of the Paris agreement.

9. Mr. CALERO RODRIGUEZ (Brazil) said that his delegation was in agreement with the conclusions reached by the Argentine representative in his statement [177th meeting]. He hoped that the debate would continue in that

spirit and thus help to avoid merely increasing existing tension. In its memorandum [119] the Austrian Government had stated that the dispute arose from Italy's refusal to bring about a just settlement based on democratic principles by which the Austrian minority in Italy was conceded a true autonomy. The first question was whether Austria was entitled to raise the question of granting autonomy to a minority group in Italy. His delegation would hesitate to give an affirmative reply were it not for the existence of the Paris agreement of 1946, for minorities, even when their status was the result of boundary revisions or forced resettlement, were not as a rule entitled to special political or economic rights or privileges. But since in the Paris agreement Italy had undertaken to give the German-speaking population of the area in question certain specific rights, including the right to exercise autonomous legislative and executive regional powers, Italy had assumed an international obligation towards Austria, and Austria was entitled to insist that it should be fulfilled. The crux of the question was, therefore, whether Italy had implemented the provisions of the agreement. In the words of Article 36, paragraph 2 c of the Statute of the International Court of Justice, it must be determined whether a fact existed which, if established, would constitute a breach of an international obligation. There was no doubt in his mind that the Committee was faced with a legal question which, in the absence of agreement between the parties concerned, should be submitted to the principal judicial organ of the United Nations for adjudication. He hoped that the Austrian delegation would reconsider its position in the matter, for he not only was confident that the Court could solve the problem, but he considered it to be the only body which could properly take a decision if the parties did not succeed in reconciling their conflicting views. Indeed, it was his understanding that certain high representative bodies in Austria itself had favoured submitting the question to the International Court of Justice.

10. In the light of the foregoing, his delegation would be obliged to vote against the Austrian draft resolution (A/SPC/L.45 and Corr.1). The steps called for in operative paragraphs 1 and 2 would constitute an unauthorized interpretation of the international obligations assumed by Italy.

---

119 Transmitted to Members of the General Assembly by the Secretary-General with document A/SPC/4530.

11. Mr. HSUEH (China) observed that references to the Austro-Hungarian monarchy, the Peace Conference of 1919 of Saint-Germain-en-Laye and events which had occurred during the period of the Fascist and Nazi regimes were no doubt useful in establishing the historical background of the present issue, but it seemed to him that the events which had occurred since the end of the Second World War had a more direct and immediate bearing on the question.

12. In listening to the statements made by the delegations of Austria and Italy, he noted that fortunately there were a number of points on which they agreed as to both the substance of the issue and the outlook for a settlement. With regard to the substance of the issue, there was agreement on three points, namely that the area in question was a part of the territory of Italy as confirmed by the Treaty of Peace with Italy, signed at Paris on 10 February 1947 and the State Treaty of Vienna of 1955 [120]; that there was in the area a considerable German-speaking element which wished to preserve a way of life distinct from that of the rest of the population of Italy; and that an agreement existed between the two countries which assured the German-speaking element of complete equality of rights with the Italian-speaking inhabitants and the exercise of autonomous legislative and executive regional powers. In the view of his delegation, those were the three fundamental considerations by which efforts to settle the dispute should be guided. It was to be noted that in the current discussion Austria had not disputed Italy's sovereignty over the area or seriously invoked the principle of self-determination for its German-speaking inhabitants. Hence it was recognized that Italy alone, as the sovereign Power, had the responsibility to protect and promote their interests. Italy had not denied the special position enjoyed by the German-speaking inhabitants but had recognized and undertaken to preserve their distinct ethnic character. There was no evidence to show that Italy was now pursuing a policy designed to change their way of life or that it intended to do so in the future. Finally, both parties had based their arguments on the Paris agreement. It was true that there was no mention of the agreement in the Austrian draft resolution - a regrettable omission which, together with certain other features of the text, created the impression that Austria was seeking to revise the agreement. Nevertheless, the Austrian Foreign Minister had repeatedly referred to the

---

120 State Treaty for the re-establishment of an independent and democratic Austria, signed on 15 May 1955.

agreement in his statement and indicated that if certain conditions were met his Government would be in a position to declare that the provisions of the agreement had been carried out.

13. With regard to the outlook for a settlement, a careful examination of the statements of both parties showed that they seemed to be pursuing the same general aims. The Austrian Foreign Minister had said that there was no reason why the German-speaking element could not live in amity with the Italians and serve as a bridge between the two countries, while the Italian Foreign Minister had referred to the fruitful meeting of the two cultures and harmonious relations among the inhabitants of the area. He had gained the impression from their statements that there was a spirit of goodwill on both sides and that the problem was not insurmountable. The General Assembly should not try to render a judgement but should seek to encourage that spirit and help the two parties to clarify their positions. Having heard the views expressed in the Assembly, the parties should resume their efforts to reach a settlement through bilateral negotiations.

14. For those reasons he hoped that the Austrian draft resolution [A/SPC/L.45 and Corr.1], which included a number of controversial points and was unacceptable to his delegation in its present form, would not be put to the vote.

15. Mr. GHAZI (Afghanistan) said that Afghanistan enjoyed cordial relations with both parties to the dispute and earnestly hoped that their political differences could be solved by resumed negotiations. The Committee should urge the two parties to resume direct negotiations for the purpose of arriving at a peaceful settlement in the best interests of the people in the area concerned. Austria had a natural interest in the people of South Tyrol, who had been separated from their kinsmen in Austria by political arrangements of the kind which had produced tragic consequences in other parts of the world.

16. Without going into the details of the dispute, he would merely stress that if direct negotiations were resumed, due regard should be paid to the legitimate ethnic and cultural rights and the political aspirations of the peoples concerned. If no agreement could be achieved, the people themselves should be allowed to determine their own fate. He hoped, however, that a settlement could be arrived

at through the efforts of the United Nations, thus establishing a basis for the solution of other international problems of a similar nature.

17. His delegation had given careful study to the draft resolution (A/SPC/L.45 and Corr.1) proposed by Austria. It did not feel that in its present form it was conducive to the settlement of the dispute through such other peaceful means as still existed. It would have preferred a draft resolution that recognized the legitimate interests of Austria in the matter, took full cognizance of the rights of the people of South Tyrol, and urged the resumption of negotiations. Effective protection should also be provided for the welfare of the people of the Province of Bolzano where the South Tyroleans constituted a majority of the population, on the basis of the consent of their rightful representatives, in accordance with the principles of the Charter. Lastly, the draft resolution should call upon the two parties to submit a report on their negotiations to the General Assembly at its sixteenth session.

18. Mr. PALAR (Indonesia) said that many of the previous speakers had argued that when two parties to a bilateral agreement such as the Paris agreement disagreed on its interpretation and implementation, the case should be considered on its juridical merits by the International Court of Justice and dealt with as a judicial problem. The Indonesian delegation felt that there were certain types of agreements to which that general principle was not applicable. He had in mind cases in which a dynamic and politically explosive situation was, as it were, frozen by an international agreement into a juridical formula. Many such agreements, determining the status of colonies, had in fact been blown to pieces after the Second World War. Those cases had been solved as political rather than legal problems, with the United Nations assisting both sides towards a settlement. If the International Court of Justice had been asked to intervene, it would only have been able to give its findings on the basis of the existing agreements, which were precisely what had to be discarded before a solution could be found. He did not contend that a colonial problem was at issue in the matter before the Committee. However, there was a potentially explosive situation wrapped up in a political formula. History had shown that agreements which were based on the right of conquest, as was in essence the case of the Paris agreement, often became sources of subsequent tension and needed revision if difficulties were to be avoided. However, neither of the parties to the Paris agreement desired its revision. Both adhered to and upheld

the terms of the agreement, and they disagreed only on its interpretation and implementation.

19. On the face of it, it might appear logical to allow the International Court of Justice to determine which interpretation was correct. But, even if the legal problem was decided, the situation would remain virtually unchanged, for Italy, which had agreed in advance to accept the Court's decision, claimed that it was already implementing the letter and the spirit of the agreement to the fullest possible degree, while if Austria was found to be in the wrong, the situation of the South Tyroleans would be as it was at present. Thus the political problem would remain and would continue to threaten relations between Austria and Italy. The matter had therefore been rightly included in the General Assembly's agenda as a political problem, and it was the Assembly's duty to assist the parties to find the right solution. The best means of doing so would be through further negotiations, preferably under the sponsorship or with the assistance of the United Nations. That did not mean that the draft resolution proposed by Austria (A/SPC/L.45 and Corr.1) was acceptable to the Indonesian delegation as it stood. He whole-heartedly supported the recommendation that the two parties should resume their negotiations and report the results of those negotiations to the General Assembly, but he had a number of reservations in regard to several of the other paragraphs. If necessary, he would elaborate on them at a later stage.

The meeting rose at 4.30 p.m.

The status of the German-speaking element in the Province of Bolzano (Bozen); implementation of the Paris agreement of 5 September 1946 (A/4395, 4350; A/SPC/44; A/SPC/L.45 and Corr.1) (continued):

1. Mr. ITURRALDE CHINEL (Bolivia) considered that the territorial status of the Province of Bolzano (Bozen) had been definitively settled by the 1919 Peace Treaty of Saint-Germain-en-Laye, followed by the Paris agreement [121] of 5 September 1946 which had been incorporated in the Treaty of Peace with Italy signed on 10 February 1947. Those bilateral and multilateral diplomatic instruments had also definitively settled the treatment to be accorded to the

---

[121] United Nations, Treaty Series, vol. 49 (1950), pp. 184-185.

German-speaking population of the Province by granting it legislative and executive autonomy. The issue now in dispute was the application of the Paris agreement. The General Assembly was unquestionably competent to consider that issue by virtue of Article 14 of the Charter, under which it might consider all measures for the peaceful adjustment of any situation likely to impair friendly relations among nations. In the present instance, there were undoubtedly many such measures which could be the subject of straight forward negotiations between the States concerned. With their great diplomatic and cultural traditions, Italy and Austria should have no difficulty in coming to terms on the proper implementation of the Paris agreement so that all sections of the population of the Province of Bolzano (Bozen) could finally live and work in peace, without racial, linguistic or any other discrimination. In the highly unlikely event of bilateral negotiations resulting in failure, the International Court of Justice should be asked to interpret the Paris agreement, as Italy had proposed.

2. The Bolivian delegation would not, therefore, be able to vote in favour of the Austrian draft resolution (A/SPC/L.45 and Corr.1) which would merely delay a solution of the problem and which contained no mention of the Paris agreement, the essential basis for all further negotiations.

3. The Bolivian Constitution made no distinction between the various ethnic and linguistic groups in the population, nor did Bolivian legislation or established practice sanction discrimination between Bolivian nationals and aliens. He therefore found it difficult to understand the importance attached to the problem of minorities, which seemed to him outmoded in the light of new trends in contemporary thought. Those new trends had found expression in provisions which were supra-national in scope and had become rules of international law, for instance, the provisions of the Universal Declaration of Human Rights and the Charter of the United Nations, which prohibited all discrimination based on race, sex, language or religion. In a world governed by that legal philosophy, Italians and Austrians, who had contributed so much to Bolivia's progress and for whom it felt the deepest sympathy, should be able to find a harmonious solution to their dispute.

4. Mr. BEE LEY (United Kingdom) said that in view of its close relations with the two countries the United Kingdom Government deeply regretted that the

friendly relations between Italy and Austria had been disturbed by disagreement between them on the question of the German-speaking population of the Province of Bolzano. After outlining the position of the two parties, he emphasized that his use of the Italian geographical terms was not intended to convey any political attitude; it merely reflected the recognition that the area was, in law and in fact, part of Italy.

5. Given the historical background of the Provinces of Bolzano and Trento, it would be surprising if the relations of the two principal ethnic groups with each other and with the Italian authorities did not present certain problems. There had been many similar situations in Europe. In such situations it was the responsibility of the Government exercising territorial sovereignty to deal expeditiously and generously with the legitimate complaints and even with the unfounded anxieties of minority groups. He was sure that the Italian Government was fully conscious of that responsibility and would use every means at its disposal to safeguard the interests of all its citizens and to enable the minority group to preserve its distinctive cultural characteristics. It should, however, be recalled that the moral obligations of the Italian Government had been formally defined in an international instrument, the Paris agreement of 5 September 1946. The Austrian Government alleged that the provisions of that agreement had not been fully implemented.

6. It was clearly not possible for the Committee to form a judgement on the accuracy of that assertion, nor would it be proper for it to do so. The competent body to decide a dispute of that character was the International Court of Justice, as was recognized by one of the two parties. The other party had preferred to lay the matter before the General Assembly and had submitted a draft resolution (A/SPC/L.45 and Corr.1) which advocated direct negotiations between the parties, a course which, in itself, the United Kingdom would view with favour. But operative paragraph 2 of the draft resolution also had other features which made it quite unacceptable to the United Kingdom delegation. In the first place, it made no mention of the Paris agreement and, indeed, appeared to ignore its existence. But if that agreement did not exist, it would be difficult to justify the Committee´s examination of the question, because it was precisely the Paris agreement which gave the question an international state. In the second place, under the terms of the draft resolution, the Committee was invited to endorse "negotiations aiming at the establishment of the Province of

Bozen/Bolzano as an autonomous region with legislative and executive power". It was not clear to him whether those words represented the Austrian delegation's interpretation of paragraph 2 of the Paris agreement or whether they described an objective which was to be substituted for the fulfilment of that agreement. In either case, he did not see how the Committee could evaluate those terms of reference for negotiations between the parties. The Austrian draft resolution was aimed at securing the authority of the General Assembly for a specific and contested interpretation of the Paris agreement or for a measure not contemplated in that agreement at all. Whichever interpretation was correct, the United Kingdom must oppose the draft resolution.

7. Having said that, he wished to associate the United Kingdom delegation with the hope expressed by many representatives that direct negotiations would be reopened between the two Governments. Only yesterday the Italian representative had repeated his assurance (179th meeting) that his Government was ready to enter into such negotiations. If the two countries persevered in their efforts, they would undoubtedly succeed in finding, within the framework of the existing agreement between them, means of reducing tension and of improving co-operation between the ethnic groups and the national and regional authorities in the Province of Bolzano. His delegation hoped that the presence of a German-speaking population in that northern Italian province would become a factor tending to draw together and not to drive apart the two neighbouring Governments and peoples.

8. Mr. JOHNSON (Liberia) said that his delegation had felt impelled to make a statement because of its love of peace and its fear that, by inadvertence, the Special Political Committee might arrive at conclusions whose repercussions could undermine the lofty ideals of the United Nations. The question in dispute was extremely dangerous. The Committee should not delude itself that the Paris agreement had at any time bridged the chasm of mistrust and hostility which separated the Austrians and the Italians. Its members should, therefore, be guided by justice rather than by expediency.

9. The question of the Tyrol was a political question. Loyalty towards a common homeland and a sense of solidarity among those who shared a common language and tradition were as old as recorded history. Furthermore, sections of a nation separated by frontiers based merely on the caprice of the

great Powers had a right to unity. History had shown that the existence of small States created as a result of agreements between the great Powers had only served to aggravate the situation and to keep Central Europe in a state of perpetual unrest. The facts relating to the specific case of the Tyrol were well known; it was sufficient to say that the Committee should base itself on those facts in coming to a just and equitable conclusion.

10. The Liberian delegation had listened attentively to the statements of the Austrian and Italian Representatives. It believed that, under Articles 33, 34, 35 and 36 of the Charter, the United Nations was incontrovertibly competent to discuss the matter. The argument that it was a domestic issue was untenable. The problem had come into being as a result of a bilateral agreement and was ipso facto an international question within the competence of the United Nations. It also concerned a minority created by territorial acquisition and not a minority such as existed in States whose frontiers had undergone no change. Every minority problem had to be settled on the merits of its own particular circumstances.

11. That being so, it was necessary to consider the moral aspect of the contribution the Committee could make towards helping the two parties to settle their dispute. Both countries desired a quick solution and that is why the question had been laid before the Committee. It must not fail the parties. Charges and counter-charges would not solve the problem. Committed as it was to the pacific settlement of all disputes, the United Nations should seek to settle the issue by appointing a commission to study the matter on the spot and to devise measures whereby a process of unification, based on mutual respect and tolerance, could be worked out. Such a commission should endeavour to eliminate racial considerations which tended to aggravate minority tensions. If, however, the parties declined to accept the good offices of such a commission, the Liberian delegation would recommend, on the basis of Article 36 of the Charter, that the dispute should be referred to the International Court of Justice, in accordance with the provisions of the Statute of the Court. Liberia was firmly convinced that the two parties would accept the good offices of the United Nations or would take the matter to the International Court, and it would not vote in favour of the Austrian draft resolution.

12. Mr. BISBE (Cuba) did not think that the wording of agenda item 68 could have the least effect on the substance of the problem. The Austrian delegation had accepted that wording only in order to secure the item's inclusion in the agenda and, whatever the wording might be, the question at issue was the position of the Austrian minority in South Tyrol and the dangerous dispute between Austria and Italy to which it had given rise. The question could not be burked and reduced to a mere legal controversy regarding the implementation of the Paris agreement of 5 September 1946. The problem of the 250,000 Austrians of the South Tyrol - or the Alto Adige, as the Italians called it - continued to exist in the heart of Europe, with all the risks which that involved; and it would be absurd for the United Nations to make no effort to settle the Austro-Italian dispute and seek a just and satisfactory solution for the problem.

13. It could not be denied that the problem was a political one stemming from the collapse of the corrupt and feudal Habsburg Empire after the First World War. Italy had been favoured because it was in the victors, camp, whereas Austria had been in the camp of the vanquished. The peace treaties, in disregard of the ideals which had inspired the victors, had largely departed from President Woodrow Wilson's Fourteen Points and particularly from the ninth, by placing more than half a million Austrians and Yugoslavs under the Italian flag. For strategic reasons, under the Treaty of Saint-Germain-en-Laie, the frontier between Austria and Italy had been drawn at the Brenner and an Austrian minority in Italian territory had thus been created. Austria had had no alternative but to accept the new frontier, which disregarded historical facts and gave rise to a conflict regarding a population which forty years had not sufficed to assimilate. While there had been no suggestion of an "Italianizing" programme in South Tyrol since the Second World War, previously, especially during the fascist period, Italianization had been sought by various means, including the agreement whereby Hitler and Mussolini had in 1939 transferred to the German Reich a considerable part of South Tyrol's Germanic population [122].

14. In order to deal with that situation and protect the Austrian minority in Italy, in 1946 Mr. Gruber and Mr. De Gasperi had signed the Paris agreement

---

[122] German-Italian Agreement on option to be made by German-speaking persons in the South Tyrol, signed on 23 June 1939.

of whose implementation Italy and Austria had given conflicting accounts. Regardless of whether the Italian Government had granted completely equal rights to the Austrian inhabitants and had fulfilled its other obligations towards them, the Committee could not fail to recognize that a dispute had arisen between the two Governments regarding the implementation of the Paris agreement. Almost all the representatives who had so far spoken had considered that it was a legal dispute and had supported the Italian delegation's proposal that the matter should be referred to the International Court of Justice. He observed that, according to traditional ideas, the distinction between a political dispute and a legal dispute reflected the settlement procedure selected, and that the tendency of late was to regard all disputes as both legal and political. It was easy to maintain a priori that the matter should be referred to the International Court of Justice and then to claim that the dispute was a legal one. Reference to the Court was certainly authorized by Article 36 of its Statute, but the Austrian Government had not chosen that course and had submitted the matter to the United Nations General Assembly. The Assembly was competent to deal with it, and if it took no action it would be neglecting one of the functions explicitly conferred upon it by Article 14 of the Charter, which incidentally drew no distinction between the legal and the political character of a dispute. To refer the question to the International Court of Justice would be tantamount to acting like Pontius Pilate.

15. The Cuban delegation therefore supported the Austrian request. Admittedly, autonomy was not the only solution for minority problems, but it was the only solution possible under the Paris agreement, which Austria did not claim should be replaced by any other instrument. The Committee could not but recognize the existence of a dispute, and would be committing a grave mistake if it did not adopt a resolution calculated to contribute to an amicable settlement and to encourage the parties to pursue their bilateral negotiations and bring them to a successful conclusion.

16. The Italian Constitution provided for the creation of autonomous regions, and such regions already existed in Italy. The Tyroleans did not ask for more than that. But to unite the old Austrian province of Bozen with the Italian province of Trento and then to give autonomy to that territory which was inhabited by half a million Italians and 250,000 Austrians did not amount to establishing true regional autonomy within the meaning of the 1946 Paris

agreement, which mentioned only the Province of Bolzano (Bozen) and the neighbouring bilingual townships of the Province of Trento. That union had converted the majority, of Germanic origin, into a minority in the new autonomous region; that was not the right way of solving the problem of South Tyrol. The Tyroleans were the victims of an injustice and had been oppressed for the last forty years, but they were a sturdy people whom neither Napoleon, nor Hitler, nor Mussolini had been able to subdue.

17. The Cuban delegation might propose amendments to Austria's draft resolution (A/SPC/L.45 and Corr.1) which in its present form had no chance of acceptance. The Committee would be committing a grave mistake if it failed to arrive at any agreement on the subject; at the very least it should recognize the existence of the dispute and express the hope that it would be settled, on a practical basis, through effective implementation of the Paris agreement and the pursuit of negotiations between the two parties.

The meeting rose at 11.50 a.m.

The status of the German-speaking element in the Province of Bolzano (Bozen); implementation of the Paris agreement of 5 September 1946 (A/4395, 4530; A/SPC/44; A/SPC/L.45 and Corr.1) (continued)

1. Mr. KRISHNA MENON (India) felt that it was unfortunate that the item under consideration had come before the Committee. Nevertheless, he was glad that Austria's request for its inclusion in the agenda had not been opposed by the Italian Government. The title of the item as agreed upon by the two parties concerned was significant, for it indicated that the question was not that of the rights of States as such but rather a question of the rights of a minority speaking a language different from that of the majority in the country. It was important to realize at the outset that that was the context in which the problem was to be approached and that it did riot entail any territorial claims. At the same time the Committee, in discussing the issue as it now stood, should bear in mind the history of the area and the implications which the discussion might have with regard to problems affecting certain other States.

2. His delegation noted that in general relations between the two parties to the dispute were amicable and that even their disagreement on that particular issue

had not created such friction as to constitute a threat to international peace. He therefore thought it was an exaggeration to evoke provisions of the Charter relating to such threats. Nevertheless, any dispute between two countries, particularly when they were immediate neighbours, could deteriorate into a more serious conflict and it was therefore to be hoped that the current debate would contribute to the solution of the problem before it could reach that stage.

3. In the view of his delegation, one of the most important considerations was the obligation to comply with existing agreements between nations, unless those agreements had been terminated with the consent of both parties. In the present instance there was such an agreement; namely the Paris agreement [123] to which the two parties had subscribed on 5 September 1946. Under the terms of paragraph 3 of that agreement the Italian Government had pledged itself to consult with the Austrian Government within one year from the date of signature. Such consultations had duly taken place and Austria had declared itself satisfied. Now the Austrian Government claimed that the German-speaking population of the area was being discriminated against in violation of the provisions of the agreement, while the Italian Government insisted that it was fulfilling its commitments. The General Assembly could not go into the legal aspects of the matter beyond simply taking the position that once the agreement had been entered into, it must be observed.

4. While he did not discount the reservations and apprehensions expressed by the Austrian Government, he had no reason to question the veracity of the argument put forward by the Italian delegation. A fact to be borne in mind was that the territory in question was, after all, Italian territory and the complaint with regard to it had been submitted by a country which was not recognized as having a claim to it. He had been impressed by the assertions made by the Italian Government in its "aid-memoire" of 23 May 1960 [124], and especially by its willingness to continue the exchange of views with Austria by any suitable means and to deal with concrete questions of practical import. It had also pointed out in that context that in the course of previous negotiations it had repeatedly had occasion to announce the adoption of important measures in the

---

123 United Nations, Treaty Series, vol.49 (1950),pp. 184-185.

124 See annex II of document A/4530 distributed to Members of the General Assembly by a note of the Secretary-General.

interest of the population of the area. That attitude encouraged the hope that the problem would eventually be settled through bilateral negotiations. It should not be forgotten that Italy's sovereignty over the area had been confirmed by the Allies at a time when that country had just begun to emerge from its former status as an enemy; hence it could hardly be alleged that partiality had been shown. The question of autonomy for the area was one which came within the scope of the Italian Constitution and its inhabitants were correct in bringing their grievances before the Italian Parliament. His Government felt that it would not be advisable for the United Nations to become involved in a far-reaching discussion of the subject at the same time.

5. He recalled that in 1954 Italy and Yugoslavia had arrived at a satisfactory agreement [125] signed at Trieste safeguarding the rights of ethnic and linguistic minorities in their respective countries. He wondered whether the Italian delegation would consider that provisions similar to those of article V of that agreement might be applied to the German-speaking inhabitants of the area under discussion. The question of giving a minority the right of self-determination based on linguistic considerations was a delicate one, for languages could have many variants and there might be no end to the claims that would subsequently be put forward on that basis. The agreement on Trieste seemed to have solved the language problem to the satisfaction of all concerned.

6. With regard to the suggestion that the matter should be referred to the International Court of Justice, it might be better if the two parties could work out a solution between them. In the course of the debate reference had been made to Article 33 of the Charter. As that Article concerned the Security Council he considered it inappropriate to try to relate it to the problem before the General Assembly. The relevant Article of the Charter was Article 14, under which the Assembly could urge the two parties to take note of the views expressed, particularly with regard to the need to uphold certain principles, and to bear those views in mind in resuming their efforts to settle the problem through bilateral negotiations.

---

[125] See Official Records of the Security Council, Ninth Year, Supplement for October, November and December, 1954, document S/3301 and Add.1, pp. 2-9.

7. Mr. VELAZQUEZ (Uruguay) said that the wording of the agenda item agreed to at the 128th meeting of the General Committee, with the consent of Italy and Austria, determined the Limits of the Committee's debate and the resolution which would conclude it. The General Committee's decision had been more than merely procedural it had defined the substance of the question. As it now stood, the item referred to the implementation of the Paris agreement of 1946. The distinction between juridical and political conflicts was very delicate; indeed, most disputes contained both elements, and the aim in view was always political. In the present instance, the Austrian Government averred that the Assembly was faced with an urgent political problem, and had so far not agreed to take the matter to the International Court of Justice. Italy stressed the legal nature of the dispute, and declared its readiness to submit to the decision of the Court. However, in the light of the wording adopted by the General Committee it was quite clear that the question involved the interpretation of already and the existence of facts which, if established, would constitute a breach of an international obligation. It was therefore undoubtedly a legal dispute within the meaning of Article 36, paragraph 2, of the Statute of the International Court of Justice.

8. The Austrian delegation had made no specific request for the revision of the Paris agreement but had merely requested what Austria regarded as a more just and liberal interpretation of it. That request raised the question whether, under Italian public law, the autonomous legislative and executive regional powers referred to in article 2 of the agreement ought to be exercised in the form of a limited provincial autonomy or in the wider category of a regional autonomy. Italy maintained that the autonomous regime granted to the province of Bolzano complied fully with the purposes of the agreement and even went beyond its actual terms. Austria, on the other hand, was dissatisfied with the arrangements made and demanded that the Province of Bolzano should be made an autonomous region, after the style of other parts of Italian territory. Although the Austrian draft resolution did not refer explicitly to the Paris agreement - which was one of the Uruguayan delegation's chief objections to it - it did imply an interpretation of the agreement. Otherwise, the recommendation contained in operative paragraph 2 of the draft resolution (A/SPC/L.45 and Corr.1) would go far beyond the requirements of international law regarding the protection of ethnic groups and human rights.

9. The question was thus highly legal and technical, involving not only the interpretation of an international agreement but also an examination of Italian domestic legislation with a view to determining which type of internal regime existing in Italy would most adequately fulfil the requirements of the agreement. Thus, without impugning the Assembly's general competence under Article 14 of the Charter, the Uruguayan delegation felt that the matter should be dealt with by a legal body. If any organ of the United Nations was to be called upon to pass judgement - and he still hoped the dispute could be solved by diplomatic negotiations between the two countries - it should be the International Court of Justice.

10. The International Court could be relied upon to give a fair and impartial judgement. At a time when the United Nations itself was the scene of a systematic campaign against its own authority, the small and medium-sized Powers, to which it held out such promise, had a duty to reaffirm their faith in its institutions and their trust in its collective wisdom.

11. Mr. DJIKIC (Yugoslavia) said that his country was the direct neighbour of Italy and Austria and enjoyed friendly relations with both States; it had therefore sought from the beginning to examine the matter before the Committee in an objective and constructive manner. Yugoslavia had always considered that the problem of national minorities could best be solved by the guarantee of democratic rights and opportunities for the free development of the ethnic groups concerned. That had been both the policy and the practice of Yugoslavia. Policies involving the denationalization of minorities or changes in existing frontiers could not lead to constructive solutions; their only effect could be to harm relations between the countries concerned and endanger international peace and security. The most realistic and appropriate method of dealing with minority problems was by bilateral negotiations. Only then could the minority concerned serve as a link between the two States and only in that way could a durable solution be found. The Yugoslav delegation did not feel that all the possibilities of such an approach had been exhausted in the present case. It hoped that the question of the Yugoslav minority in Austria would likewise be solved by bilateral negotiations, in conformity with the prin-

ciples[126] stated by the Austrian Government when it raised the problem now under consideration. However, Yugoslavia did not wish to prejudge any method on which Italy and Austria might agree; it would support any initiative that would lead to a constructive solution and improve relations between Italy and Austria, thus removing a threat to the stability of that part of the world.

12. Mr. EL ERIAN (United Arab Republic) said that his country enjoyed close and cordial relations with both Italy and Austria and had hoped that a mutually acceptable solution might have been found to their differences with regard to the status of the German-speaking element in the Province of Bolzano. However, despite the efforts of the two Governments to reach an agreement over the interpretation and implementation of the Paris agreement. Difficulties had been encountered that had ended in the submission of the problem to the General Assembly.

13. His delegation had studied carefully the memoranda and statements of the Austrian and Italian delegations, and had been glad to note the assurances given by the Italian Government of its determination to implement the Paris agreement and to safeguard the guarantees it had undertaken to apply to the German-speaking element in the Province of Bolzano. The United Arab Republic would support any attempt to enable the two Governments to solve their differences, in the spirit of good neighbourliness and friendship which had made it possible for them to reach agreement in 1946. His delegation hoped that the two Governments would soon solve their differences through the resumption of bilateral negotiation, or with the help of the United Nations or by any of the other means for pacific settlement of disputes, including recourse to the International Court of Justice, as they might agree upon and deem appropriate.

14. Mr. ZABARAH (Yemen) said that his delegation regretted the emergence of the dispute between two friends and neighbours. Although Yemen recognized the binding force of international agreements, it would not object to reference to the International Court of Justice, if such action could yield positive results and lead to the settlement of the dispute. It was strongly in favour of the

---

[126] See Official Records of the General Assembly, Fourteenth Session, Plenary Meetings, 800th meeting.

solution of the matter by negotiations between the parties concerned, in accordance with the principles of the Charter and the rules of international law. The statements made to the Committee by the Foreign Ministers of both Italy and Austria suggested that such a peaceful settlement could be brought about, and the delegation of Yemen hoped that the Governments of the two States would take the appropriate steps.

15. Mr. AMMOUN (Lebanon) said that his country enjoyed particularly friendly relations with both Austria and Italy. It was easy to understand why Austria was concerned about the claims and complaints of German-speaking citizens of Italy; and it was likewise easy to understand why Italy was concerned to safe guard its unity and sovereignty. The Austrian proposal might seriously embarrass Italy without any foreseeable advantage. The United Nations could not possibly support claims by any ethnic, linguistic or religious minority for complete or partial autonomy within an independent, sovereign State. A country might grant such autonomy by an act of its sovereign will, such as a treaty or a constitutional provision. Italy had done so in the Paris agreement, which was a compromise settlement of a long-standing dispute.

16. The usual way of setting a dispute concerning the implementation of a treaty was to refer it to the International Court of Justice, and Italy had proposed doing so. Austria might still agree, but direct negotiations would nevertheless be the best course. The General Assembly was competent to deal with the matter under Article 14 of the Charter. but the principles of the Charter did not support the request for autonomy as stated in the Austrian draft resolution.

17. At one time the protection of minorities had been an institution of international public law, but it had been made an excuse for interfering in the domestic affairs of States, and was now obsolete. Today, under the Charter of the United Nations, relations between States were based on equal sovereignty, and any interference in their domestic affairs was prohibited. Individual members of minorities had the same status as other citizens, and were rightly protected by the United Nations Charter and the Universal Declaration of Human Rights.

18. The admission of a State to the United Nations imposed upon it the obligation to respect the sovereignty and integrity of every other State, and it could claim United Nations protection for its own sovereignty and integrity. The United Nations could not assign sovereignty rights over any part of the territory or population of a State to another State, although one State might give another such rights by treaty. Austria could only insist that the Paris agreement be fully implemented. He was not implying that Italy had not implemented it, but clearly the relations between the two countries were not satisfactory.

19. Although the Lebanese delegation considered the Austrian draft resolution (A/SPC/L.45 and Corr.1) incompatible with the Charter, it would not oppose any initiative which would lead to a peaceful solution of the conflict, and it would support an appeal to Austria and Italy to solve the problem through friendly negotiations.

20. Mr. GARCIA ROBLES (Mexico) said the problem was so complex that the Committee could not hope to reach a decision on its substance. Nor could his delegation support the Austrian draft resolution, which would involve such a decision. All it could do was recommend procedures to be followed in settling the dispute.

21. The problem involved questions of law and of fact. Since there was no question of revising an international treaty or agreement or of changing a frontier, the questions of law concerned the meaning and scope of certain provisions of the Paris agreement, e.g. the clauses on regional legislative and executive autonomy, and on the parity of the German and Italian languages. The questions of fact concerned the practical implementation of the provisions, guaranteeing to the German-speaking citizens of the Province of Bolzano "equality of rights as regards the entering upon public offices, etc.".

22. The Assembly should try to find a procedure to which both parties could agree. They had shown their good will, and the problem was not complicated by the cold war. As a possible practical step towards initiating efforts in that direction without delay, the Mexican delegation would suggest that either the President of the General Assembly, or the Secretary-General, or the Chairman of the Special Political Committee itself, might invite the representatives of

Austria and Italy to meet with him and examine the possibility of arriving at a procedure satisfactory to both States. Such an exchange of view would undoubtedly be facilitated by the fact that the foreign policy leaders of both countries and their most highly qualified experts in the matter were now present in New York.

23. One of the various procedures that might be considered was the resumption of bilateral negotiations. As a new element, calculated to increase the prospects of success, the parties might perhaps consider invoking the assistance of the Secretary-General. Such assistance would not necessarily have to be provided continuously or uninterruptedly, nor need it necessarily imply the personal participation of Mr. Hammarskjold, whose duties, as everyone realized, were multifarious and exacting. It would be sufficient were a paragraph included in the draft resolution to be approved by the General Assembly, following the recommendation that the two parties should resume negotiations, which might read somewhat as follows:

"Requests the Secretary-General to remain at the disposition of the parties, in order to give them any help they may request in the course of their negotiations, either directly or through a representative, as he may deem appropriate".

The meeting rose at 12.20 p.m.

The status of the German-speaking element in the Province of Bolzano (Bozen); implementation of the Paris agreement of 5 September 1946 (A/4395, 4530; A/SPC/44; A/SPC/ L.45 and Corr.1, A/SPC/L.45/Rev.1, A/SPC/L.46) (continued)

1. The CHAIRMAN announced that the Austrian representative had submitted a revised text of his draft resolution (A/SPC/L.45/Rev.1).

2. Mr. KREISKY (Austria) recalled that his delegation had submitted (176th meeting) a draft resolution (A/SPC/L.45 and Corr.1) setting forth the general principles which should govern a settlement of the South Tyrol question. The

draft was based on paragraph 2 of the 1946 Paris agreement [127]. The Austrian delegation had advanced its proposal in order to indicate its deep concern over the political prospects in that part of Europe; minorities which were deprived of essential democratic rights were invariably a source of distrust between the States concerned.

3. Austria had never had any intention of ignoring the Paris agreement. Mr. Gschnitzer and himself had referred to it in unmistakable terms. Austria was determined to spare no effort to settle the question of the Austrian minority in Italy by peaceful means and the Austrian delegation was submitting a revised text of its draft resolution (A/SPC/L.45/Rev.1) which took account of the comments made by a number of representatives, in particular the representative of Mexico, who had suggested that the Secretary-General or his representative might assist the parties in the course of the negotiations.

4. Mr. MARTINO (Italy) said he would like to clarify the position of the Italian delegation in regard to the revised draft. Most of the members of the Committee seemed to be opposed to the resumption of negotiations with a view to a new agreement on the status of the German-speaking element in the Province of Bolzano. He noted that in its revised draft, the Austrian delegation referred explicitly to the Paris agreement which it had ignored before. If that meant that the Austrian Government wished to abide by the Paris agreement, Italy would be very happy, for as the Italian representatives had made clear, Italy was willing to resume negotiations. However, the Italian delegation had certain misgivings regarding the Austrian delegation´s intentions. So far, the Austrian Government had used the status of the German-speaking element in the Province of Bolzano as a means rather than an end. The Austrian Minister for Foreign Affairs charged that a minority had been deprived of its essential democratic rights, but neither the Italian delegation, nor, indeed, the Special Political Committee had received any evidence to this effect. Moreover, the revised Austrian draft resolution contained the words "in order to find a just and democratic solution" as though it had not already been found. He recalled that there was at Innsbruck an association known as the Berg-Isel-Bund whose aim was the return of the South Tyrol to Austria. That body alleged that Austria had not abandoned its claims to South Tyrol and hoped that a change

---

127 United Nations, Treaty Series, vol.49 (1950), pp. 184-185.

in the world situation would make it possible for the Tyroleans, national aspirations to be realized. The founder of that association was Mr. Gschnitzer, who had stated on 23 May 1956 that the immediate objective was to safeguard the rights of the South Tyrolean ethnic group to independence, but that the ultimate objective was the unification of the whole Tyrol. Similarly, the President of the Vienna branch of the Berg-Isel-Bund had stated, on 10 December 1959, that the association would carry out a campaign to obtain the right of self-determination for South Tyrol and unite the South Tyrol with Austria. In the Special Political Committee the Austrian Minister for Foreign Affairs, Mr. Kreisky (176th meeting), had spoken of a disputed border, and the Secretary of State had also clearly said that the South Tyrol belonged to Austria.

5. The Italian delegation had some further doubts concerning operative paragraph 2 of the revised draft. He wondered whether the Secretary-General´s task would be one of mediation or of arbitration. The direct negotiations between Italy and Austria concerned the implementation of autonomy and Mr. Kreisky had just referred to paragraph 2 of the Paris agreement. Austria contended that the autonomy enjoyed by the Province of Bolzano was not in accordance with the spirit or the letter of the Paris agreement. Italy held the opposite view. The question therefore involved a difference of interpretation. He wondered what role the Secretary-General could play in that respect, whether he could give an interpretation of his own. That, he felt, Austria was not prepared to accept. The Austrian Government´s real purpose in referring to the Secretary-General was to ensure that the matter would come before the United Nations General Assembly again at the sixteenth or subsequent sessions.

6. Italy wanted negotiations to settle the matter and not to keep it alive. Should those negotiations fail, some organ should take a decision, but negotiations would be impossible if the parties did not wish them to succeed. Some settlement was essential to safeguard the peace and tranquillity of the people of the Province of Bolzano. He recalled a statement made in 1948 by Mr. Gruber, then Austrian Minister of Foreign Affairs, to the effect that any more on the part of the Alto Adige which would not correspond to a sense of loyalty and would be directed towards changing the present state of affairs in that region, based on the Paris agreement, would prejudice good relations between two

countries and would be deprecated by the Austrian Government. He believed these words to be still timely.

7. In a statement on a television programme in New York just before the Committee started its work, Mr. Kreisky had said that it was not to be expected that the United Nations could settle the question in the course of the present session and that experience had shown that it would be necessary to return again several times. Recently the Austrian newspapers had taken up that point and the newspaper *Dolomiten*, an organ of the Südtiroler Volkspartei, had reiterated that the question must be kept alive so that it could be brought before the United Nations again. That was precisely what Italy wished to avoid, because Italy wished to provide clam and tranquillity for the population of the Province of Bolzano.

8. Italy was willing to negotiate within the framework of the Paris agreement and to take steps to improve its implementation for the citizens of Bolzano were Italian citizens and it wanted them to be contented. In order to achieve that end, it was essential to find a procedure for settling the question once and for all, not one that would foster uneasiness. If Austria would accept that position and resume negotiations limited to the implementation of the Paris agreement, Italy was ready to negotiate. In the case, however, he did not see what could be the role of the Secretary-General, and if negotiations failed, a juridical decision would surely be essential. Keeping the question alive without a solution would not serve the cause of peace.

9. Mr. SHAHI (Pakistan) said that the competence of the United Nations in the matter under consideration derived exclusively from the fact that it was the subject of an international agreement concluded between the two parties. The Pakistani delegation´s view was that the dispute hinged fundamentally on the interpretation of paragraph 2 of the Paris agreement concerning the grant by Italy of "autonomous legislative and executive regional power" to the German-speaking element of the Province of Bozen and of the neighbouring bilingual townships of the Trento Province. What should be the "frame" within which the provisions relating to autonomy were to be made applicable, Mr. Shahi asked, and further inquired whether autonomy should be granted within the framework of a union of the two provinces of Bozen and Trento or by a separation of the two, for that was the pith and kernel of the whole problem,

which was primarily a question of the interpretation of the provisions of paragraph 2 of the Paris agreement. It was, in his opinion, therefore a question of law. There were also questions of facts involved. For example, the Statute of Autonomy [128] of 1948 had created the Trentino-Tyrolean Etschland Autonomous Region with an Italian-speaking majority of five to two; the Region consisted of two Provinces - Bozen with a German-speaking majority and Trento with an Italian-speaking majority, each vested with lesser measure of autonomy. The question of fact was whether the promise to transfer administrative powers from the State and the Region to the Province had been adequately fulfilled. At the present stage of the dispute, recourse to judicial settlement seemed to offer the best chance of arriving at a peaceful settlement. In 1960, Italy and Austria had ratified the European Convention of the Peaceful Settlement of Disputes signed at Strasburg on 29 April 1957, which laid down procedures applicable to disputes concerning minorities and recognized the compulsory jurisdiction of the International Court of Justice. Moreover, under Article 36 of its Statute, the International Court of Justice was competent to interpret the Paris agreement or to determine the existence of any fact which, if established, would constitute a breach by Italy of an international obligation under the agreement. The delay which the Austrian Government agreed from recourse to judicial procedure would not be tantamount to a denial of justice to the German-speaking element of South Tyrol.

10. The Charter of the United Nations also envisaged recourse to arbitration for the peaceful settlement of international disputes. According to the general principles of international law, disputes involving the sovereignty, integrity, honour or vital interests of a State were not usually regarded as subjects for arbitration. However, there was nothing in the Austrian-Italian dispute arising out of the Paris agreement which involved considerations of that nature. Such matters were far removed from that of the enforcement of the provisions of an agreement concerning the granting of a measure of autonomy and the enjoyment of equal rights by an ethnic minority within the framework of the sovereignty and integrity of the Italian State. Article 13, paragraph 2 of the Covenant of the League of Nations, which provided for the exercise of the League´s arbitral function, had included among disputes generally suitable for submission to arbitration or judicial settlement disputes "as to the existence of

---

[128] Special Statute of Trento - Adige (Autonomy Statute) signed 26 February 1948.

any fact which if established would constitute a breach of any international obligation...". His delegation would therefore urge the two parties to consider also the possibility of arbitration in regard to the disputed issues arising from the Paris agreement and involving questions of fact. In the opinion of the Pakistani delegation, the political differences concerning the implementation of the Paris agreement could be settled much more easily once judges or arbitrators had clarified the questions of law and fact.

11. His delegation would study the revised draft resolution (A/SPC/L.45/Rev.1) carefully but would like also to express its views concerning the original version (A/SPC/L.45 and Corr.1). The latter had made no mention of the Paris agreement, although it was on that instrument that the rights of the German-speaking element in the South Tyrol to equality and autonomy and the right of Austria to invoke the agreement rested. The omission was remedied in the revised draft resolution, which to that extent was an improvement on the original. Furthermore, the original version had based the claim of the South Tyroleans to a "substantial and effective regional autonomy" as an "Austrian minority in Italy". It had thus gone beyond the scope of the understanding on which item 68 had been included in the agenda. Had that version been adopted it might have established a new principle fraught with serious implications for national and international life. The revised version restored the proper perspective by placing the question within the framework of autonomy envisaged by the Paris agreement. It called for a just and democratic solution and contemplated assistance by the Secretary-General to the parties concerned.

12. The political status of the German-speaking minority in the South Tyrol was not within the competence of the United Nations except in so far as that competence derived from the Paris agreement. The human rights and fundamental freedoms of minorities as of all citizens of a State, on the other hand, were among the basic principles of the United Nations and unquestionably came within its jurisdiction. It was not the Austrian contention, however, that the treatment accorded the German-speaking element in the South Tyrol violated the provisions of the Charter.

13. Accordingly, it remained only for Italy to implement fully its commitments to its German-speaking citizens under the terms of the Paris agreement to grant to them "the exercise of an autonomous and executive power". The problem

before the Italian Government was above all a human problem; in approaching and solving that problem it should seek to understand the state of mind which a condition of immutable numerical inferiority inevitably produced. It was by Justice and by magnanimity that the problem of minorities should be settled, as Saad Zaghlul Pasha had shown in the case of the Coptic minority in Egypt.

14. The existence of minorities in many countries of the world represented the failure of historic integrative processes to unite different human groups in an intense and active solidarity. The concept of nationalism, however, was no hard and fast dogma. There also existed examples of nations which owed their existence to solidarity forged by a shared belief in common values and ideals - a solidarity which cut across racial and linguistic and even geographical separation.

15. In political communities which had evolved on this basis, objective ethnical and linguistic divisions which had sometimes proved insuperable obstacles to the evolution of a common national consciousness had been transcended by a subjective unity of will, thought and feeling, which, according to the great thinker Ernest Renan, constituted, in the last analysis, the real test of nationhood. Pakistan was based on a concept of the nation as a spiritual synthesis, which transcended the divisions of race, language or territory - a synthesis that could infuse human groups which would otherwise remain apart with a common will to nationhood.

16. Mr. EL-FARRA (Jordan) noted that neither of the parties concerned had challenged the Paris agreement; accordingly, the question was to determine whether the agreement had been duly implemented or had been rendered ineffectual. First of all it must be asked whether Italy had the right to enlarge the area referred to in paragraph 2 of the Paris agreement, and whether it had the right to adopt legislation which in every respect made the German-speaking inhabitants a minority in their own area.

17. The next question was whether the protection of a minority was a political question or rather a political question having juridical aspects. Lastly, it must be asked to what extent the relations between the two States were affected.

18. All those questions resolved themselves into one fundamental question: was the United Nations competent to deal with the problem? A number of speakers had invoked Article 2, paragraph 7 of the Charter. His delegation considered that that paragraph was not applicable in the present instance. First of all, the Assembly's recommendations would not constitute "intervention" within the meaning of Article 2, paragraph 7, for it was the element of coercion which distinguished intervention in that sense from other forms of interference. Furthermore, Articles 10 and 14 of the Charter unquestionably authorized the General Assembly to make recommendations to Member States, particularly when human rights, which were dealt with in Articles 55 and 56 and overrode Article 2, paragraph 7, were involved. Moreover, the practice of the United Nations during the past fourteen years showed that the domestic jurisdiction clause had been given a liberal interpretation. Article 2, paragraph 7, of the Charter began with the words "Nothing contained in the present Charter shall authorize . . .". The question under discussion, however, derived from another text, namely the Paris agreement. In concluding that agreement Italy and Austria had transferred the issue from the sphere of national to that of international jurisdiction.

19. It had also been argued that as the item involved the implementation or interpretation of an agreement the two parties should have recourse not to the Assembly but to the International Court of Justice. His delegation could not share that point of view, for although the implementation of an agreement did raise legal problems, the relations between two friendly countries raised questions of a political nature. The Paris agreement itself was the result of political considerations. Under Article 1 of the Charter one of the fundamental purposes of the United Nations was the peaceful settlement of disputes in conformity with the principles of justice and international law. Those were the principles on which the work of the General Assembly should be based. During its third session for example, the General Assembly had been seized of a complaint charging certain States with failure to respect human rights. Consideration of the problem had shown that the complaints were based not on the provisions of the Charter but on the Peace Treaties concluded after the Second World War. The question had been referred to the Ad Hoc Political Committee and in the operative part of resolution 272 (III) the General Assembly had not referred to the Charter. Subsequently, in resolution 294 (IV) adopted at its fourth session, the General Assembly had asked the International Court of

Justice to give an advisory opinion concerning the pertinent provisions of the Peace Treaties in question. The Court having given its opinion, the General Assembly, in resolution 385 (V) declared itself of the opinion that the provisions of the Treaties of Peace relating to human rights had not been respected. The two issues were similar in that both involved disputes arising from existing treaties. To avoid a break in the continuity of the jurisprudence of the United Nations that precedent should be borne in mind and given due weight. Both cases involved juridical, moral and political problems and the General Assembly was the highest body competent to consider them. If it took no action the situation might deteriorate and lead to circumstances jeopardizing the friendly relations between Austria and Italy. It had a number of courses open on it. It could urge the two parties to resume negotiations or it could appoint an *ad hoc* committee which would facilitate such a resumption of negotiations, examine the problem and then report to the General Assembly. If that committee was still of the opinion that certain juridical problems remained to be solved it could, under Article 96 of the Charter, ask the International Court of Justice for an advisory opinion. Alternatively, an *ad hoc* committee of jurists might be set up to examine the legal aspects of the problem and submit a report. The Secretary-General could also play a part in that connexion and assist in the resumption of negotiations.

20. Mr. O'BRIEN (Ireland) regretted that the differences between Austria and Italy on the question of the German-speaking minority in the Province of Bolzano had forced one of the parties to bring the matter before United Nations. Ireland had strong historic ties with both countries, and was deeply conscious of great cultural and spiritual contribution which they had made to civilization.

21. Certain delegations had said that the matter should not have been brought before the United Nations and that the General Assembly could not discuss it without intervening in the domestic affairs of a Member State. The Irish delegation could not agree with either contention. It felt that any Member State had a right to a hearing in the Assembly on such a matter. Any Government, before making the grave decision to exercise that right, should seek a solution through bilateral negotiations. Moreover, since any solution must eventually be found, it was through such bilateral negotiations it must satisfy itself that a discussion in the United nations would help to further the negotiations. The

Austrian authorities must have considered all these factors before deciding to submit the question to the United Nations. With regard to Article 2, paragraph 7, of the Charter, the Irish delegation had consistently maintained that discussion of a problem in the Assembly was not an Intervention within the meaning of that paragraph and that the Charter gave Member States the right and the duty to discuss any problems brought before them which endangered friendly relations between States or concerned human rights.

22. Ireland entirely agreed that the political problems involved in the interpretation and implementation of the Paris agreement lay outside the competence of the Committee, and perhaps of the Assembly. Recalling both countries′ views on the question of referring the matter to the International Court of Justice, he said that they might continue their negotiations and perhaps, as several representatives had suggested, see whether they could agree on some form of arbitration, a purely *ad hoc* form if need be. A similar idea was present in the revised draft (A/SPC/L.45/Rev.1), but it was apparently not acceptable in that form to the Italian delegation. Some machinery of arbitration or mediation which would extricate the problem from its present "impasse" would certainly be in the interests of the people of the region, and also of the Austrian and Italian peoples.

23. Important as the juridical aspects of the question were, they were not the essential point at issue. The basic issue was a political one. It was a challenge to human wisdom and statesmanship presented by a case where cultural ties cut across the frontiers of a State. That was a situation which in the past had given rise to much injustice, oppression and hatred between neighbours, and had been a pretext for many wars. Minorities had often been the victims of injustice, but they had also disrupted national territories and created new minorities and new injustices. It should be remembered that such situations were caused not by the existence of minorities but by the mutual intolerance between minority and majority. Although that outlook had been considerably modified in many years of the new world, that had not always been the case in Europe. For those reasons, the Irish delegation could not regard such a problem as a purely legal one: the interpretation of a treaty. On the contrary, the treaty itself had been an attempt to deal with a grave political problem. Since the attempt had not entirely succeeded, there was room for still further exercise of political wisdom, through patient negotiations and the mutual exercise of tole-

rance. Certain problems comparable to that of Bolzano appeared to have been satisfactorily settled by consent of the parties, such as the problems of the Saar and Trieste. The Irish delegation thought that an adequate political solution should be sought for the political problem. The Assembly need not lay down the exact lines on which such negotiations should proceed, and for that reason Ireland could not have supported the draft resolution originally submitted by Austria (A/SPC/L.45 and Corr.1), which seemed much too specific. However, the Assembly could properly urge the continuation of negotiations, and some ideas put forward in the debate might help towards their success. The Irish delegation would need a little time to study the revised draft resolution.

24. There were two wider aspects of the debate, which want beyond the boundaries of the region under discussion. First, a number of delegations had clearly been influenced, consciously or unconsciously, by the existence of comparable problems in their own countries. The abuse of that tendency would be open to serious criticism. Yet it was inevitable that any delegation's view would be affected by the past experience and the present problems of the peoples they represented. What emerged from their discussions would be the actual opinion of the international community, which was affected by many historical and political factors, and that was precisely why it was of value to the parties concerned. Secondly, the Committee's discussions might bring to light principles of value for the solution of analogous problems. Discussions such as the present one concerning the Province of Bolzano contributed to a better understanding of the nature of minority problems. It was to be hoped that a better understanding would lead to a spirit of conciliation, emphasis on negotiated settlement of differences, and a willingness to bring to bear on old problems fresh, resourceful and tolerant minds.

25. Mr. ELDEM (Turkey) recalled that Turkey enjoyed the most friendly relations both with Austria and Italy and deplored the fact that diplomatic negotiations had not resulted in a result satisfactory to both parties.

26. It was necessary, in order to approach the problem constructively, to adhere closely to the wording of agenda item, which mentioned the Paris agreement of 5 September 1946. It was only from this aspect that on the one hand, the nature and extent of the German-speaking population's rights should be studied and on the other, the obligations incumbent upon Italy. Any attempt to invoke any

other principle-for example, that of minorities or of human rights-to support the claims of the German-speaking population, would be tantamount to recognizing minority rights difficult to reconcile with the spirit of the Charter and of United Nations resolutions.

27. Mr. Eldem recalled the provision of the Paris agreement relative to regional autonomy, and emphasised the fact that the rights listed were not normally accorded to minorities; these rights derived in that instance from an agreement freely accepted by both parties. The Austrian Government considered that Italy had not carried out its obligations arising from that agreement; the Italian Government disagreed, and proposed referring the dispute to the International Court of Justice. Such problems of interpretation and implementation were too complicated to be decided with any hope of impartiality in the political confines of the General Assembly. The Turkish delegation therefore hoped that Austria and Italy would make a further attempt to find a solution through bilateral negotiations, and, if necessary would refer the matter to the International Court of Justice.

28. Mr. BENITES VINUEZA (Ecuador) congratulated both parties to the dispute on the example they had set in bringing the dispute before the United Nations. In his view, the issue was not the validity of an international legal instrument but the implementation of a treaty which was in force and which both parties recognized. Nor was it a question of soverignty or of change of frontiers, but of disagreement about the situation of a minority. The principle of the self-determination of dependent peoples, which the Government of Ecuador firmly upheld, was not in question, but care must be taken lest that principle be invoked as a justification for present or future discordance.

29. As the Argentine representative had observed (177th meeting) the concept of the right of minorities had progressed towards a recognition of human rights. Violation of those would justify United Nations competence in certain cases, without contravention of Article 2, paragraph 7, of the Charter. But that was not now the case. International law offered many ways of setting the dispute now before the Special Political Committee. As the dispute was not only legal but also political, the two parties must come to an understanding if there was to be a peaceful solution. The revised draft resolution (A/SPC/ L.45/Rev.1) seemed to tend in that direction, and his delegation would give it careful study.

30. Mr. MEYET (Libya) said that his country desired to maintain the most friendly relations with Italy and Austria, and regretted that the two countries had been unable to settle their dispute as his delegation at the fourteenth session [129] had expressed the hope that they would. The General Assembly was morally bound to help the two countries to find ways and means of settling the dispute.

31. Despite the juridical aspects of the question, its political consequences should not be underestimated. On the other hand, it was indisputable that international law did not grant any special rights to minorities unless there was a treaty to that effect concluded between two or more sovereign States. Under the Paris agreement of 1946, Italy had agreed to grant special treatment to the German-speaking inhabitants of the Province of Bolzano and "the exercise of autonomous legislative and executive regional power". In addition to the juridical dispute, the implementation of the agreement had given rise to a political conflict which was now before the General Assembly. The Libyan delegation felt that the Assembly should recommend the two countries to resume negotiations with a view to arriving at a satisfactory solution, safeguarding their respective interests and above all restoring the harmony so necessary to the peaceful evolution of the area. In the light of those considerations, the Libyan delegation would participate in any constructive effort in that direction. It appealed to both sides to abandon all rigidity of attitude and seek a way of arriving rapidly at a peaceful solution.

32. Mr. ROSSIDES (Cyprus) thought that the issue before the Committee could best be defined by a process of elimination. The issue was not one of granting self-determination or of revising treaties: it was simply a question of the implementation of the Paris agreement and more particularly the provisions of paragraph 1 (b) and the methods of implementing paragraph 2. In regard to paragraph 1 (d), Austrian statistics showed that the employment of German-speaking persons in public and semi-public offices was approximately 9 per cent. Despite the reasons advanced by Italy, there could be no doubt that that fact was an anomaly and created a situation which was contrary to the Paris

---

[129] See Official Records of the General Assembly, Fourteenth Session, Plenary Meeting, 816th meeting.

agreement. It was a question of co-operation, which required negotiations carried out in a spirit of friendliness and mutual understanding, and not for judicial decision. In regard to paragraph 2, the Province of Trento was joined by Italy to that of Bolzano to form a single self-governing region in which, however, it was the Italian and not the German-speaking inhabitants who were in the majority. In the Austrian view, the Bolzano Province was deprived of the regional autonomy provided for by the Paris agreement. However, within that framework local sub-autonomy was granted to Bolzano. Austria considered that that sub-autonomy was so restrictive as not to constitute the autonomy envisaged in the agreement. Italy on the other hand emphasized that it safeguarded the ethnic character and the cultural and economic development of the German-speaking group, as laid down in the agreement. According to paragraph 2, the frame within which the provisions of autonomy would apply was to be drafted in consultation with the local representatives of the German-speaking element. After the signing of the agreement, Mr. De Gasperi had stated that that frame had been left undefined in the agreement. He asked how the International Court of Justice could pass judgement on a question which was not defined in the Paris agreement. The Court could not intervene effectively because a juridical pronouncement could not solve a human problem. Moreover, any judicial contest might increase the tension.

33. The question should be settled by direct negotiations between the parties. The best course would be to urge both sides to resume those negotiations. But while the aim in view was the effective implementation of the agreement, the paramount concern of the Italian State for its unity and security must in no way be overlooked. The legitimate rights of distinct ethnic groups must be fully recognized but, as the representative of India had said (180th meeting), it should not be forgotten that the majority also had some rights. Any tendency towards exaggerating national differences was an obstacle to human unity and progress. He gave voice to the friendly ties of his country with both nations and expressed the hope that the question would be solved in a spirit of friendliness and compromise, in keeping with the civilization and culture of the two countries and of the traditions of the South Tyroleans.

34. Mr. TOWNSEND (Peru) thought that under the provisions of Article 14 of the Charter the General Assembly was entitled to take cognizance of a problem which was likely "to impair friendly relations among nations". However, it was

not quite clear on what criteria the Assembly could base its actions in the case in point. It would appear that it could only act by taking as a basis the agreement freely concluded by the parties and by considering the most appropriate means of securing its implementation. The Peruvian delegation would therefore have been unable to vote in favour of the first version of the draft resolution (A/SPC/L.45 and Corr.1), for if it had been adopted, it would have created a precedent incompatible with the structure of the United Nations, which was founded upon "respect for the obligations arising from treaties". The revised Version (A/SPC/L.45/Rev.1) referred to the Paris agreement, in accordance with the wording used in the agenda.

35. The Peruvian delegation felt that the problem was essentially a juridical one. As the Argentine representative had pointed out (177th meeting), special protection for minorities was inspired by an outworn concept of international law. Today the United Nations protected human rights and sought to secure freedom from discrimination for all groups, including minorities. The principle that all citizens were equal before the law was the historical foundation of the Latin American nations, including Peru.

36. In the case of the Alto-Adige or South Tyrol, Italy and Austria had wisely concluded the Paris agreement, which was clearly meant to improve the lot of the German-speaking population and to allow it to keep its own character. Austria said that the agreement had not been kept or had been too narrowly interpreted. Italy maintained that it had implemented the Paris agreement, which both parties recognized as valid. But in such a dispute the Special Political Committee could not set itself up as a court or assume functions which belonged to another organ of the United Nations.

37. The Peruvian delegation was glad that all delegations had unanimously affirmed the sanctity of treaties. That was a comforting feature of the discussion. As the Italian Minister of Foreign Affairs, Mr. Segni, had said (178th meeting), a revision of treaties would start a process which neither Italy nor the other Power could accept. The draft submitted by Austria would tend to replace the system of bilateral treaties by a decision of the General Assembly.

38. On the other hand, the Peruvian delegation would be in favour of recommending that both parties should seek a satisfactory solution, in keeping

with the letter and spirit of the Paris agreement. The way in which Italy and Austria had so far behaved gave grounds for hope that the two countries would be able to settle their dispute in a spirit of good neighbourliness. Italy had declared its willingness to refer the dispute to the International Court of Justice. But, before having recourse to that body, the two countries might try to revive the spirit of co-operation which had led to the Paris agreement and settle their dispute in a friendly way. The new version of the draft resolution submitted by Austria would not help to create such harmony, and the Peruvian delegation would therefore vote against it. He hoped that the draft would be replaced by a generous and helpful text, inspired by the fundamental principles expressed during the discussion.

39. Mr. VELAZQUEZ (Uruguay) introduced the draft resolution submitted by Argentina, Brazil, Paraguay and Uruguay (A/SPC/L.46). It noted that the status of the German-speaking element in the Province of Bolzano had been regulated by the Paris agreement. It had been generally recognized that that agreement was the basis for discussion of the issue. The third preambular paragraph defined one of the essential aims of the agreement and showed the Assembly´s constant concern for all problems affecting human rights. The expression "German-speaking inhabitants" was the one used in paragraph 1 of the Paris agreement. The fourth and last paragraph recognized that a dispute had arisen between Austria and Italy. Operative paragraph 1 of the draft resolution urged the two parties concerned to resume negotiations; the sponsors of the draft had thought that reflected the unanimous view of members of the Committee. Operative paragraph 2 recommended that in the event of the negotiations not leading to satisfactory results, both parties should give favourable consideration to the possibility of submitting the said differences to the appropriate jurisdictional bodies. Although several delegations had mentioned the International Court of Justice, the sponsors had thought it best to leave the choice of the appropriate body to the parties concerned.

40. Mr. GARCIA ROBLES (Mexico), explaining the suggestion he had made at the last meeting, said he had made two main points: first, every effort should be made to find a procedure satisfactory to both parties; secondly, a quite formal exchange of views might be arranged between the parties, on the invitation of the Chairman of the Special Political Committee, the President of the General Assembly or the Secretary-General.

41. The new Version of the Austrian draft resolution (A/SPC/L.45/Rev.1) showed that the differences between the two countries had been considerably reduced, and the Italian representative's statement confirmed that. For instance, operative paragraphs 1 and 2 of the original draft, which would have prevented the Mexican delegation from voting for the draft, had been struck out. The kernel of the new text was operative paragraph 1, to which the Italian representative did not object in principle. Operative paragraph 2 took up a suggestion which he himself had made the day before. Actually, he had not meant the suggestion to be embodied in a draft resolution; he had proffered it only as one possible solution. If the two parties could not accept it, it would be best not to include it.

42. The Italian representative had wondered what part the Secretary-General would play. The Secretary-General's powers would be limited to those which both parties might give him by common consent. In any case, the Secretary-General or his representative would not need to be present at all the negotiations. If both countries decided to set up a joint commission, whether it was a commission of experts or an organ at a higher level, and if the discussion of a particular point led to a deadlock, the two countries might then agree to seek the help of the Secretary-General, who could appoint a qualified representative with instructions to provide technical aid and good offices. The inclusion of such a provision did not mean in any way that the question would necessarily come again before the General Assembly, if the negotiations failed. There were two possibilities. If the negotiations succeeded, the Secretary-General would simply have so to advise the Members of the United Nations. If they failed, the item would not be discussed again unless one of the parties brought it once more before the General Assembly.

43. The Mexican representative thought that the differences between the points of view were less than they had been, and hoped that everything would be done to arrive at a single draft resolution which would be approved by both parties. This could perhaps be obtained if the revised Austrian draft resolution (A/SPC/L.45/Rev.1) and the draft resolution (A/SPC/L.46) just submitted by four Latin American countries could be combined into one text.

The meeting rose at 5.40 p.m.

The status of the German-speaking element in the Province of Bolzano (Bozen); implementation of the Paris agreement of 5 September 1946 (A/4395, 4530; A/SPC/44; A/SPC/L.45/Rev.1 and A/SPC/L.46) (continued)

1. Mr. KREISKY (Austria) said that he hoped the revised resolution (A/SPC/L.45/Rev.1) submitted by his delegation would provide a new basis for negotiations leading to a satisfactory solution of the problem under consideration.

2. Before the Special Political Committee proceeded to a vote he would like to make a few clarifying remarks touching upon matters of principle. The most important concerned the relationship of the small countries to the United Nations. If diplomatic considerations were to be allowed to make it appear inopportune for small nations to put their problems before the United Nations, if the principle on which items were included in the agenda was to be given as restricted an interpretation as some Members seemed to desire, and if the United Nations was to fall into the habit of avoiding any dispute having juridical implications, he feared that the Organization´s moral standing would be gravely impaired. In his opinion, the opposite should hold true: whenever a problem having political implications arose, the United Nations should provide a forum in which it could be brought to the attention of the international community, even though the result might be to bring it temporarily into sharper focus and thus seemingly to aggravate it.

3. In reply to the allegation that in asking the United Nations to include the item in its agenda Austria was championing the causes of expansionism, revisionism and Pan-Germanism, he recalled that most of the members of the various Austrian cabinets formed since 1945 were persons who had formerly been imprisoned for their anti-Nazi views and that not a single representative in the Austrian Parliament espoused neo-Nazism and any other political theory opposed to democratic principles. As for the conclusion drawn by the Italian delegation that the South Tyroleans regarded themselves as members of a superior race, he pointed out that the Catholic Church, to which they belonged, had always stressed the value of religious education in the mother tongue; that was why children were separated along ethnic lines when they received religious instruction. It was only natural that German-speaking families which

had been given apartments in public housing projects should want to live in close proximity to others of their own group, and an ordinance establishing guiding-lines for future housing allocation on that basis had, in fact, been passed by the relevant national committee, whose members were all Italians.

4. He would like to explain why his delegation felt that recourse to the International Court of Justice on the basis of the Paris agreement of 1946 [130] would not be the procedure best calculated to bring about a solution of the problem. If the Court decided in Italy's favour, in which case the Austrian Government's ability to take a stand on behalf of the inhabitants of the South Tyrol would be severely limited, the actual problem would hardly be any closer to a solution, for the bitterness of the people at being treated as second-class citizens and denied the right to administer their own affairs would remain. If, on the other hand, the Court confirmed Austria's view that paragraph 2 of the agreement had not been duty implemented, the next step would obviously be to enter into negotiations concerning the subject of that paragraph, namely autonomy. If negotiations were thus to be entered into in any case, it would seem more reasonable to begin them immediately. A party to a dispute anxious to have recourse to a court was obviously not very interested in negotiations, whereas the party which expressed its readiness to accept the good offices of a mediator thereby demonstrated its interest in the successful outcome of such negotiations, for the mediator would be a witness to any obstructionist tactics that might be used. The draft resolution calling for the intervention of a mediator therefore implied a more sincere willingness to negotiate than that urging the intervention of the Court in the event of the failure of negotiations.

5. Assertions on both sides did not help to give a clear picture of the situation; but the grievances of the inhabitants of South Tyrol were real, and his delegation would agree to any kind of fact-finding machinery which the United Nations or other international institutions might set up.

6. Mr. Segni, in asserting that there were extremists in responsible positions in the Austrian Government, had quoted out of context a sentence from one of the speaker's own addresses before the Austrian Parliament; furthermore, Mr. Gschnitzer had been referred to as an extremist. He wished merely to state that

---

[130] United Nations, Treaty Series, vol. 49 (1950), pp. 184-185.

Mr. Gschnitzer, who represented the party in opposition to his own, had proved over and over again his deep devotion to the principles of democracy. It was precisely to prevent extremist developments that the Austrian delegation had raised the issue before the United Nations, for recent history had demonstrated that extremism gained ground whenever those who were willing and able to negotiate failed to find acceptable solutions.

7. In conclusion he wished to express once again his conviction that the granting of an effective and substantial autonomy to the area in question would solve the problem. His delegation was determined to do everything it could to bring about a solution by peaceful means and in conformity with existing international agreements. He hoped that the revised draft resolution would find support, for he believed that its acceptance would prevent further aggravation of the controversy.

8. Mr. SEGNI (Italy) said that in making his concluding statement he would not like to go into the refuting of the inaccuracies contained in the statements of the Austrian delegation; he would for that purpose refer to the "Observations concerning a number of points raised by the Austrian delegation" which had been distributed to all delegations at the 182nd meeting of the Special Political Committee. He had taken the floor, first, to express appreciation of much that had been said by the great majority of speakers, secondly to try to sum up the debate, and, thirdly, to define the position of the Italian delegation at the close of the debate. From the statements made it had emerged that the majority of delegations were opposed to the original Austrian draft resolution (A/SPC/L.45 and Corr.1) because it went beyond the scope of agenda item 68, made no mention of the Paris agreement, constituted in effect a request for unilateral revision of a treaty in force between two countries, and called for a form of autonomy which would be alien to the concepts set forth in the Universal Declaration of Human Rights.

9. The discussion had also shown that there was no question of failure on the part of Italy to allow the German-speaking inhabitants the exercise of their fundamental human rights; on the contrary, special provisions, such as those relating to the use of the mother tongue, to the establishment of German-language schools, to the admission to public offices, made such exercise especially effective. He also recalled in that connexion the steps taken in imple-

mentation of the Paris agreement, to give the area the status of an autonomous province (in addition to the further autonomy granted to the Provinces of Trento and Bolzano together) to provide for the restoration of Italian citizenship to more than 200,000 persons who had previously opted for German citizenship, to recognize Austrian academic titles, and to promote frontier traffic and trade. In view of this gratifying situation, he could but protest the statement of the Austrian representative that the German-speaking inhabitants were considered by Italy as second-class citizens. Finally, the debate had made it clear that the dispute between Austria and Italy related essentially to the interpretation and implementation of an international treaty. The wording of the original Austrian draft resolution and the Austrian statements and documentation had given the impression that what Austria really wanted was the revision of the treaty in question and reconsideration of the frontier established under it. The Austrian representative himself had referred (176th meeting) to that frontier as a "disputed border". Such an attitude was bound to encounter the opposition of anyone who wanted to preserve peace in Europe and who knew that existing frontiers could not be modified without the use of force. The fact that the Austrian Delegation had now come around to linking its claims with the Paris agreement, thus placing the discussion in its proper perspective as a legal issue, was a step in the right direction, although it disturbed him to note, from the statement just made by Mr. Kreisky, that the Austrian Government still appeared to envisage a solution which would supersede the Paris agreement. Finally, all the speakers had expressed the hope that Austria and Italy would re-open negotiations at an early date.

10. The Italian Government had always been ready to resume negotiations with Austria, provided the object was to remove the remaining differences concerning the implementation of the Paris agreement, and he was glad to confirm once again that position. However, an appeal to both parties to do so was not enough. It was also important to provide for the eventuality of a new deadlock in such negotiations. He hoped that the negotiations would be successful, but unfortunately there was little indication of Austria's readiness to refrain from formulating requests which went beyond the letter and the spirit of the agreement. The Committee should therefore indicate what course should be allowed if the negotiations failed again and that course should be that the two parties should agree to refer the dispute to the International Court of Justice for a final solution. Mr. Segni then gave the following three reasons for adopting

such a course: first, since Austria had dropped its demand for a revision of the agreement, the dispute was clearly a legal one; secondly, in order to settle the matter quickly, the General Assembly should now say what judicial procedure was to be followed if bilateral negotiations failed; and thirdly, that would also give the negotiations a better chance of success, since both sides would be encouraged to make the best possible use of them.

11. He wondered whether Austria's rejection of the idea of referring the case to the International Court of Justice implied doubt about the legitimacy of its claims, hope for a revision of the Paris agreement or the desire to prolong or even to aggravate the present situation. On any such hypothesis, it was important to provide a future safeguard in the form of a judicial procedure. Italy would abide by the Court's decision. In that connexion, Mr. Kreisky's present statement that an unfavourable verdict by the Court would still leave the problem unsolved was disturbing. Italy was resolved to respect the letter and the spirit of the Paris agreement, and it expected Austria to do the same.

12. While Italy could not agree to the revised Austrian draft resolution (A/SPC/L.45/Rev.1) it was ready to accept the draft resolution submitted by Argentina, Brazil, Paraguay and Uruguay (A/SPC/L.46) which reflected the concern in regard to bilateral negotiations and suggested a course of action in the event of their failure and which corresponded to the general sense of the debate. Other delegations too had shown that they appreciated Italy's position, and it was in keeping with the Charter to urge recourse to the judgement of the highest international court. He hoped that Austria would observe the Paris agreement. Italy was anxious to maintain excellent relations with Austria and hoped Austria would work with her on the basis of respect for treaties and for the principles of the Charter.

13. Mr. MARTINEZ SOTOMAYOR (Chile) said that the fact that his delegation had not spoken should not be taken as a reflection on either party to the dispute. Chile had had serious doubts about the original Austrian draft resolution (A/SPC/L.45 and Corr.1), but it was encouraging that the Austrian delegation had revised it (A/SPC/L.45/Rev.1). The draft submitted by Argentina, Brazil, Paraguay and Uruguay (A/SPC/L.46) should be wholly acceptable to both Austria and Italy, and his delegation would vote in favour of it.

14. Mr. BERARD (France) was happy to see that the Austrian representative had not pressed his original draft resolution to a vote, which might have made it harder to find a satisfactory solution, and that both drafts now before the Committee recommended the resumption of direct negotiations. It seemed clear that negotiations would be more likely to succeed if they were based on a draft resolution not emanating from either party to the dispute. The draft submitted by Argentina, Brazil, Paraguay and Uruguay had the further advantage that it was designed not to offend either party, and that it was sufficiently general to enable all aspects of the problem to be discussed. Parties to a dispute should have recourse to the means of conciliation provided in Article 33, paragraph 1 of the Charter. The Austrian draft would place a burden on the Secretary-General at a most critical time. The French delegation would therefore support the four-Power draft resolution.

15. Mr. RAMIREZ BOETTNER (Paraguay) said that the four-Power draft resolution was based on friendly feelings towards Italy and Austria, and on the belief that since they understood the case best, they should be able to settle it between themselves. An appeal by the General Assembly would create the best conditions for such negotiations, and might reduce tension.

16. Most delegations seemed to agree that the problem was a legal one. If the parties could not agree within a reasonable length of time, the problem should be taken to a body such as the International Court of Justice or a court of arbitration or special court. That would not infringe the sovereignty of either party, because international legal decisions strengthened the sovereignty of both great and small countries.

17. Mr. AMADEO (Argentina) said that one of the chief purposes the Austrian delegation had had in mind in proposing the item, namely, to have the South Tyrol problem discussed in a world forum, had been amply fulfilled. With regard to the four-Power draft resolution (A/SPC/L.46), he would merely stress its objective and conciliatory nature and the complete impartiality of its sponsors. The recommendation in operative paragraph 2 respected the sovereign right of the two parties concerned to determine the method of adjustment for themselves. The view of the Argentine delegation, and of many other delegations, was that the "appropriate jurisdictional body" was the International Court of Justice, but in order to avoid offence to anyone, the draft resolution

made no specific reference to the Court but left the way open for the parties to choose the procedure they regarded as the most apt. In the circumstances, there should be nothing to prevent the Committee from adopting the four-Power draft resolution unanimously.

18. The most notable aspect of the revised Austrian draft resolution (A/SPC/L.45/Rev.1) was its reference in operative paragraph 2 to the assistance of the Secretary-General. That paragraph took up a suggestion made earlier by the representative of Mexico. But the Mexican assumption had been that both parties to the dispute would have to agree to the suggestion if it was to be usefully included in a resolution. Since the objections raised included an objection by the Italian delegation, it would seem preferable not to press the point.

19. It was frequently the practice in the General Assembly, although there was no precise rule to that effect, to give priority in voting to conciliatory resolutions submitted by countries not directly concerned in the dispute in question. He requested, therefore, that the Committee should be allowed to decide which draft resolution it would vote upon first, and he hoped that the Austrian delegation would appreciate the spirit in which that request was made and would itself vote to give priority to the four-Power draft resolution.

20. Mr. BISBE (Cuba) said that there had been an effective attempt at conciliation in the Committee. However, without going into the question of which draft resolution should have priority, he wished to ask for separate votes on the second operative paragraphs of the two draft resolutions, since the Cuban delegation had with both. In the fourth paragraph of the preamble of the four-Power draft (A/SPC/L.46), he would prefer the word: "controversy" to the words: "a dispute".

21. Mr. MASSOUD ANSARI (Iran) thought that two main points had emerged from the discussion: first, that any resolution must refer to the implementation of the Paris agreement, in accordance with the wording of the item on the agenda, and second, that the dispute related both to the legal interpretation of the agreement and to the practical measures for implementing it. The revised Austrian draft resolution (A/SPC/L.45/Rev.1) made no reference to the legal aspect of the matter, the interpretation of the agreement, although it did now

refer specifically to negotiations on its implementation. The four-Power draft resolution (A/SPC/L.46) laudably attempted to include both elements, but even so, some of its terms such as "a reasonable period of time" and "appropriate jurisdictional bodies" were liable to give rise to controversy. If the question of legal interpretation was decided, there would still have to be negotiations on the practical implementation of the decision. He felt, therefore, that the two resolutions should if possible be combined. He suggested that an operative paragraph be inserted between operative paragraphs 1 and 2 of the revised Austrian draft reading "Recommends that during these negotiations both parties should give favourable consideration to the possibility of submitting all questions relating to the interpretation of the rights set forth in the agreement to the jurisdiction of the International Court of Justice". If the two parties to the dispute would accept the suggestion, he would submit a formal amendment to that effect. He was largely in agreement with the four-Power draft resolution and would support any amendment to it that would help to reconcile the views of the two Governments concerned.

22. Mr. KREISKY (Austria) said that after thorough consideration of the four-Power draft resolution, his delegation had decided that it would not contribute to a real solution of the problem and that it did not reflect all the views that had been expressed during the debate. While Austria had no objection to the reference to the Paris agreement in the preamble, the reference could not be confined to certain elements of the agreement and omit others. He also objected to the use of the words "a dispute" in the fourth preambular paragraph of the draft. The problem was after all a serious one, affecting a quarter of a million people.

23. Operative paragraph 1 in both draft resolutions was almost the same. In operative paragraph 2 of the four-Power draft resolution (A/SPC/L.46) he found the stress on the possible failure of the negotiations rather discouraging. He could not agree to the Argentine representative's proposal to give the four-Power draft resolution priority. The Austrian deiegation's revised draft resolution (A/SPC/L.45/Rev.1) had been submitted first, and it should be the first to be voted upon, in accordance with rule 132 of the rules of procedure.

24. Mr. AMADEO (Argentina) said that in the final text of the Spanish, French and English versions of the four-Power draft resolution, in the last pre-

ambular paragraph, the word "controversy" should substituted for the words "a dispute".

25. Mr. O'BRIEN (Ireland), supported by Mr. GARCIA-ROBLES (Mexico) and Mr. JUNG (India), proposed that the voting be postponed to the afternoon meeting, in order to allow an attempt to be made to combine the two draft resolutions and produce a version that could be adopted unanimously.

It was so decided.

The meeting rose at 12.45 p.m.

The status of the German-speaking element in the Province of Bolzano (Bozen); implementation of the Paris agreement of 5 September 1946 (A/4395, 4530; A/SPC/44; A/SPC/L.45/Rev.1, A/SPC/L.46 and Corr.1, A/SPC/L.47, L.48, L.49) (continued)

1. Mr. O'BRIEN (Ireland), speaking on behalf of ten Powers (Ceylon, Cyprus, Denmark, Ecuador, Ghana, India, Iraq, Ireland, Jordan and Mexico), introduced a draft resolution (A/SPC/L.49) and two series of amendments, one (A/SPC/L.47) to the revised Austrian draft resolution (A/SPC/L.45/Rev.1), and the other (A/SPC/L.48) to the four-Power draft resolution (A/SPC/L.46 and Corr.1). He pointed out that the purpose of the draft resolution and of the amendments was essentially the same. The sponsors had been motivated by a desire to find the widest possible area of agreement, in the light of the various points of view that had been expressed during the discussion. Thus, the third preambular paragraph of the ten-Power draft resolution (A/SPC/L.49) quoted the actual terms of the Paris agreement [131]. The Committee would no doubt be unanimous in feeling that that clause of the agreement should be included in the resolution. In addition, operative paragraph 1 used the wording of Article 1, paragraph 1, of the Charter, when it said that the solution to be sought should be "in conformity with the principles of justice and international law". Lastly, operative paragraph 2 used a phrase from Article 33, paragraph 1 of the Charter when it referred to "other peaceful means of their own choice". The sponsors had felt that that was an acceptable formula: it left the door open to all

---

[131] United Nations, Treaty Series, vol. 49 (1950), pp. 184-185.

possibilities; it did not require the Assembly to pass judgement on the substance of the question; and it did not prejudice the case of the parties. In addition, it urged the two countries to negotiate, as of course the four-Power draft resolution also did. The changes made by the ten-Power draft resolution were not intended to go against the spirit of the four-Power draft but to make it more comprehensive and a better basis for future negotiations. The new text would also encourage the two countries to show resourcefulness in finding means for a settlement by reminding them of the terms of Article 33 of the Charter and of the various suggestions that had been made during the discussion.

2. Mr. JUNG (India) said that the sponsors of the ten-Power draft resolution had been chiefly concerned to round off its edges so that a larger number of delegations would be able to vote in favour of it. They had also taken into account some of the objections made by Italy to the Austrian draft resolution (A/SPC/L.45/Rev.1) and the objections .of Austria to the four-Power draft resolution (A/SPC/L.46 and Corr.1). The Committee would not achieve its aim if it adopted a text which one of the two parties was unable to accept. The two countries had therefore been left free to determine the machinery for a settlement for themselves, the essential point being that they should resume negotiations. The sponsors of the new draft had made every effort to include in it all that was best in the previous drafts and to eliminate those points which were objectionable to one party or the other. He asked the Committee to give priority to the ten-Power draft resolution, which was even more conciliatory in spirit than the four-Power draft. The sponsors were not so presumptuous as to believe that it would be acceptable to all delegations, but they hoped that it would receive a large measure of support.

3. Mr. EL-FARRA (Jordan) wished to make clear one point which he regarded as particularly important. All that the Assembly could do was to make a recommendation and if that recommendation was not accepted by the two parties it might well not achieve any positive results. That was why operative paragraph 2 left the choice of methods to the parties concerned. The word "dispute" in the third preambular paragraph had been retained because it was used in the Charter and ought not therefore to raise any objection. Since the ten-Power draft resolution, like the two series of amendments, reflected a

genuine desire to bring about the resumption of negotiations, he hoped that the Committee would give it priority in the voting.

4. Mr. SEIDENFADEN (Denmark) said that the Danish Government had had to cope with problems similar to those which were the subject of the present debate, since there was a German-speaking element in Denmark and a Danish-speaking element in Germany. Its long experience in the matter had convinced it that bilateral negotiations were the best solution, and as far as Denmark was concerned, the problem no longer raised insurmountable difficulties, partly because of the friendly relations created between the German and Danish Governments.

5. The Danish delegation had not previously taken part in the debate because it had sincerely hoped that the parties would succeed in finding a compromise solution. It noted that Austria had made every effort to meet the objections that had been raised by submitting a revised draft resolution which was not very different from the four-Power draft. On the other hand, the ten-Power draft resolution was an attempt to reconcile those two texts and it would be very desirable if all delegations, including those of the two parties concerned, could vote in favour of it. The Committee should vote upon it first in order to simplify the discussion and make it possible to arrive speedily at a compromise solution.

6. Mr. ROSSIDES (Cyprus) also felt that the ten-Power draft resolution should be given priority. He emphasized that in making that suggestion, he had no intention of prejudicing the submission of other texts.

7. The CHAIRMAN proposed that the meeting be suspended in order to allow representatives to study the new texts in the various languages.

The meeting was suspended at 4.10 p.m. and resumed at 4.40 p.m.

8. Miss WILLIS (United States of America) recalled the position adopted by her delegation in the early stages of the discussion (177th meeting) and said that the four-Power draft resolution (A/SPC/L.46 and Corr.1) would help to open the way to an amicable solution, as practically all delegations desired. Despite the praiseworthy efforts of their sponsors, the new texts seemed to be

less satisfactory in that respect. In view of the friendly relations which it enjoyed with both countries, the United States hoped that speedy progress would be made towards a solution. She thought that the Committee would be well advised to adopt the four-Power draft resolution, which the United States delegation would support whole-heartedly.

9. Mr. ASANTE (Ghana) said that in associating itself with the sponsors of the ten-Power draft resolution, the Ghanaian delegation had wished, first of all, to enable the countries concerned to resume negotiations, and secondly to see that the resolution adopted by the Committee did not give an advantage to either side. He thought that by referring to jurisdictional bodies, the four-Power draft resolution inclined somewhat towards the Italian argument. If the negotiations between the parties did not result in a solution, the matter would be sent to the International Court of Justice and it would perhaps never return to the General Assembly. The Ghanaian Government hoped that if the Assembly was not called upon to deal with the question again, it would mean that the two countries had come to a friendly settlement. Ghana was well acquainted with problems of that kind, for in nineteenth century Africa no heed had been paid to the interests of ethnic groups. Such problems could only be solved in a spirit of understanding between the countries directly concerned. He hoped that Austria and Italy would give favourable consideration to the ten-Power draft resolution.

10. Mr. SHAHA (Nepal) noted that the matter in dispute was the direct legacy of the secret treaties concluded at the end of the First World War, which in redrawing the frontiers had not taken into account the rights of minorities, as frequently happened after a war. Since the question related to the interpretation of a treaty, it undoubedly came within the competence of the International Court of Justice. However, the interests of a minority a quarter of a million strong were at stake, and he left that legal solutions could not satisfy minorities which were the victims of circumstances beyond their control.

11. He was grateful to the Austrian delegation for having taken into account in its revised draft resolution (A/SPC/L.45/Rev.1) many of the objections raised to the original version. He also praised the spirit of conciliation which had motivated the four-Power draft resolution (A/SPC/L.46 and Corr.1), though he was afraid it did not command a very wide measure of support. The ten-Power

draft, on the other hand, combined the constructive elements of the revised Austrian draft and the four-Power draft; it was constructive and it did not rule out the possibility of calling upon the International Court of Justice if the negotiations were not successful. He saw no reason why it should not be acceptable to the sponsors of the four-Power draft. The Austrian delegation ought also to be in a position to accept it because there was no explicit reference to the International Court of Justice. The last phrase of operative paragraph 1 of the ten-Power draft was taken out of Article 1, paragraph 1, of the Charter and it should therefore not raise any objections. The Nepalese delegation would vote in favour of the ten-Power draft resolution and supported the suggestion that it should be voted upon first; if that suggestion was not adopted, the Nepalese delegation would vote in favour of the ten-Power amendments (A/SPC/L.48) to the four-Power draft, and if necessary in favour of the ten-Power amendments (A/SPC/L.47) to the revised Austrian draft resolution.

12. Mr. MARTINO (Italy) said that, while he appreciated the friendly spirit which had prompted the sponsors of the ten-Power draft resolution, he considered that it did not represent a compromise between the Austrian and the Italian points of view, but was conciliatory towards the Austrian point of view only and did not take into account the arguments put forward by the Italian delegation during the debate.

13. Operative paragraph 1 of the ten-Power draft (A/SPC/L.46 and Corr.1) ignored the fact that negotiations had already taken place between the parties regarding the implementation of the Paris agreement; the word "conduct" should therefore be replaced by the word "resume". The paragraph also gave the impression that the Paris agreement had not been implemented. But the Paris agreement had indeed been implemented by the Italian Government and Parliament, the subject of the disagreement between Italy and Austria being the way in which it had been implemented. Furthermore the same paragraph gave as the goal of the negotiations "a solution in conformity with the principles of justice and international law", which suggested that the Committee felt that the implementation measures already taken were not in conformity with those principles. But that was not the question, and he regretted that some of the opinions expressed did not take into account the facts that he and the Italian Foreign Minister had tried to explain. Autonomy had already been given to the

Province of Bolzano, but Austria considered that that autonomy did not sufficiently comply with the aims laid down in the Paris agreement. Italy believed that it did; thus the question was clearly a juridical one. He reiterated that the ten-Power draft resolution did not reconcile the two points of view and that he himself had not been consulted by the authors of the ten-Power draft.

14. The representative of Ireland had justified the wording of operative paragraph 2 as having been taken from Article 33 of the Charter, but the words "other peaceful means of their own choice", in the context of Article 33, excluded a judicial settlement. Neither Austria nor Italy intended to go to war over the German-speaking element in the Province of Bolzano: the means envisaged had always been peaceful ones. Recourse to the International Court of Justice was a peaceful means expressly referred to in Article 36, paragraph 3, of the Charter; he was surprised hat consideration for the Charter would stop at Article 33, and not extend to Article 36. Since the question dealt with the interpretation of an international agreement, it, was a juridical one and the International Court of Justice was indeed competent to deal with it.

15. On the other hand, the Italian delegation was ready to accept paragraph 2 of the four-Power draft resolution whose wording contained nothing offensive to Austria. As for the ten-Power amendments to the four-Power draft resolution, the Italian delegation was prepared to accept the first amendment, but it could accept the second one only if the words "by other peaceful means of their own choice" were replaced by the words "by jurisdictional means".

16. Mr. O'BRIEN (Ireland) said that he was responsible for the drafting of the text and apologized for the misunderstanding regarding the words "by other peaceful means of their own choice". That wording was in no way intended to exclude judicial settlement. He hoped that the other cosponsors of the ten-Power draft resolution would agree to embodying in operative paragraph 2 all the fatter part of Article 33, paragraph 1, of the Charter. He trusted that that change would satisfy the Italian delegation and make it possible to reach an agreement.

17. Mr. AMADEO (Argentina) recalled that the 183rd meeting had been adjourned so that the various proposals before the Committee might be reconciled. The ten-Power draft resolution certainly reflected that aim; but the

Italian representative's speech showed that in its present form the draft resolution did not really represent the conciliatory formula sought by all. Moreover, the delegations had not yet been able to study it adequately, and a vote would therefore be premature. The Argentine delegation accordingly proposed that the discussion should be adjourned until the next day. In the meantime it might be possible to work out a draft that could command unanimous support.

18. Mr. GARCIA ROBLES (Mexico) seconded the Argentine representative's proposal, which reflected his own delegation's attitude from the outset of the discussion. Although motions of adjournment ought to be voted upon immediately, he would like first, with the permission of the Argentine representative, to give some explanations as one of the co-sponsors of the various ten-Power texts.

19. Mr. AMADEO (Argentina) agreed willingly.

20. Mr. GARCIA ROBLES (Mexico) pointed out that his country was in an especially good position to view the dispute with the maximum of objectivity. Mexico had the friendliest of relations and the closest historical and cultural ties with Austria and Italy, despite the distance that separated them. The Mexican delegation's sole preoccupation had been to achieve unanimity within the Committee. Its chief aim therefore was to dispel certain misunderstandings.

21. In using the expression "by other peaceful means of their own choice" in operative paragraph 2 of the ten-Power draft resolution, the authors of the draft had been thinking of all means other than negotiation, in case the negotiations did not lead to satisfactory results. In the authors minds, the "other peaceful means" included both those enumerated in Article 33 of the Charter and those not enumerated there. The possibility of recourse to the International Court of Justice was thus implicit in the text. Nevertheless the Mexican delegation and doubtless and other co-sponsors of the ten-Power draft resolution would have no objection to inserting the enumeration proposed by the representative of Ireland. It should be noted that the first part of the paragraph in question, down to the words "should give favourable consideration to the possibility of", was taken word for word from the corresponding paragraph of the four-Power draft resolution, which seemed to meet with the approval of the Italian delegation.

22. Operative paragraph 1 of the ten-Power draft resolution partly reproduced the corresponding paragraph of the revised version of the Austrian draft resolution, with some important changes. However, if the Italian delegation found it hard to accept that text, the Mexican delegation would be prepared to study the possibility of replacing it by operative paragraph 1 of the four-Power draft resolution; but he could not for the moment commit his delegation on that point, still less the other co-sponsors.

23. The Italian representative had said he would prefer that operative paragraph 1 should invite Austria and Italy to "resume" rather than "conduct" negotiations. The document entitled "Alto Adige: documents presented to the Italian Parliament", published by the Italian Foreign Ministry, spoke not of negotiations but of "conversations". Moreover, the revised Austrian draft resolution used the expression "enter . . . into negotiations", which seemed to show that the Austrian Government did not consider that negotiations in the true sense of the term had yet taken place. For those two reasons, the authors of the ten-Power draft resolution had preferred to use the neutral expression "conduct negotiations".

24. On the whole the ten-Power draft resolution had more flexibility than the four-Power draft resolution, and that was an important attribute, in view of the results sought by the Committee. After all, a General Assembly recommendation possessed only moral force, which increased with the number of votes it commanded. Much that had been said in the Committee had shown that the four-Power draft would not obtain a large majority. Moreover, it was better to make a recommendation that provided for various peaceful means of settlement, including those preferred by the two parties. A number of different situations might subsequently arise. If the negotiations, which both parties wished to resume, did not lead to satisfactory results, Austria, for example, might agree to refer the matter to the International Court of Justice; the ten-Power draft resolution would have provided for that possibility. It could also happen in the course of the negotiations that on a specific point both Italy and Austria might wish to ask for an inquiry by an impartial person or to have recourse to conciliation or to good offices. According to the terms of the four-Power draft resolution the parties would be unable to have such recourse.

25. Mr. ITURRALDE CHINEL (Bolivia) supported the motion for adjournment presented by the Argentine representative; a draft might be worked out that could command a unanimous vote.

26. During the General debate [180th meeting] he had already expressed the view that if negotiations between the two parties failed, the controversy should be taken before the International Court of Justice. The Mexican representative had said that judicial settlement was clearly one of the peaceful means provided for in the ten-Power draft resolution. As, however, the International Court of Justice was not expressly mentioned, the Italian representative had felt that the peaceful means in question might be read as not including judicial settlement. In order to reconcile the two drafts, the Bolivian delegation proposed that in operative paragraph 2 of the ten-Power draft resolution the words "or by a decision of the International Court of Justice" should be added after the words "peaceful means of their own choice". That addition would make it possible not to return the matter to the General Assembly even if negotiations and other peaceful means of settlement did not lead to satisfactory results. The decision of the International Court of Justice would be binding upon the two parties to the Paris agreement.

27. The CHAIRMAN, as requested by the representative of Argentina, proposed the adjournment of the meeting.

It was so decided.
The meeting rose at 5.45 p.m.

The status of the German-speaking element in the Province of Bolzano (Bozen); implementation of the Paris agreement of 5 September 1946 (A/4395, 4530; A/SPC/44; A/SPC/L.45/Rev.1, A/SPC/L.46 and Corr.1, A/SPC/L.47, L.48, L.49, L.50) (concluded)

1. Mr. AMADEO (Argentina) said that the two groups of delegations which had submitted draft resolution A/SPC/L.49 and Add.1 and the four-Power draft resolution A/SPC/L.46 and Corr.1, respectively, had agreed to submit a joint draft resolution (A/SPC/L.50). Bolivia, Canada and Norway had joined the sponsors of the joint draft resolution, which combined various elements of the two previously mentioned drafts and was based on a desire not to offend either

of the parties involved but rather to take into account the points with which they were particularly concerned.

2. The joint draft resolution included part of the previous texts and mentioned certain points which had given rise to fresh difficulties. Other features which gave the draft an objective character were the reference to the Paris agreement [132], the appeal to the two parties to resume negotiations, and the recommendation that if the negotiations did not lead to satisfactory results the parties should seek some other means of solving their difficulties by common consent as provided by the Charter, including recourse to the International Court of Justice.

3. He was grateful to the delegations which had submitted the draft resolution contained in document A/SPC/L.49 and Add.1 for their understanding attitude and he paid a tribute to the moderation shown by the two parties involved. Adoption of the joint draft resolution, which he hoped would be unanimous, should open a new era in relations between the Austrian and Italian peoples, which were destined by history to co-operate peacefully in strengthening world peace and in maintaining the spiritual values of which they were the custodians.

4. He requested that the joint draft resolution should be voted upon first.

5. Mr. O'BRIEN (Ireland), speaking on behalf of the sponsors of the draft resolution contained in document A/SPC/L.49, supported the proposal made by the Argentine representative. He hoped that Austria and Italy would be guided by the spirit of the joint text in settling their dispute.

6. Mr. BENITEZ VINUEZA (Ecuador) welcomed the agreement which had been reached by the joint draft resolution. Recalling the position taken by his delegation during the debate (182nd meeting) he insisted once again on the juridical nature of the matter. The disagreement was not about the validity of the Paris agreement nor the inviolability of frontiers. Nor had the right of peoples to self-determination been questioned, since that right could not apply in the case of minorities dwelling in the territory of another State. Nor were

---

132 See: United Nations, Treaty Series, vol. 49 (1950), pp. 184-185.

fundamental human rights involved; had they been, it would not have been possible to invoke the national competence of a State which, by signing the United Nations Charter, had assumed obligations in that connexion.

7. In his delegation's opinion, the revised draft resolution submitted by Austria (A/SPC/L.45/Rev.1) had constituted an important step towards an agreement and was unobjectionable per se. In a case such as the present one, however, intrinsic merit in a draft resolution was not sufficient; what was important was its practical effectiveness. Ecuador would not vote in favour of a draft resolution which the other party had not accepted.

8. The four-Power draft resolution (A/SPC/L.46 and Corr.1) too, had had considerable merit, but his delegation would have had to abstain in a vote on that text, since the latter provided, in the event of failure of the negotiations, only for recourse to appropriate jurisdictional bodies, thus excluding the other means of peaceful settlement set forth in the Charter. Those means were referred to, on the other hand, in the draft resolution contained in A/SPC/L.49 and Add.1 which had reflected a spirit of compromise. Unfortunately, the intention of its sponsors had not been clearly understood: they had wished neither to adopt the point of view of either of the parties nor to exclude the possibility of recourse to the International Court of Justice. All possible steps should continue to be taken to promote an agreement between Austria and Italy, with which countries Ecuador was linked by bonds of respect and esteem. His delegation had therefore been pleased when Mr. Amadeo had proposed at the previous meeting that that meeting should be adjourned in order to enable an agreement to be reached, and was delighted that the adjournment had resulted in the joint draft resolution which amalgamated principles acceptable to both parties.

9. In conclusion, his delegation had always thought useless, and even harmful, any procedure tending to bring the question before the General Assembly every year.

10. Mr. ROSSIDES (Cyprus) said that he was glad the Italian and Austrian delegation had accepted the joint draft resolution. That attitude was a good augury and a first step towards an agreed solution. In the negotiations to be resumed, a mode of implementation of the Paris agreement should be found

which, while guaranteeing the political rights of the people of Bolzano, would not impair the unity of the Italian nation. It was only natural that a people which formed the majority in a territory should, to some extent, be allowed to administer its own affairs and ensure its cultural and economic development. It would then co-operate more sincerely with the State of which it formed a part, if it was fully convinced that its rights were being respected. On the other hand any lack of willingness to co-opperate would incline the state concerned to restrict rather than to enlarge that people´s autonomy. That would create a climate of increasing suspicion. Fortunately, confidence was no less contagious. In the present case, taking into account the high degree of culture and gallantry of both nations, he was confident that a generous degree of understanding would be forthcoming from both sides.

11. His delegation attached great importance to the adoption of the joint draft resolution, for it maintained that the United Nations should never bypass questions that might come before it under the Charter. He was glad to see that that tendency, which had made itself felt in the past, had now been abandoned.

12. Mr. GARCIA ROBLES (Mexico) welcomed the goodwill which, as was to be expected, both parties had shown, for it had made possible a happy solution. He hoped that the unanimous adoption of the joint draft resolution would enable Austria and Italy to reach a firm and lasting agreement which would strengthen their traditionally friendly relations.

13. Mr. BISBE (Cuba) said that, although his country was not listed among the sponsors of joint draft resolution A/SPC/L.50, his delegation had joined the sponsors of the draft resolution contained in document A/SPC/L.49 the day before. Since it fully endorsed the new joint draft resolution, which reflected the ideas it had put forward, his delegation wished to be included among its sponsors.

14. Mr. DA COSTA (Portugal) said that he would vote in favour of the joint draft resolution. His delegation had followed the discussion with great interest, not only because of the importance of the question but also because Portugal enjoyed the most friendly relations with the two countries. While it was regrettable that a dispute had arisen between Austria and Italy, there seemed every reason to believe that a settlement based on respect for the interests of the

two parties could be reached. His delegation hoped that that result would be achieved through direct negotiations conducted in a spirit of understanding, co-operation and friendship. The debate in the Committee and the wise interventions made in the course of that debate might perhaps assist in bringing the two points of view closer.

15. Mr. AMMOUN (Lebanon) said that the Committee′s principal aim was that the two countries should accept a resumption of negotiations or that they should agree, if necessary, on any other means which might lead them to a solution. Whatever course was adopted, the agreement of both parties was essential. It would be useless to recommend submission of the question to the International Court of Justice or recourse to the good offices of the Secretary-General, if either party objected. The two countries had certainly made substantial progress towards conciliation and understanding. Austria had abandoned its initial draft resolution (A/SPC/45 and Corr.1), which had ignored the Paris agreement and requested autonomy for a province under Italian sovereignty. In addition, it had stated formally that it was prepared to negotiate. After having opposed any intervention in a field which it considered to be within its national competence, Italy had given the four-Power draft resolution (A/SPC/L.46 and Corr.1), which invited the two parties to resume negotiations, a favourable reception. The two countries differed, however, on the solution to be adopted in the event of the negotiations breaking down. The solution recommended by Austria - recourse to the good offices of the Secretary-General - was not as effective as that advocated by Italy, under which the decision of the International Court of Justice would be final. Notwithstanding his delegation′s unlimited confidence in the Secretary-General, it feared that the latter might not be able to bring about the desired solution. Consequently, it was preferable to leave that matter unsettled and to adopt a general formula which would leave the parties free to come to an agreement on that point. That was the method chosen by the sponsors of the joint draft resolution. The latter should give full satisfaction both to Italy - since it mentioned the International Court of Justice - and to Austria-since it provided for the possibility of recourse to the good offices of the Secretary-General. He hoped that the two countries would succeed in reaching agreement, for the dispute was only of relative importance compared with the grave problems involved in ensuring peace and security for mankind.

16. Mr. ITTURALDE CHINEL (Bolivia) said that, in his opinion, the question under discussion was basically a juridical issue and the International Court of Justice was, in the last resort, the most appropriate jurisdictional body to deal with the case. He was glad, therefore, that the Court was mentioned in the joint draft resolution. The latter urged the two parties to resume negotiations but it also indicated all the peaceful means which would be available to them if those negotiations failed; it mentioned the possibility of recourse to the Court, which was favoured by Italy, as well as other peaceful means which Austria might prefer. Thus the text represented the best possible conciliatory formula.

17. Mr. MOREAU DE MELEN (Belgium) said that he had not yet taken part in the discussion but had intended to state his point of view when the vote was taken. He was particularly glad that the two delegations concerned had accepted the joint draft resolution. After recalling the ancient historical links which united his country both to Italy and to Austria, and the points they had in common, he said that he had sincerely hoped to see the dispute successfully settled and was all the more glad that the solution which had been reached was in accordance with juridical principles.

18. Mr. VELAZQUEZ (Uruguay) said that his delegation had participated in the search for a compromise formula and was very pleased with the result achieved. That outcome was the best reward for all the representatives who, mindful of the debt of gratitude they had towards the two countries concerned, had endeavoured to show understanding and goodwill.

19. Mr. KREISKY (Austria) expressed his most sincere gratitude to all the countries who had endeavoured to find a solution to the problem. He was glad to be able to accept the draft resolution, which created fundamentally new conditions that he hoped would lead to a solution of the problem.

20. Mr. SEGNI (Italy) thanked the Argentine, Brazilian, Paraguayan and Uruguayan representatives for their constructive contribution to the discussion. The submission of their draft resolution (A/SPC/L.46 and Corr.1) marked a decisive step towards a solution corresponding to the sense of the debate and acceptable to both parties. He wished to express the Italian delegation's appreciation to all the sponsors of the joint draft resolution and to the many

representatives who by their distinguished statements had brought out the true nature of the question under consideration.

21. Italy, which had already declared its determination to proceed with Austria along the lofty path of respect for treaties, was glad to agree to the joint draft resolution, which was inspired by the same spirit. The text clearly showed that the dispute between Austria and Italy had arisen over the implementation of the Paris agreement; it also reflected the desire expressed by all speakers that the difference should be settled by bilateral negotiations. The efforts which the two parties would make towards such a settlement would find a setting in the friendly relations between the two countries which were in the natural order of things.

22. In the event of the failure of bilateral negotiations, the joint draft resolution envisaged other peaceful means of settlement, such as recourse to the International Court of Justice or any other means chosen by common agreement between the two parties. The Italian Government was prepared to do whatever was necessary in order that the two countries might reach a final settlement of the question. The Italian delegation therefore expressed confidence that the two parties would speedily manage, by direct methods, to settle the differences which existed in respect of the implementation of the Paris agreement.

23. Mr. HOOD (Australia) said that he had followed with the greatest interest the discussions in the Committee and the sincere efforts which had been made to settle the dispute within the framework of the United Nations. It was very encouraging to note that the two parties accepted the joint draft resolution, which the Australian delegation too would support. In the interest of accuracy, however, he would point out that the phrase "has been regulated" in the second preambular paragraph of the English text was perhaps a little too positive; it gave the impression that the matter was settled. That might be due to the fact that an attempt had been made to bring the English text into line with the Spanish. Perhaps the phrase "is governed by" would be the correct translation.

24. Mr. O'BRIEN (Ireland) said that there were one or two points of translation which remained to be cleared up. The sponsors of the draft resolution had felt that it was better not to delay the vote and that those problems could be settled after the meeting had risen.

25. Mr. AMADEO (Argentina) considered that changes made in the text after the vote could be on points of translation only; he felt that, if the Australian representative wished to have the English text changed, it would be better for him to submit an amendment to that effect. As, however, the Argentine delegation was anxious to maintain the unanimity of which the draft resolution seemed assured, he hoped that the Australian representative would not press the point.

26. Mr. JUNG (India) said that he shared the Argentine representative's hope. The word "regulated" in the English text had been deliberately chosen to emphasize that an international agreement already regulated the situation of the German-speaking element. He therefore felt it was preferable to retain that word; he considered that the text as adopted should not be changed after the vote, particularly as the two parties concerned had accepted it.

27. Mr. ROSSIDES (Cyprus) endorsed the previous statement and suggested that, in order to satisfy the Australian representative, the words "has been regulated" should be replaced by the words "has been the subject of". The Committee would then be able to vote on the text as amended.

28. Mr. HOOD (Australia) assured the Committee that his delegation had no desire to impede the proceedings. It seemed to him that the sponsors of the joint draft resolution could amend the English text either before or after the vote. He had no objection, however, to the Committee proceeding to the vote.

29. The CHAIRMAN recalled that the Argentine representative had requested that the joint draft resolution (A/SPC/L.50) should be put to the vote first.

It was so decided.

30. Mr. AMADEO (Argentina), speaking on behalf of the sponsors of the four-Power draft resolution (A/SPC/L.46 and Corr.1), said that if the joint draft resolution was adopted the four-Power draft resolution would be regarded as automatically withdrawn.

31. Mr. GARCIA ROBLES (Mexico) said that the sponsors of the draft resolution (A/SPC/L.49 and Add.1) considered that it should be replaced by the joint draft resolution, which, he suggested, should be carried by acclamation.

The joint draft resolution (A/SPC/L.50) was adopted by acclamation.

32. The CHAIRMAN recalled that, at the outset of the Special Political Committee's proceedings, he had expressed the hope that the Committee would be able to carry out its work successfully. The speeches made on the item which the Committee had just completed had invariably been designed to smooth out the difficulties between the two parties concerned. He congratulated the Committee upon having fulfilled its task so admirably.

33. Mr. KREISKY (Austria) said that his delegation would not press for a vote on its draft resolution (A/SPC/L.45/Rev.1).

11. 1960: Dokumentensammlung der VN

DOCUMENT A/4395

Austria: request for the inclusion of an item in the provisional agenda of the fifteenth session

11.1. Brief Kreisky mit Memorandum

Siehe oben unter Punkt VII.2. [133].

11.2. Brief Matsch vom 04.10.1960

Siehe oben unter Punkt VII.5.

[133] Um der Klarheit der Darstellung willen, wird auf bereits dargestellte Dokumente lediglich verwiesen.

11.3. Brief Martino vom 12.10.1960

DOCUMENT A/SPC/44

Letter dated 12 October 1960 from the Chairman of the delegation of Italy to the United Nations, addressed to the Secretary-General

[Original text: English]
[14 October 1960]

With reference to the forthcoming discussion on the item entitled "The status of the German-speaking element in the Province of Bolzano (Bozen); implementation of the Paris agreement of 5 September 1946", I have the honor to request that the enclosed memorandum of the Italian delegation be circulated as a document of the General Assembly.

(Signed)
Gaetano MARTINO

11.4. Report of Special Political Committee

DOCUMENT A/4553 [134]

Report of the Special Political Committee

[Original text: English and Spanish]
[28 October 1960]

1. In a letter dated 23 June 1960 (A/4395), the Minster of Foreign Affairs of Austria requested the inclusion in the agenda of the fifteenth session of the General Assembly of an item entitled "The problem of the Austrian minority in Italy". In an acompanying memorandum, Austria complained that the Paris agreement of 5 September 1946 [135], which provided for legislative and executive autonomy of the South Tyrolean population in order to protect the ethnic and cultural character of the Austrian population in that area, had been interpreted and applied by Italy in a way that contradicted its purpose in essential respects. For several years, efforts through negotiations between the

---

134 Incorporating document A/4553/Corr.1.

135 United Nations, *Treaty Series*, vol. 49 (1950), No. 747, annex IV.

Austrian and Italian Governments had failed to achieve a solution to the question, and the situation had become more and more acute. Accordingly, Austria requested the General Assembly, under Articles 10 and 14 of the Charter, to consider the dispute between Austria and Italy in order to bring about a just settlement based on democratic principles, by which the Austrian minority in Italy would be conceded a true autonomy so as to enjoy the self-administration and self-government it needed for protection of its existence as a minority.

2. By a letter dated 4 October (A/4530), Austria transmitted a further memorandum on the subject, and on 12 October Italy also transmitted a memorandum (A/SPC/44), in connexion with the question.

3. During the consideration of the agenda of the fifteenth session, the General Committee, at its 128th meeting on 23 September, following objections raised by Italy to the title of the agenda item proposed by Austria, decided, upon the proposal of Canada, to recommend that the title of the agenda item be amended to read: "The status of the German-speaking element in the Province of Bolzano (Bozen); implementation of the Paris agreement of 5 September 1946".

4. The General Assembly included the item as thus amended in the agenda at the 898th plenary meeting on 10 October, and at the 904th plenary meeting on 13 October, decided to refer it to the Special Political Committee for consideration and report.

5. The Special Political Committee decided to take up the question as the first item of its agenda, and considered it at its 176th to 185th meetings, held between 18 and 27 October 1960.

6. On 14 October, Austria submitted a draft resolution (A/SPC/L.45 and Corr.1), whereby the General Assembly, considering, *inter alia*, that the dispute which had arisen between Austria and Italy centered on the question of the area to which substantial and effective regional autonomy should be granted in order to safeguard the existence of the Austrian minority, would

(1) recognize the justified demand of the South Tyroleans for substantial and effective regional autonomy;

(2) recommend that the two parties concerned resume without delay negotiations aiming at the establishment of the Province of Bozen/Bolzano as an autonomous region with legislative and executive power; and

(3) invite the two parties to submit a report on the result of their negotiations to the General Assembly at its sixteenth session.

7. At the 182nd meeting of the Special Political Committee on 25 October, Austria submitted a revised draft resolution (A/SPC/L.45/Rev.1), whereby the Assembly would invite Austria and Italy to enter without delay into negotiations on the implementation of the Paris agreement of 5 September 1946 in order to find a just and democratic solution, and would request the Secretary-General to place himself at the disposal of the parties to provide them with any assistance they might require during course of negotiations, either directly or by means of a representative.

8. At the same meeting, Argentina, Brazil, Paraguay and Uruguay submitted a joint draft resolution (A/SPC/L.46 and Corr.1) according to which the General Assembly would

(1) urge the two parties concerned to resume negotiations with a view to finding a solution for all differences relating to the implementation of the Paris agreement;
(2) recommend that in the event of these negotiations not leading to satisfactory results within a reasonable period of time, both parties should give favorable consideration to the possibility of submitting the said differences to the appropriate jurisdictional bodies; and
(3) likewise recommend that the countries in question should refrain from any action which might impair their friendly relations.

9. At the 183rd meeting on 26 October, the Committee adopted a proposal of the representative of Ireland that the voting be postponed in order to allow an attempt to be made to combine the two draft resolutions before the Committee and produce a version that might be more widely acceptable.

10. At the 184th meeting on 26 October, the representative of Ireland introduced the following three proposals co-sponsored by Ceylon, Cyprus, Denmark, Ecuador, Ghana, India, Iraq, Ireland, Jordan and Mexico:

(a) An amendment (A/SPC/L.47) to revised Austrian draft resolution (A/SPC/L.45/Rev.1) that would, *inter alia*, modify operative paragraph 1 to invite the parties to conduct negotiations without delay on the implementation of the Paris agreement in order to find a solution in conformity with the principles of justice and international law; and would modify operative paragraph 2 to recommend that in the event of the negotiations referred to not leading to satisfactory results within a reasonable period of time, both parties should give favorable consideration to the possibility of seeking a solution to their differences by other peaceful means of their own choice.

(b) An amendment (A/SPC/L.48) to the four-Power draft resolution (A/SPC/L.46 and Corr.1) which would, *inter alia*, modify operative paragraph 2 to recommend that in the event of the negotiations not leading to satisfactory results with a reasonable period of time, both parties should give favorable consideration to the possibility of seeking a solution to their differences by other peaceful means of their own choice.

(c) A joint draft resolution (A/SPC/L.49) providing, in its operative paragraphs, that the General Assembly

(1) invite Austria and Italy to conduct negotiations without delay on the implementation of the Paris agreement in order to find a solution in conformity with the principles of justice and international law;
(2) recommend that in the event of the negotiations not leading to satisfactory results within a reasonable period of time, both parties should give favorable consideration to the possibility of seeking a solution of their differences by other peaceful means of their own choice; and
(3) likewise recommend that the countries in question should refrain from any action which might impair their friendly relations.

11. At the same meeting, the Committee agreed to a proposal of the representative of Argentina that it postpone voting on the draft resolutions and amendments before it in order to make a further effort to reconcile the various texts.

12. At the 185th meeting on 27 October, the representative of Argentina introduced a draft resolution (A/SPC/L.50), sponsored by the following seventeen Powers: Argentina, Bolivia, Brazil, Canada, Ceylon, Cyprus, Denmark, Ecuador, Ghana, India, Iraq, Ireland, Jordan, Mexico, Norway, Paraguay and

Uruguay, which incorporated a number of provisions contained in the two joint draft resolutions previously submitted to the Committee: Under its operative paragraphs, the General Assembly would

(1) urge the two parties concerned to resume negotiations with a view to finding a solution for all differences relating to the implementation of the Paris agreement of 5 September 1946;

(2) recommend that in the event of the negotiations referred to not leading to satisfactory results within a reasonable period of time, both parties should give favorable consideration to the possibility of seeking a solution to their differences by any of the means provided in the Charter including recourse to the International Court of Justice or any other peaceful means of their own choice; and

(3) likewise recommend that the countries in question should refrain from any action which might impair their friendly relations.

13. Upon the motion of the representative of Argentina at the 185th meeting, the Committee agreed without objection to give priority in the voting to the draft resolution (A/SPC/L.50) sponsored by seventeen Powers.

14. Following statements by a number of representatives, including those of Austria and Italy, that they would support the draft resolution, the Chairman stated that if there was no request for a vote on the draft resolution, he would consider it adopted by acclamation. The draft resolution (A/SPC/L.50) sponsored by seventeen Powers was accordingly adopted by acclamation.

15. The sponsors of the other draft resolutions that had been submitted to the Committee did not press for votes on their proposals.

Recommendation of the Special Political Committee

16. The Special Political Committee therefore recommends to the General Assembly the adoption of the following resolution:

[Text adopted by the General Assembly without change. See "Action taken by the General Assembly" below.]

11.5. Action taken by GV

ACTION TAKEN BY THE GENERAL ASSEMBLY

As its 909th plenary meeting on 31 October 1960, the General Assembly adopted the draft resolution submitted by the Special Political Committee (A/4553, para. 16). For the final text, see resolution 1497 (XV) below.

11.6. Resolution 1497 (XV) vom 31.10.1960

1497 (XV).THE STATUS OF THE GERMAN-SPEAKING ELEMENT IN THE PROVINCE OF BOLZANO (BOZEN); IMPLEMENTATION OF THE PARIS AGREEMENT OF 5 SEPTEMBER 1946

The General Assembly,

Having considered, item 68 of the agenda,

Considering that the status of the German-speaking element in the Province of Bolzano (Bozen) has been regulated by an international agreement between Austria and Italy, signed in Paris on September 1946,

Considering that the said agreement establishes a system designed to guarantee the German-speaking inhabitants of that Province "complete equality of rights with the Italian-speaking inhabitants, within the framework of special provisions to safeguard the ethnical character and the cultural and economic development of the German-speaking element",

Bearing in mind that a dispute has arisen between Austria and Italy in regard to the implementation of the said agreement,

Desirous of preventing the situation created by the dispute from impairing the friendly relations between the two countries,

1 *Urges* the two parties concerned to resume negotiations with a view to finding a solution for all differences relating to the implementation of the Paris agreement of 5 September 1946;

2. *Recommends* that in the event of the negotiations referred to in paragraph 1 above not leading to satisfactory results within a reasonable period of time, both parties should give favorable consideration to the possibility of seeking a solution of their differences by any of the means provided in the Charter of the United Nations including recourse to the International Court of Justice or any other peaceful means of their own choice;

3. *Likewise recommends* that the countries in question should refrain from any action which might impair their friendly relations.

909th plenary meeting,
31 October 1960.

12. Dokumente zu 1961

DOCUMENT A/4802

Austria: request for the inclusion of an item in the provisional agenda of the sixteenth session

[Original text: English]
[25 July 1961]

LETTER DATED 18 JULY 1961 FROM THE PERMANENT REPRESENTATIVE OF AUSTRIA TO THE UNITED NATIONS; ADRESSED TO THE SECRETARY-GENERAL

1. In Accordance with instructions received from my Government I have the honor to inform you that the Government of the Republic of Austria has decided on 18 July 1961 to propose with reference to rule 13 (e) of the rules of procedure of the General Assembly the following item for inclusion in the agenda of the sixteenth regular session of the United Nations General Assembly: "The status of the German-speaking element in the Province of Bolzano (Bozen); implementation of resolution 1497 (XV) of the General Assembly of the United Nations of 31 October 1960."

2. An explanatory memorandum under the terms of rule 20 of the rules of procedure of the General Assembly will be transmitted within the next days.

(Signed) F. MATSCH
Permanent Representative of Austria
to the United Nations

DOCUMENT A/4802/ADD.1

Letter dated 25 July 1961 from the Permanent Representative of Austria to the United Nations, addressed to the Secretary-General

Pursuant to my letter No. 263-Res/61 of 18 July 1961, in which I proposed the item "The status of the German-speaking element in the Province of Bolzano (Bozen); implementation of resolution 1497 (XV) of the General Assembly of the United Nations of 31 October 1960" for inclusion in the agenda of the sixteenth regular session of the United Nations General Assembly, I have the honor to transmit, under same cover, an explanatory memorandum under the terms of rule 20 of the rules of procedure of the General Assembly.

(Signed) F. MATSCH
Permanent Representative of Austria
to the United Nations

EXPLANATORY MEMORANDUM

1. On 31 October 1960, and following thorough discussion of the South Tyrol Problem in the Special Political Committee, the General Assembly adopted unanimously resolution 1497 (XV), urging Austria and Italy to resume negotiations on the implementation of the Paris agreement of 5 September 1946 [136], and recommending that in the event of these negotiations not leading to satisfactory results, both parties should give favorable consideration to the possibility of seeking a solution of their differences by other peaceful means.

---

136 United Nations, Treaty Series. vol. 49 (1950), No. 747, annex IV.

2. In compliance with these recommendations, Austria and Italy resumed their bilateral negotiations early in 1961 in an effort to arrive at a reconciliation of their different points of view. To this end, delegations headed by the Foreign Ministers of the two countries met at Milan, Italy, on 27 and 28 January; at Klagenfurt, Austria, on 24 and 25 May; and at Zurich, Switzerland, on 24 June 1961. Prior to the Klagenfurt meeting, the two points of view had been clarified through diplomatic channels, and prior to the Zurich meeting the two positions had been thoroughly examined by an Austro-Italian Committee of Experts.

3. However, since it proved impossible to reach a narrowing-down of the differences of opinion, all these efforts, unfortunately, failed.

4. In view of this situation, the Austrian delegation at the Zurich meeting deemed it necessary to propose to the Italian delegation, in accordance with operative paragraph 2 of General Assembly resolution 1497 (XV) of 31 October 1960, to enter into negotiations on the selection of another peaceful means for the settlement of the dispute. To this effect, Austria proposed the establishment of an International Commission of Inquiry to examine the facts of the situation, whereas Italy held the view that the most appropriate peaceful means would be to submit the question to the International Court of Justice.

5. In compliance with a request of the Italian delegation, the Austrian proposal was formulated in a note verbale of 4 July 1961, to which, however, the Austrian Government has so far not received the promised reply from the Italian Government.

6. Since it is impossible for the Government of Austria to avail itself of another peaceful means, as recommended by the aforementioned General Assembly resolution, without the consent of the Government of Italy, the Austrian Government feels compelled to propose, in good time, the inscription of this item on the agenda of the sixteenth session of the United Nations General Assembly, in order to report to the General Assembly on the outcome of the bilateral negotiations, and in order to request the General Assembly's assistance in Selecting another peaceful means for the solution of the dispute, in accordance with General Assembly resolution 1497 (XV) of 31 October 1960.

DOCUMENT A/4884

Letter dated 22 September 1961 from the Permanent Representative of Italy to the United Nations addressed to the United Nations

[Original text: English]
[22 September 1961]

With reference to the item entitled "The status of the German-speaking element in the Province of Bolzano (Bozen); implementation of General Assembly resolution 1497 (XV) of 31 October I960 I have the honor to request that the enclosed memorandum of the Italian delegation be circulated as a document of the General Assembly.

(Signed) V. ZOPPI
Permanent Representative of Italy
to the United Nations

MEMORANDUM OF THE ITALIAN DELEGATION

1. On 18 July 1961, the Austrian Government requested the Secretary-General to enter the following item on the provisional agenda of the sixteenth session of the United Nations General Assembly:

"The status of the German-speaking element in the Province of Bolzano (Bozen); implementation of resolution 1497 (XV) of the General Assembly of the United Nations of October 31, 1960".

2. Such a decision was taken by the Austrian Government regardless of the fact that the negotiations contemplated in paragraph 1 of the aforementioned resolution of the General Assembly could not be considered as terminated. Those negotiations called upon both nations to resume negotiations with a view to finding a solution for all differences relating to the implementation of the Paris agreement dated 5 September 1946.

In three successive bilateral meetings held at Milan on 27 - 28 January, Klagenfurt on 24-25 May and Zurich on 24 June, representatives of the Austrian Government prevented a settlement of the controversy because they advanced repeated requests for the establishment for the Province of Bolzano as an autonomous region with legislative and executive powers, separated from the Trentino-Alto Adige region. In other words, the Austrian Government again advanced, in bilateral negotiations, the proposal presented to the Special Political Committee of the General Assembly last year (doc. A/ SPC/L.45 of 14 October 1960) [137], which it was then compelled to withdraw.

The Italian Government, while again confirming that it has executed the said agreement and declaring itself prepared to submit to a binding judgment of a competent body the interpretation and implementation of the said Agreement, has made a series of substantial offers.

Bolzano Province is already vested with autonomous legislative and administrative powers, similar to those granted to other autonomous regions existing within the Italian State. During the aforesaid negotiations, the Italian Government suggested the possibility of transferring to the Bolzano Province - under new regulations concerning delegation of authority by the said region-administrative powers over a great part of those items that, under the present legislation, are the competence of the Trentino-Alto Adige region.

The Italian Government is of the opinion that such proposals and others already advanced are worthy of more careful examination and call for a more constructive attitude on the part of the Austrian authorities. Such provisions, in addition to those which have already assured execution of the Paris agreement, were highly suitable to the further advancement of the German-speaking population of Alto Adige by virtue of their content and scope.

3. In a Note dated 4 July 1961, the Austrian Government considered as terminated negotiations on paragraph 1 of the 1960 resolution (1497 (XV)) of the (General Assembly and asked to pass to paragraph 2 of the said resolution. Although convinced that such a step was unjustified and even premature, in view of the fact that examination of the elements of the controversy was by no means concluded, the Italian Government again showed its willingness to

---

137 See Official Records of the General Assembly, Fifteenth Session, Annexes, agenda item 68, document A/4553. para. 6.

reach a settlement and declared itself ready to consider this paragraph 2 with the Austrian authorities.

4. A few days after delivery of the Austrian Note, extremely serious events occurred, and the Italian Government was compelled to indicate the international. juridical, ethical and political responsibility of the Austrian Government. Terrorist attempts had already taken place at an earlier date in Bolzano Province. A new series of attacks were launched on 12 July, also embracing other Italian provinces and even directed against international communications.

This induced the Italian Government to temporarily delay any reply to the aforesaid Austrian Note.

Addressing the Italian Chamber of Deputies on 13 July, the Prime Minister declared:

"Meeting on the 7th of this month, the Cabinet decided to reply to this Note by denying Austrian assertions that all attempts to reach a settlement had failed. It decided to point out Austria's constant hastiness in passing from formal attempts at agreement to other methods. It decided also to remind Austria that, if the question was of guaranteeing the offers made, Italy was prepared to discuss the most suitable methods. In any case, it was not possible to accept the proposal for a Committee of Inquiry in loco dealing with a question, the juridical and diplomatic limits of which had already been clearly defined by the United Nations in its resolution. The Cabinet again suggested an appeal to a jurisdictional body such as the International Court, in accordance with the Charter and the resolution of the United Nations, as well as the Strasbourg Convention [138]".

5. The Austrian Government, choosing to ignore the statements made by the Italian Prime Minister, asked on 18 July - well in advance of the time limit set forth by the rules of procedure of the General Assembly - that the whole question be entered on the agenda of the sixteenth session of the General

[138] European Convention for the Peaceful Settlement of Disputes, Strasbourg, 29 April 1957.

Assembly. In fact, the request for entry on the agenda could have been made during the following thirty days.

6. The Italian Government, with a view of safeguarding the characteristics and the development of the German-speaking population of Bolzano Province, as provided for in the De Gasperi - Gruber agreement, has not been deterred from its aims by the unconstructive attitude of the Austrian authorities.

On the contrary, it has recently undertaken a scheme for a joint examination of the local Situation, as a means of overcoming the difficulties involved, and representatives of the various sections of the interested population have declared their readiness to participate. To this end, a special committee has been appointed composed of Members of Parliament, representatives of the local government and economic interests, chosen according to the respective proportions of the linguistic groups. This Committee began its proceedings on 13 September. Its tasks will best be achieved if the work is conducted in a peaceful atmosphere and in the absence of any sort of pressure.

7. The Italian Government - in conclusion - is forced to State that if Austrian goodwill had been equal to that shown by Italy, the controversy between the two Nations could have been settled according to the methods suggested in the resolution approved last year.

The Italian Government deplores the fact that the attitude of the Austrian authorities, far from facilitating the implementation of the said resolution, has led to a progressive deterioration of the situation. The organization of anti-Italian agitation, centered for years in Austrian territory, and the more recent criminal activities resulting from said organization, certainly cannot be considered as conducive to distention and to the attainment of the objectives outlined in the Charter of the United Nations.

The Italian Government, having duly noted the above, is still prepared to make every possible effort towards the execution of resolution 1497 (XV).

DOCUMENT A/SPC/55

Letter dated 10. November 1961, from the Permanent Representative of Austria to the United Nations, transmitting a memorandum of the Austrian Federal Government concerning the South Tyrol question, addressed to the Acting Secretary-General

[Original text: English]
[10. November 1961]

With reference to my letter No. 263-Res/61 of 18 July 1961, and in accordance with instructions received from my Government, I have the honor to request that the enclosed memorandum of the Austrian Federal Government concerning the South Tyrol question be distributed as a General Assembly document to the delegations of the General Assembly, in view of the forthcoming discussion, in the Special Political Committee of the sixteenth General Assembly, of the item entitled "The status of the German-speaking element in the province of Bolzano (Bozen), implementation of resolution 1497 (XV) of the General Assembly of the United nations of 31 October 1960".
Accept, etc.

(Signed) F. MATSCH
Permanent Representative of Austria
to the United Nations

DOCUMENT A/SPC/L.77
Cyprus, India and Indonesia: draft resolution

[Original text: English]
[22 November 1961]

The General Assembly,

Recalling its resolution 1497 (XV) of 31 October 1960,

Having heard the statements of the representatives of Austria and Italy that the two parties in conformity with the above resolution conducted bilateral negotiations between January and June 1961 but have so far been unable to find a solution of their differences as to the implementation of the Paris Agreement of 5 September 1946, and failed to agree to another peaceful means of solution, as provided by the said resolution,

Considering that a peaceful and just solution should be found,

1. *Invites* the two parties concerned to continue their efforts in bilateral negotiations towards a solution on the basis of the Paris Agreement of 5 September 1946, as recommended by General Assembly resolution 1497 (XV);

2. *Recommends* that in the event of failure of such efforts the parties agree upon designation of organs or persons for the purpose of facilitating the further implementation of the said resolution 1497 (XV);

Further recommends that the countries in question continue in refraining from any action which might impair their friendly relations.

DOCUMENT A/SPC/L.77/REV.1 and ADD.1 [139]

Argentina, Chile, Cyprus, Greece, Guatemala, India, Indonesia, Ireland, Panama, Peru, Sweden, United Arab Republic, Uruguay and Yemen: revised draft resolution

[Original text: English]
[23 November 1961]

The General Assembly,

Recalling resolution 1497 (XV),

Noting with satisfaction the negotiations which are taking place between the two parties concerned,

Noting further that the dispute remains as yet unresolved,

---

139 Document A/SPC/L.77/Rev.1/Add.1 dated 23 November 1961, was for the purpose of adding Argentina, Chile, Greece, Guatemala, Ireland, Panama, Peru, Sweden, United Arab Republic, Uruguay and Yemen to the list of sponsors of the draft resolution.

Calls for further efforts between the two parties concerned to find a solution according to operative paragraphs 1, 2 and 3 of the above-mentioned resolution.

DOCUMENT A/4982
Report of the Special Political Committee

1. In a letter dated 18 July 1961 (A/4802), the Permanent Representative of Austria to the United Nations requested the inclusion in the agenda of the sixteenth Session of the General Assembly of an item entitled "The status of the German-speaking element in the Province of Bolzano (Bozen); implementation of resolution 1497 (XV) of the General Assembly of the United Nations of 31 October 1960. In an explanatory memorandum (A/4802/Add.1), submitted on 25 July, it was stated that in accordance with General Assembly resolution 1497 (XV), adopted unanimously by the Assembly at its fifteenth session, Austria and Italy had resumed their bilateral negotiations early in 1961 in an effort to arrive at a reconciliation of their different points of view. Representatives of the two countries had met at Milan, Italy, on 27 and 28 January, at Klagenfurt, Austria, on 24 and 25 May and at Zurich, Switzerland, on 24 June 1961. However, those discussions did not result in a narrowing-down of the differences of opinion and were unsuccessful in their objective. Consequently, Austria, at the Zurich meeting, had deemed it necessary to propose to Italy, in accordance with operative paragraph 2 of General Assembly resolution 1497 (XV) to enter into negotiations on the selection of another peaceful means for the settlement of the dispute and had suggested the establishment of an international commission of inquiry to examine the facts of the situation. Italy, on the other Hand, had held the view that the most appropriate peaceful means would be to submit the question to the International Court of Justice. In compliance with the request by Italy, Austria had formulated its proposal in a note verbale of 4 July 1961, to which, however, it had so far not received a reply. Since it appeared impossible for Austria to avail itself of the recommendation of utilizing another peaceful means without the consent of Italy, Austria felt compelled to propose, in good time, the inclusion of this item in the agenda of the sixteenth session of the General Assembly in order to seek the Assembly's assistance in selecting another peaceful means for the Solution of the dispute in accordance with its resolution 1497 (XV) of 31 October 1960.

2. By a letter dated 22 September 1961 (A/4884), the Permanent Representative of Italy to the United Nations transmitted a memorandum in which it was stated that Austria's request to include the question of the status of the German-speaking element in the Province of Bolzano in the agenda of the sixteenth session of the General Assembly had been made regardless of the fact that the negotiations recommended in operative paragraph 1 of resolution 1497 (XV) of the General Assembly could not be considered as terminated. In the three bilateral meetings that had taken place, Austria had repeatedly requested the establishment of the Province of Bolzano as an autonomous region with legislative and executive powers separated from the Trentino-Alto Adige region - a proposal which it had already advanced last year in the Special Political Committee. Italy, while again confirming that it had executed the Paris agreement of 5 September 1946 and declaring that it was still prepared to submit to a binding judgement of a competent body the interpretation and implementation of the said agreement, had made a series of substantial offers. For instance, it had suggested the possibility of transferring to the Bolzano Province administrative powers over a great part of those items that, under the present legislation, were the competence of the Trentino-Alto Adige region. Italy, therefore, held the opinion that its proposals were worthy of more careful examination and called for a more constructive attitude on the part of Austria. However, in a Note of 4 July, Austria considered the negotiations on operative paragraph 1 of resolution 1497 (XV) as terminated and requested to proceed to operative paragraph 2 of the same resolution. In spite of its conviction that such a step was unjustified and premature, Italy, in order to reach a satisfactory solution, declared itself ready to consider that paragraph. However, a few days af the delivery of the Austrian Note, extremely serious events occurred and Italy "was compelled to indicate the international, juridical, ethical and political responsibility of the Austrian Government". Moreover, a new Series of acts of violence were started on 12 July, embracing other Italian provinces and even directed against international communications. Those events induced "the Italian Government to temporarily delay any reply to the aforesaid Austrian Note". In Spite of that, on 13 July, the Prime Minister of Italy while addressing the Italian Chamber of Deputies declared that his Cabinet had decided on 7 July to reply to the Austrian Note by denying Austria's assertions that all attempts to reach a settlement had failed. It also had decided to point out Austria's constant hastiness in passing from formal attempts at agreement to other methods. While Italy was not prepared to accept the proposal for a

committee of inquiry in loco, it would reiterate its suggestion of an appeal to a jurisdictional body such as the International Court of Justice. Austria, instead of taking into consideration that statement of the Italian Prime Minister, chose to refer the matter again to the General Assembly. Italy regretted Austria's decision because it was still prepared to make every possible effort towards the execution of resolution 1497 (XV).

3. By a letter dated 10 November 1961 (A/SPC/55), Austria transmitted a further memorandum in connexion with the above question.

4. At its 136th meeting on 21 September, the General Committee decided to recommend inclusion of the proposed item. At its 1014th plenary meeting on 25 September, the General Assembly decided to include the item in its agenda and, at its 1018th plenary meeting on 27 September, further decided to refer the item to the Special Political Committee for consideration and report.

5. The Special Political Committee considered the question in the course of its 289th-290th meetings and 293rd-296th meetings, inclusive, between 15 and 23 November 1961.

6. At the 294th meeting on 22 November, Cyprus introduced a draft resolution (A/SPC/L.77), co-sponsored by India and Indonesia, whereby the General Assembly, recalling its resolution 1497 (XV) of 31 October 1960, and having heard the Statements of the representatives of Austria and Italy that the two parties in conformity with the above resolution had conducted bilateral negotiations between January and June 1961 but had so far been unable to find a solution of their differences as to the implementation of the Paris agreement on 5 September 1946 and had failed to agree as to another peaceful means of solution, as provided by the said resolution, and considering that a peaceful and just solution should be found, would: (1) invite the two parties concerned to continue their efforts in bilateral negotiations towards a solution on the basis of the Paris agreement of 5 September 1946, as recommended by the General Assembly resolution 1497 (XV), (2) recommend that in the event of failure of such efforts the parties agree upon the designation of organs or persons for the purpose of facilitating the further implementation of the said resolution 1497 (XV); and (3) further recommend that the countries in question continue in refraining from any actions which might impair their friendly relations.

7. At the 296th meeting on 23 November, Cyprus, on behalf of the co-sponsors, introduced a revised text of the draft resolution (A/SPC/L.77/Rev.1), under the terms of which the General Assembly, recalling resolution 1497 (XV) and noting with satisfaction the negotiations which were taking place between the two parties concerned and noting further that the dispute remained as yet unsolved, would call for further efforts between the two parties concerned to find a solution according to operative paragraphs 1, 2 and 3 of the above-mentioned resolution. In the course of the meeting, Argentina, Chile, Greece, Guatemala, Ireland, Panama, Peru, Sweden, United Arab Republic, Uruguay and Yemen also joined as co-sponsors of the revised joint draft resolution (A/SPC/L.77/Rev.1/Add.1).

8. At the same meeting, the Committee adopted the revised draft resolution A/SPC/L.77/Rev. 1 and Add.1 unanimously.

Recommendation of the Special Political Committee

9. The Special Political Committee, therefore, recommends to the General Assembly the adoption of the following draft resolution:

[Text adopted by the General Assembly without change. See "Action taken by the General Assembly" below.]

ACTION TAKEN BY THE GENERAL ASSEMBLY

At its 1067th plenary meeting on 28 November 1961, the General Assembly adopted the draft resolution submitted by the Special Political Committee (A/4982, para. 9). For the final text, see resolution 1661 (XVI) below.

12.1. Resolution 1661 (XVI) vom 28.11.1961

1661 (XVI). THE STATUS OF THE GERMAN-SPEAKING ELEMENT IN THE PROVINCE OF BOLZANO (BOZEN)

The General Assembly,

Recalling resolution 1497 (XV),

Noting with satisfaction the negotiations which are taking place between the two parties concerned,

Noting further that the dispute remains as yet unresolved,

Calls for further efforts between the two parties concerned to find a solution according to operative paragraphs 1, 2 and 3 of the above-mentioned resolution.

1067th plenary meeting,
28 November 1961.

13. Debatte 1961

Chairman Mr. Yordan T C H O B A N O V (Bulgaria).

A G E N D A I T E M 74

The status of the German-speaking element in the Province of Bolzano (Bozen); implementation of General Assembly resolution 1497 (XV) of 31 October 1960 (A/4802 and Add.1, A/4884; A/SPC/55)

1. Mr. KREISKY (Austria) after describing the close economic and cultural ties by which Italy and Austria had long been bound, gave an account of the

negotiations which had taken place between the two countries in pursuance of the resolution unanimously adopted by the General Assembly in 1960 (1497 (XV)).

2. That resolution had been extremely important. First, it had reaffirmed that the Paris agreement[140] guaranteed to the minority in South Tyrol complete equality of rights with the Italian-speaking inhabitants, within the framework of special provisions to safeguard its ethnical character and its cultural and economic development. Secondly, it had recognized Austria's legal right to engage in negotiations on the question, which Italy had disputed for many years. Lastly, operative paragraph 2 had provided that if the negotiations did not lead to satisfactory results within a reasonable period of time, both parties would give favorable consideration to the possibility of seeking a solution of their differences by any of the means provided in the Charter of the United Nations, including recourse to the International Court of Justice or any other peaceful means of their own choice.

3. At the very outset of the negotiations, at Milan in January 1961, the Austrian Minister of Foreign Affairs had declared that a truly satisfactory solution of the South Tyrol problem could be achieved only by application of the principles of the right of self-determination. He had added, however, that such a solution was not realizable, since any attempt to settle the problem on that basis would seriously disturb democratic Europe and be harmful to the interests of all concerned. The Austrian Government had accordingly come to the conclusion that a permanent settlement satisfactory to both parties should be sought through the implementation of article 2 of the Paris agreement, in other words by granting full regional autonomy to the existing Province of Bozen. Thus, the Austrian Government could not be accused of pursuing revisionist aims or seeking frontier changes. But while it had shown moderation by not calling for the application of the right of self-determination, it must demand that the people of the South Tyrol should be granted the right to autonomy. Moreover, autonomy could be carried into effect without modifying the Italian frontier, and within the framework of the present Italian Constitution, article 114 of which provided for the establishment of autonomous regions. In addition, such a solution would be in accordance with article 2 of the Paris agreement, which

---

140 United Nations, Treaty Series, vol.49 (1950), No. 747, annex IV.

provided that the population of the South Tyrol should be granted the exercise of autonomous legislative and executive power.

4. The bilateral negotiations which had been held between Austria and Italy in 1961, first at Milan in January, and then at Klagenfurt in May, and Zurich, in June had not been successful. Austria held that under the terms of the Paris agreement all the legislative and administrative powers necessary for genuine autonomy should be transferred to the province of Bozen, such autonomy being the only way of eliminating the sources of the discontent which was responsible for the extremist acts. Legislative powers were particularly essential if the South Tyroleans were to enjoy adequate guarantees. On that point, the Paris agreement had not been put into effect.

5. The Italian delegation, on the other hand, had maintained that the terms of the Paris agreement had been fulfilled, and had refused from the outset, as a matter of principle, to discuss any changes in the structure of the Trentino-Bozen region. The Italian counter-proposals were confined to an offer to delegate to the province of Bozen certain administrative functions exercised by the region and the Central Government under the regional statute, and to guarantee such a delegation by means of Regional Council legislation. In the Austrian view, the required guarantee could be made effective only by amending the Regional Statute. The Italian Government had refused to delegate any legislative functions to the province of Bozen.

6. No agreement having been reached in the substantive negotiations, Austria had proposed that consideration should be given to applying the provisions of operative paragraph 2 of General Assembly resolution 1497 (XV), and in that connexion had proposed the establishment of an international commission of inquiry to study the facts and conditions on the spot. The Italian Government, on the other hand, had proposed that recourse should be had to the International Court of Justice.

7. On 4 July 1961 the Austrian Federal Government, as Italy had requested, had commented [141] in a "note verbale" on its proposal for the appointment of an

---

141 Memorandum of the Austrian Federal Government concerning the South Tyrol, annex 6 (transmitted to Members of the General Assembly with document A/SPC/55).

international commission of inquiry. No reply to the Austrian note of 4 July had been received from the Italian Government, which had undertaken to state its position on the Austrian proposal through diplomatic channels, before the expiration of the time-limit for the submission of proposals for inclusion in the agenda of the General Assembly's sixteenth session. On 18 July 1961, therefore, the Austrian Federal Government had been obliged to request the inclusion of the item now before the Committee in the agenda (A/4802 and Add.1).

8. More recently, with a view to avoiding an acrimonious debate which might envenom the atmosphere still further, the Austrian Government had proposed that if an agreement were reached between the Italian Government and the elected representatives of the South Tyroleans, that agreement should serve as the basis of a protocol between the two Governments. If those efforts failed, provision would be made for mediation by a third party for the purpose of selecting some other peaceful means, or for the appointment of an arbitration and conciliation committee, whose decision the two parties would undertake in advance to regard as binding. Unfortunately, no agreement had been possible.

9. The Austrian Government was therefore obliged to request the General Assembly to assist the two parties to select a peaceful method of setting the problem of the South Tyrol. In its view, the most appropriate means would be to appoint an international commission which would reach a decision within the framework and in the spirit of the Paris agreement. The composition and procedure of the commission could be determined in accordance with the provisions of the European Convention for the Peaceful Settlement of Disputes signed at Strasbourg on 29 April 1957.

10. The Austrian delegation, unlike the Italian, had refrained from submitting a voluminous collection of press cuttings, which would, in this view, have contributed nothing to the clarification of the basic problem.

11. The Italian charges that the Austrian Government shared the responsibility for the acts of terrorism were entirely without foundation, but the Austrian Federal Government wished to reaffirm its readiness to receive a United Nations representative or commission to conduct an inquiry into those allegations.

12. In conclusion, he expressed his satisfaction at the opportunity accorded him to plead the cause of the South Tyrolean minority before the United Nations, where all nations had the same rights and all could appeal to the conscience of the world on behalf of a cause which they believed to be just. Austria wanted a fair, speedy and peaceful settlement of the dispute, and it urged the Committee to help it to find a means of ensuring such a solution.

The meeting rose at 11.20 a.m.

AGENDA ITEM 74

The status of the German-speaking element in the Province of Bolzano (Bozen); implementation of General Assembly resolution 1497 (XV) of 31 October 1960 (A/4802 and Add.1, A/4884, A/SPC/55) (continued)

1. Mr. SEGNI (Italy) regretted that the Italo-Austrian dispute, which had appeared to be on the way to a solution after the adoption by the General Assembly of resolution 1497 (XV), should still at the current session claim the attention of the Committee. It was certainly not the fault of the Italian Government.

2. In the preamble to its resolution 1497 (XV), the General Assembly had recognized that the status of the German-speaking element in the Province of Bolzano had been regulated by the Paris agreement of 5 September 1946 [142] and that the dispute that had arisen between Austria and Italy related to the implementation of that agreement. The General Assembly had thereby eliminated such Austrian claims as had not been based on the Paris agreement, and, in particular, had rejected the Austrian thesis that self-determination was the most satisfactory solution. Moreover, it had recognized, implicitly but incontestably, the legal nature of the dispute. In point of fact, everyone was aware that, as was the usual practice in international instruments, first on the list of disputes recognized as having a legal character, were those which concerned the interpretation and application of treaties. Finally, if, bearing in mind the recommendations contained in the operative part of resolution 1497 (XV), the course of events were retraced, from 31 October 1960, the date of adoption of

---

142 United Nations, Treaty Series, vol. 49 (1950), No. 747, annex IV.

the resolution, to 18 July 1961, the date on which the Austrian Government had requested that the question be placed on the agenda of the General Assembly (A/4802 and Add.1), it would appear that Austria had done nothing to implement the decision of the United Nations.

3. In its "note verbale" of 16 November 1960, the Italian Government had proposed to the Austrian Government that negotiations should be resumed in order to resolve the difference arising out of the application of the Paris agreement by Italy. The Austrian Government had consented, and the first official meeting between the two Ministers of Foreign Affairs had taken place at Milan on 27 and 28 January 1961. The results of that meeting had been stated in the joint communiqué of the two Governments [143]. Both parties had declared that the negotiations had taken place within the limits fixed by the resolution of the United Nations and had as their purpose the interpretation of certain provisions of the Paris agreement. The legal-nature of the dispute had thus been confirmed again. Nevertheless, the communiqué had then recorded the Austrian View that the only possible solution would be to give the Province of Bolzano the same complete autonomy that the Austrian Government had unsuccessfully sought at the fifteenth session of the General Assembly [144]. In fact, that demand had had no connexion with Italy's obligations under the Paris agreement, and, by its insistence, the Austrian Government had shown that it was not disposed to take account of resolution 1497 (XV). Moreover, the Austrian Minister of Foreign Affairs had made an even more surprising announcement at Milan, which he had repeated at the 289th meeting of the Special Political Committee, that recourse to the principle of self-determination was the sole truly satisfactory solution of the Alto Adige affair. He had admitted, however, that that solution was not practicable, though only for reasons of political expedience. But in the opinion of the Italian delegation, any revisionist attitude was inconsistent with the treaties in force. On the other hand, although convinced that it had fully met its obligations under the Paris agreement, the Italian Government had declared that it was ready to take further measures, within the present constitutional structure of the State and the region, in favour of the

---

143 See Memorandum of the Austrian Federal Government concerning the South Tyrol Question, annex 3 (transmitted to Members of the General Assembly with document A/SPC/55).

144 Official Records of the General Assembly, Fifteenth Session, Annexes, Vol. II, agenda item 68, document A/4553, para.7.

German-speaking population of the Province of Bolzano, in particular, by means of the system of delegation of administrative powers.

4. Another meeting between the Ministers of Foreign Affairs of the two countries had taken place at Klagenfurt (Austria) on 24 and 25 May 1961. During that meeting it had been decided that a detailed examination of the Austrian demands and of the Italian counter-proposals would require an extended technical inquiry, and that a meeting of experts from both sides would take place before the next meeting of the Ministers of Foreign Affairs, which was to be held at Zurich. Without considering how far annex 5 of the memorandum of the Austrian Government [145], which summarized the discussions of the experts, reflected the facts of the case, he emphasized that all the questions raised during those meetings had been taken into consideration by the Italian Government, and, in particular, that of competence in all matters relating to the protection the economic and cultural development and the maintenance of the ethnic character of the German-speaking population of the Province of Bolzano, the organization of the existing autonomous administration, the autonomous powers in fiscal and financial affairs, the delegation of administrative functions and guarantees to ensure the stability and continuity of such delegation of powers. A large number of the Austrian demands had been accepted, but those which manifestly went beyond the bounds of the Paris agreement, or which even conflicted with international commitments of a multilateral nature assumed by the Italian Government, had naturally been rejected. That was clear from the comparative table in appendix 2 of annex 5 to the Austrian memorandum mentioned above. That table showed the importance and wide range of the Italian proposals.

5. At the next meeting of the Ministers of Foreign Affairs, held at Zurich on 24 June 1961, the Italian Government had not only confirmed the offers studied by the experts, but had broadened their scope and reaffirmed its willingness to give satisfactory guarantees for the delegation of administrative powers to the Province of Bolzano. Yet, as the joint communiqué issued at the end of the meeting had explicitly stated, the Austrian Government had reiterated its demand for a new and complete autonomy for the Province of Bolzano.

---

[145] Transmitted to Members of the General Assembly with document A/SPC/55.

6. It was impossible to conceive of a more negative attitude than that taken by the Vienna Government. The Italian Government, sincerely anxious to arrive at a friendly settlement of the dispute on a bilateral basis, had gone beyond the obligation which had devolved upon it from the terms of the Paris agreement, while specifying that the validity of its current offers depended on the hypothesis that, in the event of their being accepted, the dispute would be finally resolved. Without taking the slightest account of the Italian offers, the Austrian Government had maintained its original attitude, which had, unfortunately, been confirmed by the statement made by the Austrian Minister of Foreign Affairs before the 289th meeting of the Committee. As before, during the fifteenth session, the Austrian representative had asserted that the only way to settle the dispute was to grant the Province of Bolzano new and complete autonomy, including legislative authority. But Mr. Segni explained - for the Austrian Government appeared not to take it into account - that the Province of Bolzano had already been granted a wide range of autonomous powers of a regional nature, in conformity with the Paris agreement. In every sector in which that appeared to meet the needs of the local population, the Province of Bolzano already enjoyed self-government, not only in administrative but also in legislative affairs. The autonomous legislative powers of the province, in fact, covered sixteen subjects.

7. The bilateral negotiations called for by operative paragraph 1 of General Assembly resolution 1497 (XV) could not be considered completed by the Zurich meeting. The joint communiqué issued at the end of that meeting showed that the Austrian Government had reserved the right to send the Italian Government, in writing, its conclusive reply to the Italian offers. Yet at the Zurich meeting the Austrian delegation had insisted on proceeding immediately, and exclusively, to the discussion of operative paragraph 2 of resolution 1497 (XV), and had proposed the appointment an international commission of inquiry to examine the facts and the situation *in loco*. That measure was in no way of a kind to settle the dispute, since the mission of an international commission of inquiry was to investigate disputed facts. In the present case, the disagreement between the parties with regard to the application of the Paris agreement arose fundamentally from differences in the interpretation of that agreement. Faced with that proposal, which was incompatible with resolution 1497 (XV), the Minister of Foreign Affairs of Italy had reaffirmed his position that the International Court of Justice was the authority best qualified to settle

the dispute. By its "note verbale" of 4 July [146], the Austrian Government had rejected the previous Italian offers, and had announced its unilateral decision to regard the phase of bilateral negotiations on the substance of the dispute as closed, for the same reason as before, namely, that the Italian Government had not acceded to the Austrian demand for a new and complete autonomy for the Province of Bolzano. While the Italian Government had been preparing to continue the negotiations, and to reply to the "note verbale" of the Austrian Government, particularly stressing in that reply that the possibilities of bilateral negotiations under operative paragraph 1 of resolution 1497 (XV) had not yet been exhausted, there had been a new outbreak of violence. That wave of violence, which had followed intense terrorist activity, had compelled the Italian Government immediately to cope with the situation, and to charge Austria with the responsibility for it.

8. On 13 July 1961, in a speech before the Chamber of Deputies, the Italian Prime Minister had announced the decision of the Council of Ministers to continue negotiations, but had added that the repetition and multiplication of acts of violence had obliged the Italian Government to delay its reply to Austria. Disregarding the official statements of the Italian Government and the grave reasons which had led to the postponement of its reply, the Austrian Government on 18 July 1961 - thirty days before the time-limit provided for in the rules of procedure of the General Assembly - had requested that the question should be included in the agenda of the sixteenth session. The Austrian Government's statement that it had been obliged to request the inclusion of the item because of the delay in receiving the expected Italian reply was therefore incorrect.

9. With reference to the repercussions which the acts of violence had had on the development of the talks between the Italian and Austrian Governments, he noted that the way in which the acts were co-ordinated and the similarity of the methods of execution showed that they had been carried out in accordance with a preestablished plan. The same was true of the correlation between the acts of violence and the various stages in the Italian-Austrian negotiations on the implementation of resolution 1497 (XV). The link between the terrorist acti-

---

146 See Memorandum of the Austrian Federal Government concerning the South Tyrol Question, annex 6 (transmitted to Members of the General Assembly with document A/SPC/55).

vities and certain Austrian circles was particularly disturbing. Explosives and devices for carrying out attacks, printed material containing threats and incitements to revolt or attacks on the territorial integrity of the State, as well as sums of money for secret distribution, had been systematically introduced into Italy from Austrian territory. All the acts of violence that had been committed in the Province of Bolzano, and also outside the province, were reported in the Italian Green Book. Those acts could not be justified by infringements of civil and political liberties, because the German-speaking inhabitants of the Province of Bolzano were accorded, without any discrimination whatsoever, all the liberties and guarantees which the Italian Constitution assured to Italian citizens. It should also be recalled that the great majority of those inhabitants had reacquired, or obtained confirmation of, their Italian nationality at their own express wish, when they were already aware of the legal status of autonomy which had been given to the Province of Bolzano, under the Paris agreement. The Italian Government had displayed a liberal attitude in restoring Italian citizenship to 201,460 German-speaking persons who had opted for it. The violence in the Province of Bolzano was in fact the work of extremists, influenced by racist ideologies and directed from Innsbruck. The Italian Government had proof of the responsibility in that connexion of certain Austrian associations and more especially that breeding-ground of anti-Italian propaganda, the Innsbruck association known as the "Berg Isel Bund" .

10. The Foreign Minister noted that the Italian Government had addressed pressing and repeated appeals to the Austrian Government based on the principles of the Charter of the United Nations and of operative paragraph 3 of General Assembly resolution 1497 (XV), as well as on the fundamental principles of peaceful coexistence. In a "note verbale" of 26 July 1961, it had drawn the attention of the Austrian Government to the obligation of all States to prevent their territories from being used for the purpose of permitting or promoting any subversive acts directed against other States. That obligation had recently been reaffirmed at the Conference of Heads of African and Malagasy States, held at Monrovia in May, 1961. The Italian Government could not regard the Austrian Government's response to its numerous and substantiated communications as satisfactory.

11. The failure of the Austrian Government to observe General Assembly resolution 1497 (XV) had by no means discouraged the Italian Government,

which had continued its efforts to improve the situation in the Province of Bolzano and thereby created still more favorable conditions for the peaceful coexistence and harmonious development of the three ethnic groups concerned: the Italian, the German and the Ladin-speaking elements. More important than formal diplomatic discussions was the actual problem of the well-being of the local inhabitants, in whom the Italian Government took the greatest interest.

12. It was that interest which had led to the decision taken in August 1961, with the express agreement of the spokesmen of the German-speaking group, to set up a special commission to study the problems of Alto Adige (see A/4884, para. 6). That commission was composed of members of Parliament representing various parties - including all the German-speaking members - and other public figures playing a leading role in the economic and political life of the region. Its mandate was to consider the views of those persons who were directly concerned with the present administrative organization at the regional, provincial and communal levels, and to take any suggestions into account, in order to decide what improvements could be made to meet the wishes of all inhabitants of the area. The commission would report to the Government, which would adopt - or would propose to the Parliament that it should adopt - those measures which might eventually be required. The creation of such a commission was evidence of a constructive purpose and of a democratic spirit, which deserved recognition. The creation of such a commission had only an historical relation with the Italo-Austrian dispute, the Austrian Government´s obstinacy and the acts of violence having incited the extremists to insist on unacceptable demands. It had therefore seemed useful to instruct a competent and independent commission to examine the facts, in order to place the problems in their true perspective and to seek the best means of solving them. If the work of the commission of inquiry could be carried out in a calm atmosphere, in which reasonable conclusions could be reached, the Italian Government would be inclined to adopt measures of a kind likely to bring about a final settlement of the dispute between Italy and Austria.

13. The Italian Government felt that the Austrian Government had acted with unjustified haste in requesting on 18 July 1961 that the question before the Special Political Committee should be placed on the agenda of the General Assembly. However, that Government had recently adopted measures making the organization of acts of terrorism from Austrian territory more difficult.

Moreover, the opening of the current session of the General Assembly had also given the Austrian Minister of Foreign Affairs an opportunity to propose a resumption of negotiations between Italy and Austria, and the Italian Government, which was always anxious to reach a friendly settlement, had accepted that proposal. In the talks which had taken place since then, the Austrian Government had seemed to admit, to a certain extent, that the dispute respecting the application of the Paris agreement must be settled on a legal basis. Nevertheless, the declaration made by the Austrian Minister of Foreign Affairs at the 289th meeting showed that his Government had returned to its original position. The Committee could not, as the Austrian representative had suggested, examine the question by basing its premises on those provisions of the European Convention for the Pacific Settlement of Disputes signed at Strasbourg in April 1957, which concerned conciliation and arbitration, because that part of the Convention referred specifically to disputes other than those connected with the application of treaties, whereas some dispositions at that same Convention provided explicitly that such disputes should be referred to the International Court of Justice. The Austrian Government's attitude suggested that it intended once more to obtain a decision which would amount to disregarding or revising the Paris agreement. A State accused of failure to comply with a treaty could give no better proof of its goodwill than to propose itself that the matter should be taken before the highest court. Italy had maintained its offer to submit the dispute to the International Court of Justice although, as far as the Italian Government was concerned, it had no interest itself in bringing the matter before the Court. The Italian Government was indeed convinced that it had complied with the Paris agreement, and it believed that the dispute should not exist and did not need to be brought before an international tribunal. Its proposal showed a desire for understanding and conciliation and a concern to avoid any further waste of time. According to a Danish newspaper, the Austrian Foreign Minister had declared that Austria had nothing to fear from the Court, but that its procedure would be too slow. On that point Mr. Segni noted that the Court's procedure was usually reasonably fast and that it could be shortened by the goodwill of both parties. Had the first Italian offer been accepted, the proceedings would have been almost completed, since the dispute had lasted a year and a half. On the other hand, the continued uncertainty about the peaceful means to which recourse would eventually be had gave no guarantee of a rapid conclusion of the matter. If Austria accepted the Italian offer, which still remained open, Italy would do its utmost to prevent unnecessary delays.

14. In conclusion, the Italian Foreign Minister explicitly reaffirmed that his Government wished to reach a settlement as soon as possible, and that it had sought, and was still firmly resolved to seek, the full implementation of General Assembly resolution 1497 (XV).

15. The CHAIRMAN proposed that the list of speakers for the present debate should be closed at 6 p.m. on Friday, 17 November.

16. Mr. HAILEMARIAM (Ethiopia) proposed that the list should not be closed until 6 p.m. on Monday, 20 November.

The proposal of the Ethiopian representative was adopted.
The meeting rose at 12.35 p.m.

AGENDA ITEM 74

The status of the German-speaking element in the Province of Bolzano (Bozen); implementation of General Assembly resolution 1497 (XV) of 31 October 1960 (A/4802 and Add.1, A/4884; A/SPC/55) (continued)

1. Mr. KREISKY (Austria) said that before speaking, in exercise of his right of reply to the statement made by the Italian Minister for Foreign Affairs at the 290th meeting of the Special Political Committee he would like to convey to him the profound sympathy of the Austrian people, deeply moved by the reports of the death of thirteen Italian airmen serving the cause of peace in the Congo who had been murdered in the province of Kivu.

2. Italy, he said, had claimed the dispute concerning South Tyrol was a purely legal issue. He would not go into that.

3. He pointed out that the preamble to General Assembly resolution 1497 (XV) recognized that the Paris agreement[147] of 1946 had established a system

---

[147] United Nations, Treaty Series, vol. 49 (1950), No.747, annex IV.

designed to guarantee the German-speaking inhabitants of the Province of Bozen complete equality of rights with the Italian-speaking inhabitants, within the framework of special provisions to safeguard the ethnical character and the cultural and economic development of the German-speaking element. He wished to give an emphatic warning that the efforts undertaken for the benefit of the quarter of a million people concerned should not be made contingent upon purely formal legal considerations. History did not expect Austria and Italy to engage in a lawsuit; it expected them to settle the issue on the basis of considerations of right and justice, to enable a quarter of a million human beings to live happily in the State in which they resided. It was not true that Austria, as the Italian Minister for Foreign Affairs claimed, was demanding "new and complete autonomy" for South Tyrol. Austria had simply asked for a discussion of genuine autonomy within the scope of article 2 of the Paris agreement. The Austrian Foreign Minister had therefore stated at his meeting with the Italian Minister of Foreign Affairs at Milan in January 1961 that the implementation of article 2 of the Paris agreement, which Austria understood to call for full regional autonomy, would provide the best solution. He had repeated at Klagenfurt in May 1961 that for Austria the main question was to safeguard the rights of the population of South Tyrol by granting to the Province of Bozen a sufficient measure of autonomy, as provided in the Paris agreement. Finally, he had maintained at Zurich in June, 1961 that autonomy was a solution which could be put into effect within the Italian frontiers, within the structure of the Italian Constitution and in conformity with the Paris agreement. As far as guarantees were concerned, he had always limited himself to calling for guarantees for only such rights as in Austria´s view derived from the Paris agreement.

4. Briefly the issue was that Italy, allegedly in implementation of article 2 of the Paris agreement under which the population of the Province of Bozen should be guaranteed the exercise of autonomous legislative and executive regional power had established a Trentino-Bozen Region with an autonomy Statute. The Region consisted of the Province of Trentino and the Province of Bozen which are artificially linked, and in which over half a million Italian-speaking inhabitants faced a quarter of a million German-speaking inhabitants. It was Austria´s submission that in the circumstances the autonomy granted to the region was meaningless, for the Paris agreement had intended the granting of autonomy of the Province of Bozen, as such, precisely as compensation to

the small Austrian minority in Italy, to enable it to enjoy a number of special rights in that Province, where it was in the majority. Austria had in mind the transformation of the existing Region into two regional self-administering areas: thus there would be an Italian majority in the Province of Trentino and a German-speaking majority in the Province of Bozen. That would not be without precedent, for in the Val d´Aosta an existing Italian Province had been divided in order to establish an autonomous region for the French-speaking inhabitants, although they numbered only about one-third of the German-speaking element in the Province of Bozen.

5. The Italian Minister for Foreign Affairs had described as hasty Austria´s action in requesting the inclusion of the item in the agenda of the current session (A/4802 and Add.1) yet he had admitted that the Austrian proposal for the choice of a peaceful means of settling the dispute had still been unanswered until the date - sixty days before the opening of the Assembly session - by which under rule 12 of the rules of procedure, the Secretary-General must communicate the provisional agenda to Member States. Nor had an answer been forthcoming during the following thirty days, during which under rule 14 of the rules of procedure any Member State was entitled to request the inclusion of supplementary items in the agenda. The Italian Government perhaps had its reasons for not replying, but the Austrian Government had been prompted by respect for the rules of procedure of the General Assembly.

6. With regard to the illegal activities of certain extremist circles, his Government had expressed its emphatic disapproval and had taken all necessary measures to prevent their recurrence on Austrian soil. As he had already stated, his Government would be entirely willing to allow objective third parties to investigate those measures.

7. The concessions offered by Italy would consist mainly in the delegation to the Province of Bozen of certain administrative functions now exercised by the Region and the Central Government respectively under articles 13 and 14 of the Regional Statute. Such delegation was to be guaranteed by the laws of the Regional Council. The Italian Government was not, however, prepared to delegate any legislative powers to the Province of Bozen. He had therefore been

obliged to point out to Mr. Segni at Zurich that the offer did not even match the promises made to, and accepted by, the South Tyroleans in 1948 [148]; unhappily none of those promises had been carried out in the thirteen years that had elapsed. In order to give proof of its goodwill, however, the Austrians had asked the Italian delegation what guarantees would be offered that the disappointing experience of the South Tyrolean negotiators in 1948 would not be repeated; but the Italian delegation had been unable to give a satisfactory reply.

8. When the Italian special committee for the study of the South Tyrol question began its work on 13 September 1961 the Italian Minister of the Interior made a statement that clearly indicated the character of the committee, for he said that its task would be to study the question and refer its findings to the Government. It would not be empowered to take decisions, although the Government hoped that it would be able to make useful suggestions for the solution of the issue. Thus there could be no certainty that if the committee reached any positive conclusions, the Italian Government would act on them and there was no indication concerning the manner in which any concessions that might be made would be secured by legal measures. The Austrian Government was all the more sceptical since the Italian Minister of the Interior had previously promised to establish a parliamentary commission on a basis of parity, under his own chairmanship, but the new committee consisted of only seven South Tyroleans as against twelve Italians. Austria welcomed the appointment of the committee but in view of past experiences it could not but ask what was to be done if nothing positive resulted from the commission's work.

9. The Italian Foreign Minister had said that Italy's readiness to submit the matter to the International Court of Justice was proof of its goodwill. Austria held the Court in the highest esteem. Its attitude that recourse to the International Court of Justice could not be regarded as the only appropriate means for settling the dispute was based, first, on the time factor, and, secondly, on its view that it was improper for one party to choose a single peaceful means which the other party was obliged to accept. The International Peace Conference held at The Hague in 1899 had designated a variety of peaceful means for the settlement of disputes, and the range of such means had been widened by the United Nations Charter and by such agreements as the Euro-

---

148 Special Statute of Trento-Adige (Autonomy Statute) signed 26 Febuary 1948.

pean Convention for the Peaceful Settlement of Disputes. Austria was ready to discuss all such means of settling the dispute, and in his previous speech he had expressly mentioned both conciliation and arbitration under the European Convention. It should be remembered however, that the question before the Committee was not a theoretical question of law, but the plight of a quarter of a million human beings.

10. As proof of Italy's generosity towards the South Tyroleans, the Italian Foreign Minister had referred to the restoration of Italian citizenship to more than 200, 000 persons who opted for it. But one would well ask if it was really so remarkable an act for a democratic State to right the wrongs resulting from an agreement concluded between Hitler and Mussolini [149], which would have led to the expulsion of a quarter of a million people from their homeland, from the towns and villages, mountains and valleys where they had been settled for a thousand years. He wished further to express his concern at the fact that a law was in preparation in the Italian Parliament under which members of the South Tyrolean minority could be deprived of their citizenship by administrative act if their disloyalty towards the State was established by the administrative authorities, i.e., not even a court of law. Such a law, would constitute an unthinkable act of discrimination against one group of citizens.

11. A recent statement published by the highest political organ of the South Tyroleans, after an unambiguous declaration of loyalty to the Italian Republic, went on to say that Austria, as a party to the Paris agreement, had the right and duty to work for the execution in full of that agreement, and that an international solution would have to be sought so long as no settlement could be reached either by domestic or by bilateral negotiations.

12. It was true that the matter was complicated, and for that reason Austria had put forward the suggestion that a commission composed of independent and competent men should be appointed to study the question, and to assist in bringing about a peaceful settlement.

---

[149] German-Italian Agreement on option to be made by German-speaking persons in the South Tyrol, signed on 23 June 1939.

13. Mr. MARTINO (Italy), speaking in exercise of the right of reply, observed that the purpose of the debate, as indicated by the provisions of General Assembly resolution 1497 (XV), was to contribute to a settlement of the dispute, whereas it was clear that what Austria wanted was not to settle it but to keep it alive, in the hope that existing treaties might one day be revised, and existing territorial situations altered. The Austrian Minister for Foreign Affairs had denied that charge (289th meeting), but there were many indications of its validity. For example, there existed in Innsbruck an organization called the Berg Isel Bund whose avowed aim was the reunification of the Tyrol, which could only mean Austrian annexation of Alto Adige. The president of that organization was Mr. Gschnitzer, who had formerly been an Austrian Under-Secretary of State for Foreign Affairs, and who was a member of the Austrian delegation to the current session of the General Assembly. The Minister for Foreign Affairs himself was an honorary member of the organization and had attended several of its meetings. The Federal Chancellor was known to have been present at one of its recent meetings. The Austrian Government had permitted a lottery to be held to raise funds for the organization. Thus it could be seen that the organization not only was not discouraged by the Government but, on the contrary, had its full support. Signs calling for reunification of the Tyrol were openly displayed along the Austrian highway leading to the Italian frontier at the Brenner Pass; as that was a federal road it was obvious that the display of the signs had the sanction of the Government at Vienna. The Austrian Minister for Foreign Affairs had denied that the Austrian Government had any responsibility for the acts of terrorism carried out in the Province of Bolzano and elsewhere, but the explosives and other materials used for that purpose had been found to have been produced in Austria, financing of the terrorism had been found to have been made by the Berg Isel Bund, and some of the arrested terrorists had been found to be Austrian citizens. Similarly, caches of arms had been discovered at Innsbruck. The Austrian Minister for Foreign Affairs had said that the initial acts of terrorism had been due to the justified impatience of the people of Bozen and in July 1961 Chancellor Gorbach, the Federal Chancellor of Austria, had stated in the course of a radio address that violence was only to be expected in reaction to what he had called the administrative injustices visited upon the South Tyroleans. Before leaving Austria to come to the fifteenth session of the General Assembly last year Mr. Gschnitzer had predicted that terrible things would happen if the Assembly did not accept Austria's point of view in the matter. At a press conference held on

26 July 1961 the Austrian Minister for Foreign Affairs had stated that he had been informed of planned terroristic activities in South Tyrol one year in advance, and when asked if he had communicated that information to the Italian authorities, had replied that he had neither the duty nor the wish to be an informer to the Italian police. In view of those facts, it was difficult to believe the Austrian Minister for Foreign Affair's assertions that the Austrian Government was taking vigorous action to curb terrorism.

14. Those terroristic activities were clearly not in conformity with the recommendation in paragraph 3 of resolution 1497 (XV), that the parties to the dispute should refrain from any action which might impair their friendly relations. It was significant that in his opening statement (289th meeting) the Austrian Minister for Foreign Affairs had made no reference to paragraph 3 as such, having incorrectly identified as paragraph 3 the provision in paragraph 2 calling on both parties, in the event of the negotiations not leading to satisfactory results, to consider the possibility of seeking a solution of their differences by any of the means provided in the Charter, including recourse to the International Court of Justice. The Italian Government for its part was most anxious that its friendly relations with Austria should not be impaired, and accordingly desired that the acts of aggression which he had described should cease entirely.

15. The peaceful means referred to in paragraph 3 of the resolution should lead to a decision, whereas the establishment of a committee of inquiry, as proposed by Austria, would merely be a means for gathering information, in other words, a means for keeping the issue alive rather than for settling it.

16. The real nature of the dispute must be clearly understood. The Austrian Government maintained that the establishment of the Trentino-Bolzano Region did not give effect to the provision of the Paris agreement of 1946, negotiated by Messrs. De Gasperi and Gruber, that the German-speaking element should enjoy autonomy. The Italian Government maintained that the contrary was true: it had been stated in that Agreement that the form which the autonomous region was to take should be agreed upon by the representatives of the German-speaking element; Mr. De Gasperi had said that it was his intention that the region should conform to the traditional structure which it had had under Austrian rule, when Trentino and Bolzano had been administered as a single

unit; Mr. Gruber had replied that any solution agreed upon by the political representatives of the German-speaking inhabitants would be acceptable to the Austrian Government; the Italian Government had received letters from the President and the Secretary-General of the South Tyrol Peoples Party expressing their appreciation of the solution which the Italian Government had put into effect. He therefore could see no justification for the claim that the provisions of the Paris agreement had not been implemented and thought it should be clear that the dispute rested on differing interpretations of that agreement. In any case it was clear that the dispute was relative to the interpretation of the De Gasperi - Gruber Agreement.

17. The Austrian Minister for Foreign Affairs had belittled Italy's generosity in restoring Italian citizenship to the more than 200,000 German-speaking inhabitants of the area who had acquired German citizenship in the days of Hitler; it should be remembered, however, that they had chosen German citizenship of their own free will, and that if Italy had not agreed to restore Italian citizenship to them after the Second World War, it would have had no problem to deal with, since the German-speaking element would then have consisted only of the 50,000 who had not opted for German citizenship, and would have been a small minority of the total population of Bolzano Province.

18. Under the provisions of Article 36 of the Charter disputes involving the interpretation of treaties should as a general rule be referred to the International Court of Justice. Italy had repeatedly proposed that the dispute in question should be put before that body. As the Austrian Foreign Minister himself had said that Austria was confident that it had nothing to fear from a judgement by the Court, it could only be concluded that the Austrian Government's reluctance to submit the case was dictated by its desire to keep the issue alive. Italy on the other hand was ready to submit it to any competent body for a final decision according to law, and pledged that such a decision would be complied with by the Italian Government and people. Their faith in the United Nations was equal to their faith in law and justice; he hoped that the Assembly's decision would warrant that faith.

19. Mr. KREISKY (Austria) reserved the right to reply later to the Italian representative's statement.

20. Mr. GARCIA PIÑEIRO (Argentina) recalled that resolution 1497 (XV), adopted unanimously by the General Assembly at its fifteenth session, had recommended that the Governments of Austria and Italy, if negotiations failed to lead to satisfactory results within a reasonable period, should seek a solution of their differences by any of the means provided in the Charter, including recourse to the International Court of Justice or any other peaceful means of their choice. In the light of that resolution, it was to be regretted that the matter had come before the Assembly again at the present session. It appeared from the ample documentation which had been submitted to the Special Political Committee by the two delegations concerned, that the negotiations between Italy and Austria regarding the dispute, or the peaceful means appropriate for solving it, had not been completed. It should be said, however, that the moderate tone adopted by the representatives of both parties in reiterating their Governments′ positions gave grounds for hope that a final agreement could be reached.

21. In taking part in the discussion of the present matter, Argentina was inspired solely by the spiritual ties which united it with Italy and Austria. The confidence which it had in the noble peoples of Italy and Austria encouraged his country in the belief that a solution to the dispute was not far away. The positions of the two Governments had been clearly set out in the statements made in the Committee by their Ministers for Foreign Affairs: Austria insisted that the affair should be regarded essentially as political, and desired autonomy for the Province of Bolzano, whereas Italy adhered to the view that the question concerned the legal interpretation of a treaty and should, if bilateral negotiations failed, be decided by the International Court of Justice.

22. At issue was the presence of a German-speaking ethnic group, numbering about a quarter of a million, living in the extreme north of Italy near the Austrian border. The territory of Alto Adige had been incorporated into Italy under the Treaty of Peace of Saint-Germain-en-Laye of 1919, which had been confirmed by the Treaty of Peace with Italy, signed in Paris on 10 February 1947. The boundaries which had been agreed under those treaties were still accepted by Austria. That fact needed to be stressed, because reference had been made to the principle of the self-determination of peoples, and the question of sovereignty had thus been implicitly raised. In his delegation′s view, since the agreed boundaries were not in dispute, the issue concerned only

the situation and status of the German-speaking inhabitants residing in the Italian Province of Bolzano.

23. The Paris agreement had laid down that the German-speaking inhabitants of the Province of Bolzano and of the neighboring communes should enjoy equality of rights with the Italian-speaking inhabitants, within the framework of special provisions to safeguard the ethnical character and the cultural and economic development of the German-speaking element. A dispute has arisen regarding the interpretation of that agreement and Austria claimed that Italy had not implemented the agreement in its letter or in its spirit. The dispute concerned in particular the scope of and safeguards for the special rights of the German-speaking group as an ethnic minority. The fundamental rights of men vis-à-vis the State could be summed up as the rights to life and liberty. No evidence had been brought forward that those two fundamental rights had been denied to the inhabitants of South Tyrol. Consequently, it was clear that the question was exclusively one of the interpretation of the Paris agreement and its execution. His delegation was therefore convinced that the question was a legal matter, and should be decided by a legal tribunal. General Assembly resolution 1497(XV), which had been accepted by both parties, declared that the status of the German-speaking element in the Province of Bolzano had been regulated by the Paris agreement. The resolution also recommended that, if a solution was not reached within a reasonable period of time by negotiation, the parties should consider seeking a solution by any of the means provided in the United Nations Charter, including recourse to the International Court of Justice.

24. Reference had been made to certain acts of violence which had occurred; his delegation deplored such acts, but noted that measures had been adopted to put an end to such acts.

25. The position of his delegation with regard to the matter before the Committee could be summarized as follows: the dispute was a legal one, and its legal nature was expressly recognized in General Assembly resolution 1497 (XV); the recommendations of that resolution had not yet been fully carried out, and should be carried out as soon as possible; in view of the legal nature of the dispute, it would be inappropriate to appoint a commission of inquiry or conciliation, or any other organ not freely chosen by the parties; the most

appropriate forum for the settlement of the dispute was the International Court of Justice, in accordance with the United Nations Charter.

26. He appealed to Italy and Austria to redouble their efforts to solve their dispute, in a spirit of mutual understanding and harmony.

27. Mr. MASSOUD-ANSARI (Iran) said that the question before the Committee was simpler than the corresponding item discussed at the previous session, since it merely concerned the implementation of General Assembly resolution 1497 (XV). From the documents which had been supplied by the two delegations and the statements of the Foreign Ministers of the two countries, his delegation had reached the conclusion that the provisions and recommendations contained in that resolution had been complied with; the Governments of Austria and Italy were to be congratulated on that fact. In accordance with operative paragraph 1 of the resolution, negotiations had taken place on three occasions: at Milan in January, at Klagenfurt in May and at Zurich in June 1961. Unfortunately, those negotiations had not achieved the results hoped for, and the Austrian Government, considering that the possibilities of reaching agreement by negotiations had been exhausted, had proposed, in accordance with operative paragraph 2 of resolution 1497 (XV) that a peaceful means should be sought for settling the dispute, and that an international commission of inquiry should be set up to examine the facts of the situation. The Italian Government had expressed the view that the closure of negotiations was premature, but had proposed that, in compliance with the same paragraph of the resolution, the matter should be submitted to the International Court of Justice.

28. The course of events had unfortunately been interrupted by the occurrence of certain acts of violence in the Province of Alto Adige. The Iranian delegation deplored such acts and hoped that, in the interests of peace and of understanding between the two countries, they would not be repeated. His delegation also welcomed the condemnation of the violence by the Austrian Government and the statement by the Austrian Foreign Minister in that regard.

29. The Committee's task was therefore to help remove the differences between the two countries regarding the implementation of resolution 1497 (XV). In the first place, Austria considered that bilateral negotiations had not achieved any

result within a reasonable period of time, and that it would be appropriate, in accordance with paragraph 2 of the resolution and with Article 33 of the Charter, to seek a solution by means of an inquiry. The Italian Government maintained that the possibilities of negotiation had not been exhausted, and further pointed out that it had recently taken the step of appointing a special commission composed of members of Parliament and local representatives to undertake a joint study of the situation. That commission had begun its work on 13 September 1961. In effect, the Italian Government was requesting more time to bring about a final settlement to the question. While he understood the concerns of the Austrian Government regarding the interests of the German-speaking population of Bolzano, he believed that that Government should endeavour to show patience and to await the results of the efforts being made by the Italian Government. If those efforts were crowned with success, there would be no need to resort to the provisions of operative paragraph 2 of resolution 1497 (XV).

30. Otherwise, it would be necessary for the two Governments to reach agreement on a peaceful means for settling the dispute, and it was here that the second point of divergence between the two Governments arose. While the Austrian Government requested the setting up of a commission of inquiry, the Italian Government proposed resort to the International Court of Justice. It would be premature for the General Assembly to express a view regarding the means to be chosen; instead, it should appeal to the two Governments to continue their negotiations. Iran, which had friendly relations with both Austria and Italy, fervently hoped that those two countries, which had contributed so much to world civilization, would soon find a solution to their dispute.

31. The recent tragic death of thirteen Italian airmen in the service of the United Nations in the Congo provided evidence of the readiness of the people of Italy to make great sacrifices in the service of humanity. He asked the Italian Minister for Foreign Affairs to convey to his Government the sincere condolences of his delegation with regard to that tragedy. He hoped that the inhabitants of the Province of Bolzano, on their part, would make an additional effort to contribute to mutual understanding between the peoples of Austria and Italy.

32. Mr. DIMECHKIE (Lebanon) said that his country had sincere feelings of friendship and respect for both Austria and Italy, and had been one of the first to press for their admission to the United Nations. Accordingly, it felt duty bound to contribute as best it could to a happy solution of the dispute under discussion.

33. The Foreign Ministers for the two countries had displayed impressive moderation and statesmanship in their statements to the Committee. The Austrian Foreign Minister had told the Committee although, in his opinion, the best solution would be the application of self-determination, he was aware that such a solution was unrealizable and that any attempt to proceed on that basis would seriously disturb democratic Europe in a manner that would be harmful to all concerned. Ha had gone on to say that he had declared at the Milan talks that a permanent settlement satisfactory to all parties must be sought through the implementation of article 2 of the Paris agreement, which in his view would mean granting autonomy to the people of South Tyrol.

34. The Italian attitude had been clearly defined in the memorandum of the Italian delegation (A/4884). In that memorandum, the Italian Government declared that it had already carried out its obligations under the Paris agreement and that the Province of Bolzano was already vested with autonomous legislative and administrative powers. It was prepared, however, to consider the possibility of transferring further powers now exercised by the Trentino-Alto Adige Region to the Province of Bolzano. The memorandum also noted that the Italian Government had set up a special committee, consisting of members of Parliament, and representatives of the local government and of economic interests, chosen according to the respective proportions of the linguistic groups, to study the matter fully and report on its findings and recommendations.

35. The Lebanese delegation, therefore, felt that General Assembly resolution 1497 (XV) had not been adopted in vain and that considerable progress had been made over the previous year. It fully appreciated the concern felt by the Government and people of Austria for the welfare and cultural heritage of the German-speaking population in Bolzano, and their conviction that the best way of safeguarding that welfare was to arrange for them to have the greatest possible amount of autonomy. It also appreciated that Italy was justly con-

cerned that whatever autonomy the region enjoyed should not be incompatible with the sovereignty and the territorial integrity of the Italian State. The problem was, therefore, to ascertain how much authority could be delegated without interfering with the sovereign rights of the Italian State. Both sides now recognized that fact, which was embodied in the Paris agreement. The crucial point now was whether the Paris agreement had been fully carried out in that respect. The General Assembly had been aware of that fact, and the first operative paragraph of resolution 1497 (XV) had urged the two parties concerned to resume their negotiations.

36. The Lebanese delegation felt that in view of the advances made during the negotiations that had taken place, the channel should not be abandoned and further efforts should be made for the resumption of direct negotiations. If both parties came to the conclusion that such efforts could no longer be helpful, a peaceful solution of the dispute should be sought by the means provided for in the Charter. The most obvious was, of course, the International Court of Justice, since both sides based their attitude on the Paris agreement which was a legal document. The best authority to determine whether or not that agreement had been fully executed was undoubtedly the International Court of Justice. If the two parties were able to agree on some other method of arbitration or on the appointment of a committee of good offices, the United Nations should facilitate such a procedure. Whatever methods was adopted, peaceful conditions in the arena would certainly contribute to a quicker settlement of the problem and to the maintenance of friendly relations between the two countries. The United Nations should therefore call on all the parties concerned to refrain from any acts likely to delay or endanger a peaceful solution of the problem.

37. Mr. COMPAH (Mali) expressed his condolences to Italian Government and to the families of the thirteen Italian airmen killed in Kivu province.

38. The delegation of Mali understood from the statement of the Foreign Ministers for Austria and Italy that the right of peoples to self-determination was not involved in the dispute under discussion. Accordingly, its only purpose in intervening was to help to bring the two countries together in a friendly settlement. The dispute related to the application of the Paris agreement rather than its substance and bilateral negotiations appeared to be the most appro-

priate means of seeking a positive solution. Both sides sincerely desired a genuine settlement of the problem, and such a settlement would undoubtedly be to their mutual advantage. The interest of the Austrian Government and people in the German-speaking inhabitants of the Province of Bolzano was recognized by all countries, including Italy, to be legitimate.

39. In the circumstances, it should be possible for the two countries to come to an agreement and there was no reason to doubt the good intentions expressed in the moderate statements that had emanated from both delegations. Had there not been such encouraging prospects for agreement, the International Court of Justice would have been the most appropriate organ to take the matter up. The Italian Government, however, had stated that it was only the terrorist activities in Bolzano, based on and directed from Austria, which had delayed its reply to the most recent Austrian proposals. The negotiations could, therefore, be resumed, and there were grounds for hoping that a definitive settlement could be reached. There were a number of legal factors in the dispute, and it would not be appropriate for the Special Political Committee, which was not a legal body, to attempt to pass judgement on it.

40. The delegation of Mali would be able to support any draft resolution in accordance with the principles that he had just outlined. Its only interest in the matter was dictated by friendship and admiration for both Italy and Austria.

41. Mr. DUNCAN (Panama) said that the legal status of the German-speaking element in the Province of Bolzano had been the subject of a lengthy debate at the fifteenth session of the General Assembly, which had culminated in the unanimous adoption of resolution 1497 (XV). That resolution had recommended both parties to resume their negotiations and had stated very clearly that if it proved impossible to reach an agreement, the parties should seek a solution of their differences by any of the means provided in the Charter, including recourse to the International Court of Justice. Both delegations had accepted the resolution and were therefore, presumably, satisfied by its recommendations. In the circumstances, it was somewhat surprising that the item was once more on the General Assembly's agenda.

42. Since the matter was again before the General Assembly, the chief question was whether the two parties had now exhausted all possibility of negotiations

over the selection of a peaceful means of settling their dispute. The question of compliance with the terms of the Paris agreement was at the bottom of the dispute between the two countries. Austria believed that Italy had not complied with the provisions of the Paris agreement and Italy believed that it had complied. The question was thus a legal and not a political one and ought to be brought before the appropriate United Nations legal body, which was the International Court of Justice.

43. Panama had no direct interest in the dispute. Its attitude was completely impartial and it was moved only by a desire to find a settlement that would wound neither side, and to promote friendly relations between them. Panama had the greatest respect and admiration for both nations′ contribution to world history and culture. It sincerely hoped that the two Governments would agree to resume direct negotiations and would leave recourse to the International Court of Justice as a final resort, in accordance with the recommendations of resolution 1497 (XV).

44. Mr. LAPIAN (Indonesia) expressed his delegation′s regret that the negotiations entered into by the Governments of Austria and Italy in compliance with General Assembly resolution 1497 (XV) had not been successful. The explanatory memorandum of the Austrian Government (A/4802/Add.1) and the memorandum of the Italian Government (A/4884) revealed that there was marked disagreement regarding the reasons for the failure of the talks. The critical tone of the Italian memorandum seemed likely to increase the difficulty of creating a suitable atmosphere for further discussions. The Committee′s first task, therefore, should be to try to promote a reasonable objective discussion of the item so that relations between to two countries should not be further impaired.

45. The Austrian Government had given the Committee a lead in that direction by the moderate wording it had used in proposing the item for the agenda of the sixteenth session. The Austrian Foreign Minister had said that his Government would have like to avoid the debate, for fear it would worsen the situation, and the sincerity of his remarks had been borne out by his straightforward and dispassionate statement to the Committee.

46. The creation of favourable conditions for negotiations was a particularly important factor in matters of the kind before the Committee, where any arbitrary decision that was arrived at without the agreement and co-operation of both parties would be without effect. Since both countries were convinced that they were acting in good faith in their interpretation of the Paris agreement, and since both were eager to find a speedy solution to the problem, the Committee must help to smooth out the difficulties that had stopped the negotiations and brought the item back for further consideration.

47. The chief difficulty seemed to be what action should be taken if bilateral talks failed altogether. Italy had proposed that the matter should be brought before the International Court of Justice, while Austria was in favour of an international commission acting within the framework and in the spirit of the Paris agreement. The Indonesian delegation could not support the Italian proposal. It did not consider that the matter could be settled satisfactorily by the decision of a body such as the International Court of Justice. As the Indonesian delegation had stated at the fifteenth session of the General Assembly, it regarded the problem as a political rather than a juridical one [150]. Moreover, a specific decision by an outside judicial body would not restore the former good relations between the two countries, because it would be unable to make allowances for mutual adjustment but would have to give a verdict in favour of one side or the other.

48. The Committee could achieve little. however, by recommending measures that had already been declared unacceptable by one side or the other. The Italian Foreign Minister had objected (290th meeting) to the Austrian proposal for an international commission, on the grounds that Austria had suggested that the commission should be based on the European Convention for the Peaceful Settlement of Disputes, which related to conciliation and arbitration rather than the application of treaties. That had led the Italian Government to believe that the Austrian Government was seeking to bypass negotiations on the Paris agreement and its implementation. The Italian Foreign Minister had also said that he felt the proposal was a retrograde step, since it was a return to the Austrian position before the latest negotiations between the two countries.

---

150 Official Records of the General Assembly, Fifteenth Session (Part I). Special Political Committee, 179th meeting.

The fact that the Italian Government considered the most recent talks to have made progress could be taken as a hopeful sign for the ultimate success of bilateral negotiation.

49. The Indonesian delegation considered that the two Governments should be urged to continue their talks, as recommended in resolution 1497 (XV). In view of the difference of opinion on the procedure that should be followed if the bilateral negotiations again failed to make headway, the Indonesian delegation was in favour of United Nations assistance in seeking a solution. Such assistance might perhaps take the form of a good offices committee appointed by the General Assembly to help the two countries to reach agreement.

50. Mr. GOMEZ ROBLEDO (Mexico) wished to associate himself with those representatives who had expressed their grief and indignation at the murder of the thirteen Italian flyers in Kivu province, and asked the Foreign Minister of Italy to convey his delegation's condolences to the Italian Government.

51. In accordance with its traditional advocacy of the peaceful settlement of disputes, the Mexican delegation had played an active part in the debate on the Bolzano problem at the fifteenth session of the General Assembly which had ended with the unanimous adoption of resolution 1497 (XV). Its intervention in the present debate was moved by the same considerations as before.

52. The Mexican delegation felt, for reasons of competence, and also for practical reasons, that the Special Political Committee should not pass any judgement. Its role should be to try to bring the two parties together so that they could find a solution which would be in their mutual interests. The General Assembly was not the appropriate body for the settlement of disputes between States. The Assembly should not substitute its recommendations on specific means of peaceful settlement for the free choice provided for in Article 33 of the Charter. Still less was any individual country entitled to recommend a particular means. The choice of means was in most cases dictated by the nature of the dispute. Since the parties themselves, however, did not agree on the nature of the dispute, the Committee would not be displaying impartiality if it defined the nature of the dispute and were recommended an appropriate procedure. Neither party had asked the Committee to choose a means of solving the dispute and the Austrian Government had said in its explanatory memo-

randum (A/4802/Add.1) that it wished to request the General Assembly's assistance in selecting another peaceful means for the solution of the dispute, in view of the breakdown of the bilateral negotiations. The General Assembly resolution itself merely recommended both parties to give favourable consideration to the possibility of seeking a solution of their differences by any of the means provided in the Charter of the United Nations, including recourse to the International Court of Justice or any other peaceful means of their own choice. Although there was a specific reference to the International Court of Justice, the decision was left to the parties who would have to agree that the dispute was a legal one before they could call in the International Court. In the last analysis, it was for the parties themselves to choose the course of action.

53. The General Assembly should refrain from being too specific in its recommendations for practical reasons also. The lasting nature of any agreement was in proportion to the free and spontaneous support extended to it by the parties. If either side felt that it had been unduly pressed, it was likely to lead to uneasiness and revisionism, with possible consequent threats to the maintenance of peace and security. That did not mean that the General Assembly should take no action. It could stimulate the spontaneous acceptance by both sides of particular means of bringing about a final settlement without usurping the parties' powers of decision. It was inconceivable that two countries which had made such outstanding contributions to European diplomacy should be incapable of ultimately arriving at an agreement.

54. At the fifteenth session, the Mexican representative had suggested [151] as a possible practical step towards finding a procedure to which both parties could agree, that either the President of the General Assembly, or the Secretary-General, or the Chairman of the Special Political Committee himself, might invite the representatives of Austria and Italy to meet with him and examine the possibility of arriving at a procedure satisfactory to both States. He had explained at a subsequent meeting [152] that the Secretary-General's powers would be limited to those which both parties might give him by common consent. The Mexican delegation had not made a formal proposal to that effect because it did not wish to embody its views in a draft resolution unless both

---

151 Ibid., 181st meeting.

152 Ibid., 182nd meeting.

parties could accept it. Its purpose had been not to augment disagreement but help to make it disappear. It was still guided by the same motives and it was sure that the principles of concord and conciliation would eventually prevail between Italy and Austria.

The meeting rose at 1.5 p.m.

The status of the German-speaking element in the Province of Bolzano (Bozen); implementation of General Assembly resolution 1497 (XV) of 31 October 1960 (A/4802 and Add.1, A/4884; A/SPC/55; A/SPC/L.77) (continued)

1. Mr. TOWNSEND (Peru) said that the General Assembly's unanimous adoption at the fifteenth session of resolution 1497 (XV) had seemed to hold out hope for an amicable solution of the dispute between Austria and Italy, under the auspices of the United Nations. Unhappily, the direct negotiations proposed in that resolution had not been successful and the item was once again on the General Assembly's agenda. The unfortunate outbreaks of violence in the area were also not conducive to a peaceful settlement.

2. Both parties were agreed that the dispute concerned the implementation of the Paris agreement [153]. The General Assembly had recognized in resolution 1497 (XV) that the status of the German-speaking element in the Province of Bolzano was regulated by that agreement and the question was clearly, therefore, a legal one. The Peruvian delegation regretted that it had not so far proved possible to reach a settlement, but it could not regard the negotiations as closed. Both parties had a tradition of respect for international law and possessed common interests and common responsibilities towards the free world. Peru earnestly hoped that the two Governments would respond to the renewed appeal of the international community and resume negotiations. If that approach proved impossible, the Peruvian delegation believed that the Paris agreement and General Assembly resolution 1497 (XV) opened the way for the possible Voluntary submission of the question to the International Court of Justice. The General Assembly was not seeking to impose a solution but only to offer assistance to the two countries concerned with a view to facilitating a

---

[153] United Nations, Treaty Series, vol. 49 (1950), No. 747, annex IV.

procedure of their own choice. Any other course would be dangerous, for although the powers and authority of the General Assembly had been gradually increasing over recent years, it was not a judicial organ. Its present powers would not extend to the appointment of a commission of investigation, as the Austrian delegation had suggested (289th meeting). If both parties were agreeable, the logical step would be recourse to the Court.

3. In conclusion, he wished to convey to the Italian Government and people his delegation's condolences on the murder of the thirteen Italian airmen in the service of the United Nations.

4. Mr. ZABARAH (Yemen) said that his delegation was in favour of the settlement of the dispute between Austria and Italy by peaceful means and by negotiations between the parties concerned, in accordance with the provisions of Charter and the principles of international law. No new element had arisen in the dispute since the General Assembly's adoption of resolution 1497 (XV), and he considered that the two countries should continue their efforts to reach a direct settlement. If their efforts proved unsuccessful, the question should be placed before the appropriate judicial body. The dispute centred upon the implementation of a treaty and only a judicial authority such as the International Court of Justice had the power to settle it once and for all. He regretted that acts of violence had occurred in the area which were likely to impair relations between the two countries. A solution would not be brought nearer by such deplorable means.

5. He asked the Italian delegation to convey his delegation's sincere condolences to the Government and people of Italy on the murder of the thirteen Italian airmen in Kivu province.

6. Mr. MILLET (France) recalled that at the fifteenth session of the General Assembly his delegation had expressed its regret at the dispute between Austria and Italy and had suggested that the General Assembly was perhaps not the most appropriate place in which to find a solution [154]. The Assembly, however, had been wise enough to limit itself to noting the existence of a difference over

---

[154] Official Records of the General Assembly, Fifteenth Session (Part I), Special Political Committee, 178th meeting.

the implementation of the Paris agreement which governed the status of the German-speaking element in the Province of Bolzano, and had unanimously adopted resolution 1497 (XV) calling upon the parties to resume their negotiations and, in the event of failure, to give favourable consideration to the possibility of seeking a solution by any of the means provided in the Charter, including recourse to the International Court of Justice.

7. The Foreign Ministers of Austria (289th meeting) and Italy (290th meeting) had described the course of the negotiations held in accordance with the resolution's recommendations. It was clear that a genuine effort had been made and was in fact still going on and the French delegation wondered, in the circumstances, whether the current debate was truly necessary or advisable. It was unwise to allow questions to reappear automatically on the Assembly's agenda. Resolution 1497 (XV) had rightly refrained from fixing any timelimit for the direct negotiations and had referred only to "a reasonable period of time". He did not share the apparent assumption that "a reasonable period" was the interval between sessions of the General Assembly. The previous speakers had all rightly refrained from taking up the substance of the dispute, which was unquestionably of a legal nature. If the General Assembly attempted to give advice on such a complex matter, it would only delay and possibly complicate a settlement by introducing political considerations outside the scope of the dispute. The Assembly's wisest course would be to recommend, without dwelling any longer on the item, that the two parties should resume their negotiations. Resolution 1497 (XV) was still valid and the process of direct negotiations has not by any means been exhausted.

8. His delegation welcomed the establishment by Italy of a special committee to study the problems of the Alto Adige. It also noted that the Italian Government had reaffirmed its willingness to apply resolution 1497 (XV), while the Foreign Minister of Austria had stated that the implementation of the resolution was a valuable prerequisite for a satisfactory solution. To continue the debate any further would be to display a lack of confidence in the peaceful intentions of the parties and in the diplomatic resources at their disposal. Resolution 1497 (XV) was an act of faith by the General Assembly in the ability of Italy and Austria to settle their dispute by peaceful means and that faith had not been disappointed despite the violence that had taken place in the area since the adoption of the resolution.

9. Mr. PLIMPTON (United States of America) expressed the profound regret and deep sympathy of the Government and people of the United States for the tragedy that had cost the lives of the Italian airmen serving in the Congo in the cause of peace.

10. The United States had followed with sympathetic interest the serious efforts made by Austria and Italy over the past year to achieve a settlement in accordance with the terms of resolution 1497 (XV). It had been heartened by the Italian Government's establishment of a special committee to study the position in the Alto Adige and it deplored the acts of violence that had made the attempt to reach an accommodation more difficult. It earnestly hoped that the initiatives now under way would lead to a mutually acceptable agreement. In the circumstances, the General Assembly could best contribute to a solution of the problem by urging both parties to continue their efforts in accordance with the recommendations of resolution 1497 (XV). If those efforts proved fruitless, recourse to the International Court of Justice or to another body agreed upon by both parties would appear to be the most promising method of achieving the lasting settlement that was desired by all delegations.

11. Mr. CHAU SENG (Cambodia) said that despite their differences, the Governments of Italy and Austria were determined to achieve a peaceful settlement of their dispute. All supporters of non-violence must applaud that determination.

12. The Italian Government believed that the recommendations in operative paragraph 2 of resolution 1497 (XV) had not yet been carried out, and consequently deplored the Austrian Government's decision to bring the matter once again before the General Assembly. It was in favor of recourse to the International Court of Justice, while Austria would prefer the establishment of an international commission of investigation, on the ground that the question was more political than legal. The Cambodian delegation supported that view. While it would not express an opinion on the substance of the dispute, it was strongly in favor of granting minorities the greatest possible amount of autonomy, with a view to safeguarding their ethnic character and their cultural and economic development. He recalled the case of the Khmers, the oppressed Cambodian minority in South Viet-Nam. Cambodia did not claim the condition

of the German-speaking element in Bolzano was the same, but it was nevertheless in favor of granting them the greatest possible measure of autonomy.

13. However, the discrepancy between the Italian and the Austrian view was not as wide as it seemed. Both parties had agreed to respect the terms of the Paris agreement, and although Italy claimed that it had carried out its international obligations under that treaty, it was ready to make further special arrangements for the German-speaking element in certain specific matters. The task of interpreting the Paris agreement might perhaps be given to a legal body, but account must also be taken of the aspirations of the German-speaking minority or no real settlement could be achieved. Recourse to the International Court of Justice should not be incompatible with the establishment of an international commission of investigation. However, the Cambodian delegation would not vote in favor of any resolution that was not agreeable to both parties. It urged Italy and Austria to resume their direct negotiations. The United Nations Secretariat might perhaps appoint an official to participate in the negotiations, provided that the appointment was agreed to by both sides. Cambodia earnestly hoped that the new conversations would lead to the choice or a peaceful method of settling the dispute that would be agreeable to both Austria and Italy.

14. In conclusion, he expressed his delegation's condolences over the tragic death of the Italian airmen in the Congo, in the service of the United Nations.

15. Mr. PAPAGOS (Greece) remarked that his delegation had hoped that the General Assembly's debate at the fifteenth session and the unanimous adoption of resolution 1497 (XV) would be the beginning of an understanding in the dispute under discussion. At that session [155] his delegation had made it clear that in its view the legal basis for any action by the General Assembly was the possible violation of the Paris agreement. The mere existence of an ethnic minority would not justify intervention by the United Nations, and without an international instrument, the matter would have been within the domestic jurisdiction of Italy. After examining the question closely, the General Assembly had adopted resolution 1497 (XV). Unfortunately, the bilateral nego-

---

155 Ibid.

tiations undertaken in accordance with it had been interrupted. It was to be hoped that the acts of violence that had poisoned the atmosphere would not recur.

16. The General Assembly must take up the question where it had been left at the previous session with the adoption of resolution 1497 (XV). In that resolution, the Assembly had clearly envisaged recourse to the International Court of Justice as a procedure for settlement likely to lead to a definitive solution and thus eliminate a dangerous situation. However, if both sides were agreeable, the Greek delegation would not object to any other means of settlement such as the appointment of an international commission. An *ad hoc* international commission would not, of course, present the advantages of the International Court of Justice, an established body with great prestige.

17. He drew attention to the moderate and dignified tone of the statements of both Foreign Ministers and sincerely hoped that it would be possible to arrive at a friendly solution. The world was full of tension and the United Nations had a duty to the peoples of the world to eliminate all possible sources of conflict.

18. Mr. ZEA (Colombia) wished to ask the Italian Minister for Foreign Affairs to convey to his Government and people the profound regret of the Colombian Government and people at the death of the thirteen Italian airmen who had been serving the cause of peace in the Congo.

19. He did not feel that it was for him to go into the historical and sociological background of the dispute between Austria and Italy, for it had been described at length by the representatives of both countries. The important thing from the standpoint of the United Nations was that the existing tension in the area in question had reached a point where violence had broken out and the General Assembly should do whatever it could to help bring about a solution as quickly as possible. In his view, the provisions of General Assembly resolution 1497 (XV) still held good, for it did not appear that the parties had exhausted all possibilities of settling the dispute either through bilateral negotiations or by some other peaceful means, such as recourse to the International Court of Justice. The issue was simplified by the fact that although Austria considered it a political rather than a legal matter, it had disclaimed any intention to seek revisions of existing treaties or alterations of the frontier between itself and

Italy and had expressed the view that it was necessary to reach a satisfactory and lasting solution on the basis of the application of article 2 of the Paris agreement. Thus the dispute was limited to the question whether or not that article had been implemented. That was clearly a legal problem and as such should be referred to the International Court of Justice if other attempts to settle the dispute failed. The Court's judgment concerning the way in which the Paris agreement was being implemented would at the same time clarify the political issue involved. His delegation would not, however, be opposed to the adoption of any other peaceful means of settlement acceptable to both parties, for Colombia as a democratic country was a staunch advocate both of the rights of minorities and of the sanctity of international agreements.

20 Mr. VALDES LARRAIN (Chile) said that he wished to express Chile's deep regret over the tragic events in the Congo which had led to the death of the thirteen Italian airmen.

21. His country, which had benefited from the contributions made to its development by both Austrian and Italian settlers, had hoped that the parties to the dispute would be able to resolve it between themselves, since solutions reached bilaterally on the basis of a conciliatory attitude on both sides were always preferable to public recriminations. As the question had not, however, been settled it was fortunate that in the view of Austria and Italy alike it was limited to the interpretation of a treaty respected by both sides. General Assembly resolution 1497 (XV), which had recognized that the status of the German-speaking element in the area in question had been regulated by the Paris Agreement and called on both parties to renew their efforts to solve their differences relating to the implementation of that agreement, had in effect signified that it was not for the United Nations to rule on the substance of the issue. That was still the case. In other instances United Nations resolutions had been ignored by one or more of the parties to which they had been addressed, but in the case under consideration both parties had complied with the request that they should resume negotiations and had submitted to each other proposals and counter-proposals, some of which had been accepted and others rejected, depending on each side's interpretation of the Paris agreement.

22. Since, however, no final decision had been reached, his delegation did not feel that the time had come for either side to conclude that negotiations should

be abandoned. Indeed, progress had been achieved in clarifying certain aspects of the problem and he was convinced that if the negotiations had continued they would ultimately have led to a satisfactory solution. Under General Assembly resolution 1497 (XV) the step to be taken in the event that negotiations failed was to seek a solution of the dispute by any of the means provided in the Charter, including recourse to the International Court of Justice; his delegation thought that inasmuch as the Court was a permanent body composed of experts such a step would be preferable to the establishment of a special commission. The acts of violence which had occurred in the area were to be deplored, for they had only aggravated the existing tension and made it more difficult for a solution to be reached on the basis of the Paris Agreement.

23. Mr. CROWE (United Kingdom) said that his delegation deeply regretted that the dispute between Austria and Italy had come before the Committee once again, for it had hoped that the adoption of resolution 1497 (XV) would enable the parties to find a solution to the problem. The United Nations was not the place either to examine the historical background of the dispute, or to formulate views concerning the issues involved. The Committee was not qualified to settle a legal question of that kind and he was of the opinion that the only really satisfactory and lasting settlement would be one which, meeting the needs of both parties, was arrived at by agreement between them. He accordingly had welcomed the negotiations undertaken by the two parties in accordance with paragraph 1 of the Assembly´s resolution and hoped that the possibilities which they offered had not been exhausted. Similarly, he welcomed the news of the appointment of the Special Committee and trusted that its recommendations would open up new prospects for a solution of the problem. In any event, he did not think that the possibilities envisaged in resolution 1497 (XV) had been exhausted. His delegation felt that any new resolution must meet with the acceptance of both parties if it was to be workable. That was the basic consideration with which it would approach any draft resolution that might be put before the Committee.

Mr. Sanz Briz (Spain), Vice-Chairman, took the Chair.

24. Mr. TCHEN (China) thought that General Assembly resolution 1497 (XV), the implementation of which was the issue now before the Committee, was a

fair and appropriate resolution that took into account the interests of both parties to the dispute. Agreed to by both Austria and Italy, it had appeared to point the way to a satisfactory settlement and it was a source of deep disappointment to his delegation that the Austrian Government should have felt obliged to bring up the matter again at the present session (A/4802 and Add.1). The two Governments concerned had been in agreement on the substance of the problem, namely, the existence in Italian territory of a German-speaking element desirous of preserving its ethnic characteristics and cultural heritage and the need to guarantee to it complete equality of rights with the Italian-speaking inhabitants. They had also both seemed anxious to reach a mutually satisfactory solution. The present outlook was not entirely negative, for both parties had complied with paragraph 1 of the Assembly's resolution urging them to resume negotiations, and although so far no conclusive results had been achieved the consideration of the item by the sixteenth session might be the starting point for a new effort on their part. The restoration of an atmosphere of calm in the area would, of course, greatly contribute to the possibility of a negotiated settlement and it was encouraging to note in that connexion the statement by the Italian Minister for Foreign Affairs that the Austrian Government (290th meeting) had recently taken measures to making the organization of terrorist acts in Italy more difficult. It was likewise cause for satisfaction that the Austrian Government, despite certain reservations, had welcomed the establishment by the Italian Government of a special committee to study the problem with a view to determining what measures would be best calculated to meet the wishes of the people concerned. His delegation would not question the sincerity of the Italian Government's desire to ensure the well-being of the inhabitants of the Province in the spirit of the Paris agreement. Austria, as a party to that agreement, was in a position to ascertain whether appropriate measures were being taken. If, however, it was to be concluded that an amicable bilateral settlement was no longer possible, he did not think that the question of the delays involved would give Austria justification for continuing to oppose recourse to the International Court of Justice.

25. The desire expressed by both parties to reach a fair settlement led his delegation to conclude that bilateral negotiations still offered the best hope of satisfying the interests of all concerned.

26. Mr. MAHMUD-GHAZI (Afghanistan) wished at the outset to express to the Italian delegation the profound sympathy of his delegation on the occasion of the tragic death of the Italian airmen in the service of the United Nations.

27. It was to be regretted that a dispute which everyone had hoped could be settled by direct negotiations should have again come before the Committee. Unhappily, the issue not only remained very much alive but had been aggravated during the past year by acts of violence in the area concerned. A year earlier it had been possible to hope that the problem was a temporary flare-up of emotions which would die down with the passage of time. Now its full implications were beginning to be apparent and the Assembly was faced with the choice of either finding an early solution based on logic and reason, or passively standing by while the situation continued to deteriorate. Similar problems in the past had often ended in bloodshed; that was particularly true when the legitimate aspirations of men, or their pride and dignity, were involved.

28. The Committee must begin by ascertaining the real nature of the dispute. The case was one of a large community of people who wished to preserve their identity, their way of life and their cultural heritage. It was wrong to link such legitimate wishes with certain sinister theories that had been propagated during an era which the world wished to forget. It had been repeatedly argued that the matter was a purely legal one, but his delegation could not accept that a dispute involving the profound convictions and the future of people could be thus dismissed. His delegation held that the dispute was fundamentally a political one, and agreed with the Austrian Foreign Minister's statement at the 289th meeting that a truly satisfactory solution of the problem could be achieved only by the application of the principle of self-determination. The Austrian Government was not arguing for the revision of the boundary, and was simply concerned for the establishment of full regional authority for the Province of Bolzano, as provided in article 2 of the Paris agreement. At the same time, his delegation sincerely believed that the ideal boundary between two States was one which took into account the freely expressed wishes of the local people.

29. Mr. JHA (India) said that, while it was not easy for a country enjoying the friendliest relations with both Italy and Austria to speak on a subject on which strong views were held on both sides, India believed that, as a Member of the

United Nations, it should try to assist in reaching a solution to the problem. In its statement in the Committee the previous session [156], his delegation had analysed the legal and political aspects of the issue, and it still maintained the position set forth at that time. A basic fact of the situation was that Bolzano was part of Italy and that Italy's sovereignty must be respected. On the other hand, it must be accepted that relations between the two countries concerned had become strained. It also had to be remembered that problems of minorities in Europe had frequently given rise to conflicts.

30. The issue concerned not only relations between two States, but also the implementation of an agreement regulating the status of the German-speaking population of Bolzano. Unfortunately, that agreement had not provided any machinery for the settling of disputes, presumably because such disputes had not been anticipated. At its previous session, the General Assembly had adopted a resolution 1497 (XV) which recommended that if the parties did not reach a solution by bilateral negotiations, they should agree on some other means provided in the Charter. The negotiations between the two Governments had unfortunately been fruitless, and the question of finding other peaceful means of settlement had therefore arisen.

31. At the present session, the General Assembly should adhere to the principles it had followed in resolution 1497 (XV) and should not try to impose a particular means of settlement; however, neither could it be satisfied with the present situation. It had been said that the matter should be dealt with exclusively by the International Court of Justice. While it was true that legal issues were involved, the question should not be looked at from the legal point of view alone, since it involved the emotions and attitudes of a large number of people. Clearly, it was for the Italian Government to take into account the views of its German-speaking population. His delegation would support any action within the general framework he had outlined.

Mr. Tchobanov (Bulgaria) resumed the Chair.

32. Mr. ROSSIDES (Cyprus) wished to express his delegation's condolences to the Italian Government and people regarding the recent murder of the Italian

---

[156] Ibid., 181st meeting.

airmen in the service of the United Nations. The Organization owed a debt of gratitude to those men and should arrange for some financial assistance to be given to their families.

33. Resolution 1497 (XV), adopted by the General Assembly at its previous session, a resolution co-sponsored by his delegation, had urged that the dispute between Austria and Italy should be settled by bilateral negotiations, or, failing that, by peaceful means agreeable to the parties. Negotiations between the two countries had duly taken place, but no positive results had been achieved, nor had any other peaceful means for reaching a solution been agreed upon.

34. His country had close and friendly relations with both countries, and might therefore have preferred to adopt an attitude of passive neutrality; however, if the United Nations was to serve its purpose, every Member State must help in the task of reaching a constructive solution to such disputes. His delegation´s view was that the dispute should be settled by agreement between the parties. The problem arose from the existence of a German-speaking majority in an area of Italy which had previously been part of Austria. The Paris agreement of 1946 had been designed to solve that problem, and the question was now one of the implementation of that agreement. He did not believe that it was in any way Austria´s intention to undermine that agreement.

35. The following two basic principles needed to be observed: the German-speaking people of Bolzano must enjoy the rights to which they were entitled under the Paris agreement; and the sovereignty and integrity of Italy must be safeguarded. The agreement provided for equality of rights between the German-speaking and Italian-speaking inhabitants of the Province. It also called for parity between the German and Italian languages in official documents used in the area. He understood that such parity did not exist at present, and he trusted that Italy would take steps to rectify the situation, particularly as it was in the interests of all that official documents should be published in German as well as in Italian. Paragraph 2 of the agreement said that the population should be granted the exercise of autonomous executive powers in the region. In his view, the purpose of that paragraph would not be served if such autonomy was given to a region which had an Italian-speaking majority; therefore, either the region should have a German-speaking majority, or autonomy should be granted at the local level in the German-speaking area.

36. Since the basic problems were settled by the Paris agreement, a settlement of the points at issue should be possible. With that hope in view, his delegation, together with the delegations of India and Indonesia, wished to submit a draft resolution (A/SPC/L.77). That text recommended, if continued bilateral negotiations failed to reach a result, that the parties should agree on the designation of organs or persons to assist in finding a solution. Since negotiations had so far been fruitless, it seemed right, that the General Assembly should now provide for some means by which the parties could receive assistance in reaching agreement, without needing to return once more to the United Nations. He commended the draft resolution to the favourable consideration of the Committee.

37. Mr. MARTINO (Italy) wished to make it clear that his delegation would be unable to accept the draft resolution just introduced by the representative of Cyprus. Implicit in that text was an interpretation of the Paris agreement which was not that of his delegation. As the issue involved was precisely one of the interpretation of a treaty, Italy insisted that the matter should be submitted to the only body competent to interpret treaties. Furthermore, the draft resolution involved a modification of the previous year's resolution (1497 (XV)). There was general agreement that that resolution had been entirely appropriate, and it should therefore not be altered.

The meeting rose at 1.10 p.m.

AGENDA ITEM 74

The status of the German-speaking element in the Province of Bolzano (Bozen); implementation of General Assembly resolution 1497 (XV) of 31 October 1960 (A/4802 and Add.1, A/4884; A/SPC/55; A/ SPC/L-77) (continued)

1. Mr. TEVOEDJRE (Dahomey) said that he first wished, on behalf of his Government, to pay tribute to the thirteen Italian soldiers who had recently met their deaths in the Congo, as victims of duty in the service of the United Nations.

2. The problem of Bolzano had been carefully considered by the Committee during the fifteenth session of the General Assembly. At that time the two parties to the dispute had shown a spirit of understanding, and had thus given an example of a realistic way of approaching the peaceful settlement of disputes between States. It had therefore been somewhat surprising to learn that the dispute between Austria and Italy, two countries which had contributed so much to the flowering of European civilization, had not yet been settled. However, it was encouraging that both parties desired a rapid settlement. His country, a friend to both parties, was anxious to assist in reconciling the two points of view within the framework of the principles by which the international community was guided.

3. Two facts emerged from the accounts given by the Austrian (289th meeting) and Italian (290th meeting) Foreign Ministers of the unsuccessful negotiations which had taken place at Milan, in January, at Klagenfurt in May, and at Zürich in June, 1961 concerning the implementation of the Paris agreement of 1946 [157]. First, the parties were not agreed as to the degree of autonomy to be granted to the German-speaking element in the Province of Bolzano; or, more specifically the Austrian Government was not satisfied with the manner in which the Italian Government had implemented the Paris agreement. Secondly, the parties were not agreed as to the method of settling the dispute should the negotiations ultimately fail. With regard to the second point, his delegation feared that excessive preoccupation with possible failure of the negotiations

---

[157] United Nations. Treaty Series, vol.49 (1950), No. 747, annex IV.

might deflect the parties from the best solution of all - a freely accepted compromise. It might constitute a sort of loophole and prevent the negotiators from making the necessary concessions because they might hope to find an outside solution which would allow them to vindicate their respective theses completely. At present each party, instead of concentrating on negotiation, was seeking a solution elsewhere; but if such a solution were imposed from outside, even with their ultimate consent, it would mean that there was a winner and a loser.

4. The Austrian Minister for Foreign Affairs had made it clear that his country did not claim self-determination for the German-speaking element in the Province of Bolzano. It was certainly not desirable, in that sensitive part of Europe, to raise awkward frontier problems of the kind from which the world had suffered so much. The main issue was a legal one - the interpretation of the Paris agreement of September 1946. His delegation would therefore favor recourse, if necessary, to the International Court of Justice, which was the body competent to deal with that sort of legal dispute.

5. General Assembly resolution 1497 (XV) provided for the possibility of the parties having recourse to means other than the International Court of Justice, if they agreed upon such means. But it was not for the United Nations to lay down any particular procedure; Article 33 of the Charter clearly left the choice of means to the parties concerned. However, the only realistic way of dealing with the lack of agreement between Austria and Italy on the degree of autonomy to be granted to the German-speaking element in Bolzano was for the parties to continue direct negotiations. The main reason for the interruption of the negotiations had doubtless been the acts of violence and terrorism which had occurred. But it did not seem that the door had been finally closed to negotiation. Dahomey and the other African States of the "Brazzaville group" had, in the recent declaration of the Conference of Abidjan, made in 1960, reaffirmed their faith in the method of the "dialogue", i.e., negotiation and compromise as between conflicting arguments and interests. Consequently, he urged that the two parties should make every effort to rule out pointless inflexibility of attitude and superficial gains.

6. It was in Italy's interest to implement the Paris agreement scrupulously by giving, as part of its national legislation, appropriate guarantees to the Ger-

man-speaking element. It was in Austria's interest to make the necessary concessions so as to avoid tension with its neighbor and friend of long standing, by ensuring that small groups of agitators did not use Austrian territory for the preparation of acts of terrorism and subversion which would prevent the negotiations from proceeding in a favorable atmosphere. The two Governments should co-operate in putting an end to those subversive activities. Such co-operation would clarify the situation and make it easier to resume the negotiations. Austria, as a member of the international community, had done well to bring before the United Nations its dispute with another Member of the Organization. His own country, as another member of the international community, was keenly interested in the problem. Nevertheless , it was to be hoped that the matter would be settled before the next session of the United Nations, so that the Committee would no longer have the somewhat embarrassing duty of dealing with what was after all a minor quarrel between two neighboring States, both highly civilized and experienced, while far more pressing problems faced the world. He reserved the right to speak on the draft resolution in document A/SPC/L.77 after he had had time to study it.

7. Mr. QUINTERO (Philippines) noted with satisfaction that the Foreign Ministers of Austria and Italy had expressed their views with dignity and moderation and had shown willingness to discuss the question amicably. Indeed, it had been clear that they were in agreement on many important points. The sovereignty of Italy over any part of Bolzano was not in question; nor was there a boundary dispute between the two countries. Despite the fact that Bolzano was an integral part of the Italian State, Italy had not taken refuge behind "domestic jurisdiction" provision of Article 2, paragraph 7 of the Charter; it had not refused to deal with Austria concerning people who lived in Italian territory and who, although they spoke the German language, were Italian citizens. By signing the Paris agreement and voting for General Assembly resolution 1497 (XV) Italy had made clear its desire to solve the problem in collaboration with Austria and the other Members of the United Nations. Austria, for its part, was not apparently seeking a revision either of the Austro-Italian frontier or of the Paris agreement of 1946.

8. The controversy between the two countries hinged on the interpretation and implementation of the Paris agreement, and particularly of its provisions regarding the grant of "autonomous legislative and executive regional power"

to the German-speaking inhabitants of Bolzano Province and of neighboring townships. The Italian Government contended that it had fully complied with the agreement's provisions, while the Austrian Government asserted the contrary. As no satisfactory agreement on the matter had been reached, the Austrian Government had proposed that the question be referred to a commission of inquiry, while the Italian Government believed that it should be referred to the International Court of Justice. However, the statements made by the Foreign Ministers concerned did not appear to rule out a resumption of bilateral negotiations, and his delegation hoped that the representatives of the two countries would try once again to settle their differences between themselves. If no agreement could be reached with regard to the implementation of the Paris agreement, it was desirable that both parties should agree on the means whereby the difference could be settled. But if the Committee was left to choose between a commission of inquiry and the International Court of Justice, his delegation would prefer the latter, since the essential issue was one of interpreting the provisions of an international treaty, namely, article 2 of the Paris agreement of September 1946. Being a legal issue, it would be covered by Article 36 of the Charter, which provided that legal disputes should as a general rule be referred by the parties to the International Court of Justice. He believed that the matter could be settled more rapidly by the International Court than by a commission of inquiry, since the latter would have to go into the very controversial question of the facts.

9. He had not yet had time to examine draft resolution A/SPC/L.77 thoroughly, and therefore reserved the right to speak on it later. He noted, however, the Italian representative's statement (294th meeting) that Italy could not support the resolution. He hoped that the draft resolution could be amended or that another resolution, which would receive the Committee's unanimous support, could be submitted.

10. In conclusion, he expressed to the Italian delegation the condolence of the Philippine delegation on the death of the Italian airmen who had been performing their duty in the cause of peace.

11. Mrs. QUAN (Guatemala), on behalf of the people and Government of Guatemala, expressed condolence to the Italian delegation in connexion with

the death of the Italian airmen who had been serving the cause of peace in the Congo.

12. She paid tribute to the Foreign Ministers of Austria and Italy for the moderation and dignity of their statements to the Committee; their attitude confirmed that it was possible for the United Nations to be a center for harmonizing the actions of nations in the attainment of the common ends setforth in Article l of the Charter. Her delegation was one of those considering that General Assembly resolution 1497 (XV), which had been supported by the representatives of Austria and Italy, offered the best basis for a direct understanding between the two countries, leading to a peaceful settlement of the dispute. She regretted that no settlement had been reached, and that the matter had again come before the Assembly - prematurely, in her view, since the means specified in the resolution's operative paragraph 2 had not yet been exhausted.

13. It was unfortunate that acts of violence had occurred in the Province of Bolzano since the adoption of the resolution, and she fervently hoped that the harmonious relations existing between Italy and Austria would not be menaced by such acts, which would hinder the peaceful settlement of the dispute that the two Governments were trying to settle in a spirit of co-operation. However, not all the events since October 1960 had been discouraging. During the first half of 1961, the two Governments had initiated three series of negotiations which, although they had not resulted in an agreement, had demonstrated the good will of both parties. She thought that without bringing the matter again before the United Nations, Italy and Austria should attempt to implement operative paragraph 2 of resolution 1497 (XV). It was only fair to point out that, as a demonstration of its willingness to implement the Paris agreement, Italy had appointed a special committee composed of members of Parliament and representatives of the local government and of economic interests, chosen "according to the respective proportions of the linguistic groups", for the purpose of examining the local situation (A/4884, para. 6). The Austrian Government, had, for its part, frequently stated that the autonomy which it claimed for the people of South Tyrol could be achieved within the framework of the Italian Constitution and in conformity with the Paris agreement. Thus Austria recognized not only the existence of an international treaty but also the sovereignty of Italy over the territory in question. Those facts would seem to

provide sufficient basis for continuing the negotiations, and she hoped that the two Governments could renew their efforts to agree on one of the means specified in operative paragraph 2 of resolution 1497 (XV). The Committee was not in a position to recommend any specific means not accepted by both Governments; it could only appeal once more to both of them, in the terms of its previous resolution, to continue with good will to seek for the present dispute a final solution which each could accept.

14. Mr. ELDEM (Turkey), while regretting that the question temporarily dividing two countries with which Turkey maintained the most cordial relations had again been brought before the United Nations, said that he had been most favourably impressed by the conciliatory tone of the statements made by both sides, and by the parties′ obvious desire to arrive at a just solution of their dispute in conformity with the Paris agreement of September 1946. Without taking sides in the matter, his delegation was glad to note that circumstances appeared more favourable than during the last session, when the Committee′s main task had been to define the actual nature of the dispute. His own delegation, like many others, had then expressed the view [158] that the basis and scope of the rights of the German-speaking people of the Province of Bolzano, and the concomitant obligations of the Italian Government, could be considered only in so far as they were covered by implementation of the Paris agreement of 1946. Any attempt to invoke some other principle in support of the German-speaking population′s demands, such as the principle of the self-determination of minorities, would in his view imply recognizing, for minorities in general, rights which were not normally accorded to them and which would be incompatible with the provisions of the Charter and the practice adopted by the United Nations. It would constitute a dangerous precedent and an endless source of disputes and disturbances.

15. In the preamble to General Assembly resolution 1497 (XV) it had been carefully stressed that a dispute had arisen between Austria and Italy in regard to the implementation of an agreement; and in its operative part the resolution had urged both parties to resume negotiations with a view to finding a solution for all differences relating to the implementation of the Paris agreement of

---

158 Official Records of the General Assembly, Fifteenth Session (Part I), Special Political Committee, 182nd meeting.

September 1946. Both parties had declared their intention of complying with the resolution. Although the Austrian Government had expressed the view that the principle of self-determination offered the only means of finding a truly satisfactory solution for the problem, the Austrian Foreign Minister had stated at Milan on 27 January 1961 that his Government regarded full regional autonomy for the Province, in accordance with article 2 of the Paris agreement, as a satisfactory solution for both parties. Hence there appeared to be no insurmountable difficulties. The essential requirement was to decide, by careful analysis of the clauses of the agreement, how far its present implementation was in accordance with its provisions, and what adjustments needed to be made. Recalling the series of negotiations which had taken place between the two Governments, he stressed that it was by patient elimination, one by one, of all the points in dispute that positive results were most likely to be achieved. The unfortunate acts of violence which had occurred had certainly not assisted matters. On the other hand, the Italian Government had made a generous gesture in delegating certain executive powers to the Province of Bolzano and in setting up a special committee, including German-speaking members of Parliament, to study the problems of the Alto Adige area.

16. But it seemed probable that the parties would have serious difficulty in reaching an agreement on some points. His delegation did not think that an international commission of inquiry was the most appropriate method of setting the dispute. The matter hinged not on the assessment of the facts, as to which there seemed to be no difference of opinion, but on the interpretation of the clauses of an agreement; since that was an essentially legal matter, a legal tribunal would appear to be the most suitable instrument. The Austrian Government seemed to fear that the procedure of the International Court of Justice would be very slow; but once agreement had been reached on the principles for a solution of the dispute, and once the parties had expressed their willingness to abide by them, the inconvenience of a long wait became less important. He hoped that the two nations, so closely linked by their culture and their interests, would redouble their efforts to arrive at an amicable solution of their differences.

17. Mr. PAVICEVIC (Yugoslavia) said his delegation had stressed, during the discussion of the problem at the fifteenth session [159], that direct negotiations between the two countries were the most appropriate means of seeking a satisfactory solution. The main consideration underlying General Assembly resolution 1497 (XV) had been the need for efforts by both sides to find a solution by those means, whilst refraining from any action which might damage good neighbourly relations between them. The problem of national minorities could be settled only by securing for them full democratic rights, equality of rights, and free expression of their national characteristics; any other policy could only lead to harmful results, both for the parties concerned and for international peace and stability. His delegation still favoured direct bilateral negotiation as the best way of achieving those objectives, and urged the interested States to intensify their efforts in that direction.

18. Italy and Austria were close neighbours of Yugoslavia, which maintained the best relations with both of them. He noted with satisfaction the efforts made by both Governments, since the fifteenth session, to settle their dispute; but he regretted that those efforts had not yet resulted in the desired solution. His delegation continued to hope that the two Governments would resume direct negotiations, and that there would be no repetition of the unhappy events which had taken place in the Province of Bolzano. Meanwhile, he hoped that the Special Political Committee would make the necessary efforts to find formulae which might help the parties concerned to reach a just and amicable settlement.
19. Mr. SANZ BRIZ (Spain) said that Spain was bound by ties of close friendship to both Austria and Italy, and regretted that no solution acceptable to both parties had so far been found. He had listened with great interest to the statements by the Foreign Ministers of Italy and Austria, which were admirable in their moderation. Difficulty had arisen in the implementation of General Assembly resolution 1497 (XV), as a result of which Austria had thought it necessary once again to refer the dispute to the General Assembly; however, not all the resources provided for in that resolution had been exhausted, and his delegation therefore urged the two Governments to increase their efforts to achieve harmony and understanding. If further negotiations did not yield positive results , the dispute could always be referred to the International Court of Justice, or to any other body for conciliation acceptable to both parties.

---

[159] Ibid., 181st meeting.

20. His delegation wished to convey its sympathy to the Italian Government in connexion with the Italian airmen who had lost their lives in the Congo in the service of the United Nations.

21. Mr. DOSUMU-JOHNSON (Liberia) wished to convey his delegation's heartfelt condolence to the Italian Government on the occasion of the tragic murder of thirteen Italian airmen in the course of duty in the Congo.

22. The problem now under consideration had already been discussed at great length by the Special Political Committee at the fifteenth session, after which the General Assembly had adopted resolution 1497 (XV) urging both sides to resume negotiations with a view to resolving their differences. However, events since January 1961 had not been very encouraging: violence had broken out in the South Tyrol, and, while Italy favoured recourse to the International Court of Justice, Austria preferred an international commission of inquiry. While his delegation conceded that inclusion of the question on the agenda of the sixteenth session as premature, it nevertheless felt that judicial notice should be taken of the situation. The resources provided for in resolution 1497 (XV) had not yet been exhausted; the Paris agreement of 1946 was now an integral part of the law of both Austria and Italy, and those countries were thus bound to accept its terms unequivocally. It should not therefore be impossible for them to settle their differences over the interpretation of that agreement by means of adroit negotiation; after all, both parties were committed to the provisions of the United Nations Charter and sought the ultimate objective of peace.

23. Direct negotiations were in every way preferable to recourse to bodies such as the International Court of Justice or a special commission; he therefore proposed that the Committee devise suitable machinery whereby negotiations between Austria and Italy could be resumed. It was true that serious difficulties had been created by recent events in the South Tyrol, but such difficulties could best be removed by frank and friendly discussion. It was important that the Committee should act positively to help solve that dispute, for any feeling of impotence in such a case could only increase a sense of helplessness in a world already hypnotized by the danger of world war. His delegation would therefore support any resolution for the establishment of a "compromise commission". He reserved the right to speak later on the draft resolution submitted by Cyprus, India and Indonesia (A/SPC/L.77).

24. Mr. SARNEY (Brazil) wished to convey to the Italian Government his delegation's sorrow and indignation at the murder, while in the service of peace, of the thirteen Italian airmen in the Congo.

25. After briefly recalling the terms of General Assembly resolution 1497 (XV), he expressed his regret that the negotiations which had since taken place between Austria and Italy had yielded no practical results. However, the situation had in no way changed, despite the increase in acts of terrorism which the Austrian Government was the first to regret and condemn; the General Assembly could therefore do nothing but reiterate its recommendations of the previous year, for only the parties concerned could reach a constructive solution and it was not the General Assembly's business to impose any particular course of action on them. The positions of the two Governments were less opposed than might appear at first sight: Austria had no intention of interfering in the internal affairs of Italy, although it did not accept the Italian interpretation of article 2 of the Paris agreement; Italy, for its part, was trying to find a solution satisfactory for the German-speaking minority and acceptable to everyone else concerned. All the Committee could do, therefore, was to urge the two Governments to seek an appropriate solution, so that the problem would not appear again, the following year, on the agenda.

26. Draft resolution A/SPC/L.77 was a praiseworthy effort to find a way out of the present impasse; but since one of the parties rejected its provisions, his delegation could not support it, because only measures freely adopted by both Austria and Italy would lead to the desired result.

27. Mr. VELAZQUEZ (Uruguay) said that his delegation still maintained the views which, when the same item had been under discussion at the fifteenth session, had prompted it to join in sponsoring the draft resolution subsequently adopted unanimously by the General Assembly's as resolution 1497 (XV). They recognition in the second preambular paragraph of that resolution, that the status of the German-speaking element in the Province of Bolzano had been regulated by the Paris agreement made it clear that the dispute between Austria and Italy was a legal problem of interpreting a treaty, determining whether it had been violated, and examining how far the political institutions of the Province conformed to that treaty. Fortunately, the validity of the treaty itself was not in question.

28. The nature of the problem had not changed since the adoption of resolution 1497 (XV), and the negotiations referred to in its operative paragraph 1 could not be regarded as concluded. Since no basic human rights were in jeopardy, there was still time for such negotiations to bear fruit.

29. As to the means of solution referred to in operative paragraph 2 of the resolution, his delegation still felt, as it had at the fifteenth session [160], that the matter should be dealt with by a legal body. Developments had not reached a stage at which the General Assembly should take action under Article 14 of the Charter. The two parties to the dispute should give effect to the resolution and, by so doing, reaffirm their faith in the principle of the settlement of disputes by peaceful means and their respect for international law.

30. Mr. PERERA (Ceylon) referred to the close ties of friendship between his country and Austria and Italy, both of which had made such great contributions to civilization. His delegation had listened carefully to the statements made by the Foreign Ministers of the two Governments. It was clear that the situation, which had arisen from nazi-fascist diplomacy, had unfortunately worsened since the unanimous adoption of General Assembly resolution 1497 (XV), and the Special Political Committee now found itself again considering the dispute. He then gave a brief résumé of the events leading up to Austria's decision to submit the dispute to the sixteenth session of the General Assembly, quoting from the explanatory memorandum by the Austrian, (A/4802/Add.1), and the memorandum by the Italian, Government (A/4884).

31. As one of the sponsors of General Assembly resolution 1497 (XV), his delegation thought that the circumstances which had inspired that resolution were still applicable. The resources specified in its operative paragraph 2 were not yet exhausted, and he hoped that the parties concerned would renew their efforts to reach an agreement; he drew their attention to Article 33 of the Charter, and asked whether all the possible avenues there set forth had been explored. If the parties decided that they could not reach agreement by means of negotiation, the dispute would have to be referred to the International Court of Justice; his delegation felt, however, that such a step should be taken only as a last resort. In the first place, the question at issue was not a purely legal one;

---

160 Ibid., para. 9.

in the second place, recourse to arbitration was feasible only if both parties agreed to accept the decision by the arbitrating body, which was not the case in the present instance.

32. Turning to draft resolution A/SPC/L.77, he said that operative paragraph 2, which contained the essence of the resolution, vitiated the very purpose for which it had been drafted. It was premature at that stage to provide for an actual failure of negotiations; under operative paragraph 2 of resolution 1497 (XV), recourse to the International Court of Justice was viewed only as one means of settling the dispute, and was in any event to be regarded as the last resort. Any new resolution should not change the emphasis of resolution 1497 (XV). All the General Assembly could do was to offer an advisory opinion; an effective settlement of the dispute depended essentially on the willingness of both parties to come to an agreement. His delegation therefore urged Italy and Austria to continue their efforts in that direction.

33. Mr. GALLEGOS (Ecuador), moved by the friendship between his country and Italy, expressed to the Italian Minister for Foreign Affairs Ecuador´s grief at the death of the thirteen Italian airmen who had lost their lives in the Congo on a mission of peace.

34. Since neither Austria nor Italy had changed its approach to the question at issue, the former regarding it as a political and the latter as a legal problem, his delegation still held the views it had expressed at the fifteenth session [161]. However, as the delegation of a pacifist country, it condemned the acts of violence which represented the only new development since the fifteenth session. It would examine carefully any draft resolution designed to solve the problem by peaceful means; if no such proposal proved satisfactory to both parties, it would urge them to pursue their efforts to comply with General Assembly resolution 1497 (XV).

35. Mr. KREISKY (Austria) said that he had been encouraged by the profound understanding shown by most speakers on the current item and was grateful to all those delegations which had shown their interest by participating in the discussion. Under the circumstances, he did not intend to make any further

---

[161] Ibid., 182nd Meeting, paras. 28 and 29.

remarks on the subject, and would comment on the draft resolution (A/SPC/ L.77) at the next meeting.

36. Mr. SEGNI (Italy) warmly thanked all those delegations which had expressed solidarity with and sympathy for his country as it mourned the flyers who had fallen in the Congo in the cause of peace and of the United Nations.

37. He was grateful to the participants in the discussion for their demonstration of their sound grasp of the problem, and for the constructive suggestions they had made.

38. The Austrian Government, in expressing a desire that the Province of Bolzano should be granted autonomy, willfully disregarded the fact that the Province had since 1948 enjoyed regional autonomous powers adequate to safeguard the ethnical character and the development of the German-speaking population of Alto Adige. The value of the Italian Government´s actions in that connexion could be determined only in terms of the Paris agreement. As was clear from the memorandum of the Italian delegation circulated at the fifteenth session [162] the autonomy of the Province of Bolzano had been determined in consultation with local representative German-speaking elements in accordance with paragraph 2 of the Paris agreement. The leaders of two South Tyrolean political parties had expressed formal satisfaction with the Special Statute [163] of the Trentino - Alto Adige Region, and it had been endorsed by official spokesmen for the Austrian Government. Since 1948, therefore, the German-speaking inhabitants of the Province of Bolzano had enjoyed the rights defined in paragraph 1 of the Paris agreement, and those rights had been fully safeguarded. The Italian Government, in establishing the Province of Bolzano as an autonomous Province within the Trentino - Alto Adige Region, had aimed at a balanced distribution of powers and functions between the provincial and the regional authorities; the arrangement was to the economic advantage of the Province and did not affect its autonomy. Furthermore the Italian Government, in the course of its bilateral negotiations with Austria, had offered to increase that autonomy by delegating to the Province more administrative functions of the State and the Region. His Government had fully

---

[162] Transmitted to Members of the General Assembly with document A/SPC/44.

[163] Special Statute of Trento - Adige (Autonomy Statute) signed 26 Feruary 1948.

implemented the Paris agreement and the 1948 Statute and was prepared to safeguard, by legislative action, the continuity and stability of the arrangements made.

39. He had no wish to widen the rift between Austria and Italy by dwelling on the acts of violence committed in the Province of Bolzano and Austria's responsibility for them; moreover, no arguments could alter the facts which his delegation had placed on record. It was to be hoped that the disapproval of those acts expressed by Austria during the discussion (293rd meeting), and the condemnation voiced by other delegations, would induce the extremists to discontinue them. It was satisfactory to note that Austria was now taking steps to investigate the terrorist organization on its side of the frontier.

40. The Italian approach to the question at issue - namely that it was a matter of the implementation of a treaty - was based on the second preambular paragraph of General Assembly resolution 1497 (XV). The quarter of a million human beings whose fate, according to the Austrian representative, was at stake were in fact far better protected than any other minority in the world, and their privileges went far beyond basic minimal human rights. His delegation was grateful to those delegations which had drawn the obvious conclusion from the legal nature of the dispute: namely, that it should be referred to the International Court of Justice. Italy's preference for that course was based on all the relevant rules, including the Charter, the European Convention on the Peaceful Settlement of Disputes, signed at Strasbourg, and General Assembly resolution 171 (II) of 14 November 1947. Unless it was held that the Paris agreement should be modified - a step which Italy would never accept - the only proper course was to abide by those rules.

41. Although the draft resolution (A/SPC/L.77) had been introduced with the best of intentions, it was completely unacceptable to Italy. The second preambular paragraph faithfully reflected the Austrian interpretation of the facts. It implied that the bilateral negotiations between Austria and Italy had ended in June 1961; but they had been resumed in September and were not yet concluded. The third preambular paragraph, to the effect that a peaceful and just solution should be found, in reality restated an Austrian position which the United Nations had already rejected last year, and was an attempt to shift the

basis of the discussion; the peaceful and just solution lay in the implementation of the Paris agreement.

42. Similarly, the first operative paragraph departed from the corresponding provision of General Assembly resolution 1497 (XV), in which the differences between the two Parties were clearly recognized as relating to the implementation of the Paris agreement; the situation had thus been clearly defined, and any departure from that definition would be dangerous. The second operative paragraph was both dangerous and inopportune; instead of facilitating bilateral negotiations, it would contribute to their failure. If Austria and Italy were not now in agreement on the choice of the peaceful means, how would they agree more easily on the designation of the person or the body which should aid them in that choice ? The designation of organs or persons as proposed could only lead, after protracted negotiations between the two parties, to another agreement in place of the Paris agreement, and return the problem to the starting-point. The recommendation in the third operative paragraph, that the two countries should "continue in refraining from any actions which might impair their friendly relations", implied that the acts of violence committed in Italy and organized in Austria had not happened; the result might be to encourage those responsible for such acts. His delegation expected no less than a clear repudiation of acts contrary to international law and could not conceive, of a General Assembly decision which, even by implication, encouraged such acts. For those reasons, his delegation would vote against the draft resolution.

43. The Italian Government remained prepared to settle the dispute through direct negotiations. Members of the Committee should bear in mind that, since the placing of the current item on the General Assembly´s agenda at the Austrian Government´s request, there had been two favorable developments. Firstly, the Committee established by the Italian Government to examine the local situation had begun its work; for the information of the Austrian Minister for Foreign Affairs, that Committee included all the German-speaking members of the Italian Parliament and the results of its work would be utilized to the full by the Italian Government. Its work would not be fruitful, however, if the United Nations did anything to prevent it from functioning in a calm and co-operative atmosphere. Secondly, direct talks had been resumed and some changes in the Austrian position appeared to have improved the prospects for agreement; since the problem could be solved only by agreement between the

two parties, nothing should be done by the United Nations to jeopardize those prospects. The Italian Government still regarded General Assembly resolution 1497 (XV), which remained in effect, as an adequate basis for the continuation of the bilateral negotiations, which most speakers in the discussion appeared to favor. Italy hoped that that course would bring the two sides together in an agreement.

The meeting rose at 11.10 p.m.

AGENDA ITEM 74

The status of the German-speaking element in the Province of Bolzano (Bozen); implementation of General Assembly resolution 1497 (XV) of 31 October 1960 (A/4802 and Add.1, A/4884; A/SPC/55; A/SPC/L.77, L.77/Rev.1 and Add.1) (concluded)

1. The CHAIRMAN asked the Committee to consider the draft resolution submitted by the delegations of Cyprus, India, and Indonesia (A/SPC/L.77).

2. Mr. KREISKY (Austria) said that, although draft resolution A/SPC/L.77 did not entirely satisfy his delegation, it was a serious attempt at finding a way towards a solution.

3. Certain representatives had said that the possibilities of negotiation between Austria and Italy were not yet exhausted because they had only begun to negotiate in the past year. In fact, the issue of the South Tyrol had been under discussion for fourteen years, and the Italian Government had ignored Austrian notes and memoranda urging it to carry out the Paris agreement [164]. Only when the Austrian Government had come to the conclusion that all its efforts had been in vain had it decided, more than a year ago, to raise the question in the United Nations [165].

---

[164] United Nations, Treaty Series, vol. 49 (1950), No. 747, annex IV.

[165] Official Records of the General Assembly, Fifteenth Session, Annexes (Vol. II), agenda item 68, document A/4395.

4. Italy's attitude to the problem was clear from the way in which it had set up a special committee for the study of the South Tyrol question. In February 1954 South Tyrolean members of the Italian Parliament had handed to Mr. Scelba, the then Prime Minister, a memorandum on the failure to carry out the Paris agreement and urged that such a committee should be established. On 4 February 1958 they had introduced in the Italian Parliament a bill providing for the genuine autonomy of the South Tyrol. More than two years ago he himself had suggested that such a Committee should be set up: but Italy had not agreed to do so (A/4884, para. 6) until 24 July 1961, or six days after Austria had requested that the South Tyrol question should be placed on the agenda of the General Assembly (A/4802 and Add.1).

5. Many Italians shared the Austrian view. At a recent conference at Bolzano (Bozen), attended by many prominent Italians, it was stated by a member of the same political party as Mr. Segni's, that Italian public opinion did not reflect a democratic spirit in the question of South Tyrol, and that conference had issued a final "communiqué" demanding that the population of the Province of Bolzano (Bozen) should be granted all legislative and administrative powers which were necessary for the safeguarding of the German-speaking ethnic group and for the democratic coexistence and cultural and economic development of the linguistic groups living there.

6. But other views were held in Italy. At a conference held at Rome in September 1961, presided by Mr. Martino, now a temporary spokesman of the Italian delegation in the debate, one speaker had declared, with general approval, that substantial autonomy could not be granted until the ethnic proportions within the Province had changed in favor of the Italian-speaking inhabitants.

7. In the Special Political Committee both the Italian representative, Mr. Martino, and the Italian Minister for Foreign Affairs, Mr. Segni, at the 293rd and 290th meetings respectively, had suggested that the Austrian Government was responsible for illegal acts committed in Italy: but the Austrian Government had repeatedly stated that it rejected acts of violence for political ends, no matter where and by whom they were committed. From the very beginning, Austria had taken all measures required of it as a neighbor of Italy. He would not go into all the instructions to customs and frontier police authorities, the police investigations and the criminal proceedings in Austrian courts: but he

recalled that the Austrian Government had proposed to the Italian Government in its note of 4 July 1961 [166], that an international commission of inquiry should be appointed to establish, by an impartial and conscientious examination, the facts and conditions in the South Tyrol which were relevant to a peaceful settlement of the issue. In its "note verbale" of 1 August 1961 [167], the Austrian Government had proposed that a commission or a representative of the Secretary-General of the United Nations should conduct an inquiry into the Italian accusations by inspecting the documents at the disposal of the Austrian Government and by examining the measures taken by it and the relevant provisions of Austrian law, as well as the methods used by the Italian Security Police in interrogating detained South Tyroleans. He had before him documents containing evidence given by priests and physicians, proving that the most horrible tortures, comparable only to those committed under Nazi or Fascist rule, had been inflicted on those South Tyroleans. The illegal acts committed by the South Tyroleans, which he condemned without reservation, had been directed only against material objects, but the actions on the Italian side as proved by the documents he had mentioned had violated human dignity in a way which urgently required conscientious examination.

8. As the Italian Minister for Foreign Affairs had said at the 295th meeting, certain prominent South Tyroleans had expressed their satisfaction with the agreements reached in 1948, because they had trusted the promises of the Italians; but those promises had not been kept. The Province of Bolzano (Bozen) had not been granted the powers enjoyed by all autonomous regions of Italy, such as legislation and administrative functions in the fields of agriculture and forestry, hunting and fishing, commerce, industry, the tourist traffic, public works, mining, the use of public water resources, social welfare and insurance, public health, traffic and transport, expropriation, the protection of monuments and regional credit institutions. Schools, theaters, films, radio, public housing and the labor exchange were all controlled by the State, not by the Province. The Austrians and the South Tyroleans would be happy if the South Tyroleans enjoyed the same rights as, for example, the Swedish minority under Finnish sovereignty.

---

166 See: Memorandum of the Austrian Federal Government concerning the South Tyrol Question, annex 6, transmitted to Members of the General Assembly with document A/SPC/55.

167 Ibid., annex 7.

9. Italy had objected to the last introductory paragraph of draft resolution A/SPC/L.77 on the grounds that it was fundamentally different from the previous year's resolution, 1497 (XV) adopted by the General Assembly since it referred to "a peaceful and just solution". The Austrian delegation had no objection to adapting the paragraph to the principles of that resolution.

10. With regard to operative paragraph 2 of that draft resolution, the Italian Minister for Foreign Affairs had asked how, if Austria and Italy disagreed on the choice of peaceful means, they could agree more easily on the appointment of a person or body to help them in that choice. He invited the Italian delegation to propose such a person or body there and then. If, in the Committee's judgment, that proposal was objective, his delegation would accept it at once.

11. The Austrian delegation had proposed that the question should be discussed in the Committee as late as possible, because it wanted to give the Special Committee a long period of undisturbed work; because it had heard from the South Tyroleans that Mr. Scelba had made the same suggestion to South Tyrolean members of the Italian Parliament; and because, on 21 September 1961, Austrian representatives had begun talks in New York with the Italian Minister for Foreign Affairs on the establishment of a commission of conciliation or arbitration. Austria had received no satisfactory replies to its proposals concerning the terms of reference, composition and procedure of that commission. It had sent senior officials of the Austrian Foreign Ministry to Rome for further negotiations, but with no result. Even when Austria had consented to arbitration procedures and agreed to accept the decision of an arbitration commission, as Italy had asked, the Italian Government had rejected the Austrian proposals and had insisted on an immediate debate in the United Nations.

12. Austria's only purpose was to be the home of a free and peaceful people. In its long and sorrowful history, it had learned to renounce political ambitions and territorial claims. It asked only for United Nations assistance in a sincere endeavor to find peaceful means of solving a dispute which endangered its friendly relations with Italy and draft resolution A/SPC/L.77 seemed a suitable instrument for that purpose.

13. Mr. SEGNI (Italy) in the exercise of his right of reply, emphatically denied the Austrian representative's allegations regarding the maltreatment of persons arrested in connexion with the acts of terrorism. The Austrian representative had not substantiated his allegations; furthermore, Austria had never brought forward any such charges in its various notes to the Italian Government.

14. He would reply to other questions raised in the Austrian Foreign Minister's speech at a later stage.

15. Mr. NUAMAH (Ghana) said that the question before the Committee bore a sad resemblance to problems with which the African continent was only too familiar, problems resulting from artificial boundaries fixed by far-away Governments. In Africa, however, such problems usually arose from decisions imposed by authorities in Europe, whereas the problem before the Committee was one of European making. Just as Africans asked that the solution of inter-African disputes should be left to the Africans themselves, it was only right that Africans should take the same attitude towards European disputes which should be left to Europeans to settle. He appealed to both the Governments concerned to work for a peaceful solution of their differences, particularly as European quarrels had so often in the past troubled the peace of all nations of the world.

16. His delegation noted with regret that since the affair was last under consideration by the Committee, bilateral negotiations between the two Governments had been suspended, and acts of violence had occurred in the Province of Bolzano itself.

17. With regard to the action to be taken by the General Assembly, the Ghanaian delegation believed that all the Assembly could hope to do was to help create the conditions for a settlement acceptable to the two parties. It therefore urged both Governments to take all possible action to ensure that there was no recurrence of violence, and to resume negotiations on the basis of the Paris agreement of 1946, as recommended by General Assembly resolution 1497 (XV). Finally, his delegation believed that no useful purpose would be served by the adoption of a resolution which was not acceptable to one or other of the parties involved.

18. Mr. HOOD (Australia) expressed doubt as to whether a vote on draft resolution A/SPC/L.77 at the present stage was desirable. The General Assembly should endeavor to assist the parties without taking sides, and he understood that efforts were taking place at the moment to formulate a new proposal which would achieve that end. He therefore suggested that the meeting should be suspended for a short period.

19. The CHAIRMAN proposed that the meeting should be suspended for thirty minutes.

It was so decided.

The meeting was suspended at 11.30 a.m. and resumed at 12 noon.

20. Mr. ROSSIDES (Cyprus) said that the sponsors of the draft resolution had agreed on a revised version (A/SPC/L.77/Rev.1 and Add.1), which was co-sponsored by a number of other delegations. The original version had provided for the possibility that the two parties to the dispute would be unable to reach agreement themselves. In order to avoid the need for further discussion of the question at the next session, it had recommended that they should designate organs or persons to facilitate further implementation of resolution 1497 (XV). Italy, however, had objected to that provision, and, since Austria had not insisted on its retention, the sponsors had deleted it. In its revised version the draft resolution was still a constructive proposal, calling for further efforts to find a solution in accordance with the earlier decision of the General Assembly. The sole aim of the sponsors was to arrive at a procedure which met the wishes of both sides, and it seemed that the revised version achieved that aim. It was to be hoped that Italy and Austria would be able to continue negotiations in a spirit of mutual under standing and to end the unnecessary friction between them.

21. Mr. JHA (India) said that the sponsors of the draft resolution wanted nothing more than to find a text which would help Austria and Italy to settle their differences and which would be acceptable to both. Resolution 1497 (XV) had been such a text and had been taken as the basis for draft resolution A/SPC/L.77. Since Italy, however, had regarded operative paragraph 2 as an undue extension of the General Assembly's authority, which had not been the

intention of the sponsors, his delegation would have been willing to withdraw the proposal. But fortunately the revised version seemed to be acceptable to everyone, and in particular to the two parties most concerned, and he therefore hoped that it would be adopted unanimously.

22. Mr. EL-ERIAN (United Arab Republic) said that his delegation had hoped throughout that it would be possible to adopt a draft resolution satisfactory to both sides. The revised draft resolution (A/SPC/L.77/ Rev.1 and Add.1) seemed to meet that requirement and the United Arab Republic was glad to add its name to the list of sponsors. He hoped that Austria and Italy would be able to solve their difficulties an the spirit of friendship which characterized their relations in other respects.

23. Mr. GARCIA PIÑEIRO (Argentina) suggested that the words "en litigio" in the provisional Spanish version of the revised draft resolution should be replaced by "interesadas".

It was so agreed.

24. Mr. KREISKY (Austria) said that he understood the operative part of the revised draft resolution to mean that the parties could employ any of the means which were provided in the Charter or which accorded with the United Nations practice in order to solve the dispute between them. On that basis he would be able to support the revised draft resolution and he wished to thank the sponsors for their successful efforts in finding an acceptable solution.

25. Mr. SEGNI (Italy) said that he too was grateful to the sponsors for submitting the revised draft resolution, which was acceptable to his delegation. He hoped that the negotiations between his country and Austria would soon reach a happy conclusion and that the question would not have to be raised in the United Nations again.

26. Mr. PERERA (Ceylon) asked, whether, in the operative part of the revised draft resolution, it was necessary to retain the reference of operative paragraph 3 of resolution 1497 (XV), which was a general exhortation rather than a recommendation for specific action.

27. Mr. JHA (India) said that no negotiations could be successful unless the countries concerned refrained from any action which might impair their friendly relations, as operative paragraph 3 of resolution 1497 (XV) recommended. He therefore considered that the reference should be maintained.

The revised draft resolution (A/SPC/L.77/Rev.1 and Add.1) was adopted unanimously.

28. Mr. PLIMPTON (United States of America), explaining his delegation's vote, said that he wished to pay a tribute to Italy and Austria for the spirit of moderation and conciliation they had shown and to the sponsors of the revised draft resolution for their efforts to find a satisfactory solution. He hoped that the Committee's unanimous vote would prove a good omen for future negotiations between the parties.

The meeting rose at 12.30 p.m.

14. Bericht des Special Political Committees

AGENDA ITEM 74

The status of the German speaking element in the Province of Bolzano (Bozen): implementation of General Assembly resolution 1497 (XV) of 31 October 1960

REPORT OF THE SPECIAL POLITICAL COMMITTEE (A/4982)

20. Mr. FUKUSHIMA (Japan), Rapporteur of the Special Political Committee: The General Assembly now has before it the report [A/4982] of the Special Political Committee on its consideration of item 74 on the agenda, entitled "The status of the German-speaking element in the Province of Bolzano (Bozen); implementation of General Assembly resolution 1497 (XV) of 31 October 1960". The General Assembly included this item on its agenda at the request of the delegation of Austria [see A/4802 and Add.1] and referred it to the Special Political Committee.

21. Discussion in committee took place at six meetings, held between 15 and 23 November, during which time the Committee was assisted by participation of the Ministers of Foreign Affairs of Austria and of Italy. More than thirty other representatives also participated in the Committee's general debate on the question.

22. On 22 November a draft resolution, sponsored by Cyprus, India and Indonesia, was introduced in the Committee. In a revised form, circulated the following day, it called for further efforts between the two parties concerned to find a solution according to the provisions of resolution 1497 (XV). I am pleased to report to the Assembly that the draft resolution was adopted in the Special Political Committee unanimously. Accordingly, I recommend it most warmly to the General Assembly.

23. The PRESIDENT (translated from French): The Special Political Committee has adopted unanimously the draft resolution contained in its report [A/4982]. If there are no objections, I shall take if that this draft resolution is adopted unanimously by the General Assembly.

The draft resolution was adopted unanimously.

15. Briefe von Österreich und Italien

15.1. Brief von Botschafter Vinci vom 22.07.1970

Twenty-fifth session

LETTER DATED 14 JULY 1970 FROM THE PERMANENT REPRESENTATIVE OF ITALY TO THE UNITED NATIONS ADDRESSED TO THE SECRETARY-GENERAL

I have the honour to transmit to you herewith a communication of the Italian Government regarding the dispute between Austria and Italy concerning the status of the German-speaking element in the Province of Bolzano (Bozen); implementation of the Paris Agreement of 5 September 1946.

I have the honour to request you, upon the instructions of my Government, to circulate the communication as an official document of the General Assembly, in view of its relevance to General Assembly resolutions 1497 (XV) of 31 October 1960 and 1661 (XVI) of 28 November 1961.

(Signed) Peiro VINCI
Ambassador

FIRST VERBAL COMMUNICATION OF THE ITALIAN GOVERNMENT TO THE UNITED NATIONS

As it is well known, the General Assembly of the United Nations, by its resolution 1497 (XV) of 31 October 1960 (entitled "The status of the German-speaking element in the Province Bolzano (Bozen), implementation of the Paris agreement of 5 September 1946") called upon Italy and Austria to resume negotiations with a view to finding a solution for all differences relating to the implementation of the Paris agreement of 5 September 1946. This invitation was confirmed in the subsequent resolution 1661 (XVI) of 28 November 1961.

In compliance with paragraph of the above-mentioned resolution of 31 October 1960 and with paragraph 1 of the resolution of 28 November 1961, numerous talks, conferences and consultations between representatives of the Italian and

Austrian Governments have taken place from 27 January 1961 onwards. Ways were thus sought to overcome this dispute between the two countries.

On 3 December 1969, the Italian Government informed the Parliament of a series of measures in favour of the inhabitants of Alto-Adige aiming at broadening the sphere of legislative and administrative powers of the Province of Bolzano with the reserved intent of submitting within a short time the appropriate legislation. The Italian Parliament has approved this declaration of the Government.

The Austrian Government has stated that as soon as the measures contained in the document attached to the above mentioned declaration of the Italian Government will have been implemented - that is to say as soon as the Constitutional Act, the bills of ordinary laws and the executive regulations to the Constitutional Act, will have been issued - it will declare that it considers the dispute existing between Italy and Austria, which was subject of the above resolutions of the General Assembly of the United Nations, as terminated.

The Italian Government, though calling attention to the fact that the announced measures are the result of its free determination and do not represent the fulfilment of any international agreement, has taken note with satisfaction of the above-mentioned statement by the Austrian Government.

The two Governments have further negotiated an agreement that aims at the applicability, between Italy and Austria, of the rules of chapter I of the European Convention for the Peaceful Settlement of Dispute to disputes concerning the interpretation and implementation of the bilateral agreements existing between the two States, even when such disputes concern facts or situations previous to the entry into force, between the two States, of the above-mentioned Convention.

The Italian Government deems to have thus acted effectively towards achieving the aims indicated in the above-mentioned resolutions 1497 (XV) and 1661 (XVI) of the United Nations General Assembly.

15.2. Brief von Botschafter Haymerle vom 22.07.1970

Twenty-fifth session

LETTER DATED 14 JULY 1970 FROM THE PERMANENT REPRESENTATIVE OF AUSTRIA TO THE UNITED NATIONS ADDRESSED TO THE SECRETARY-GENERAL

I have the honour to transmit to you herewith a communication of the Austrian Government regarding the dispute between Austria and Italy concerning the status of the German-speaking element in the Province of Bozen; implementation of the Paris Agreement of 5 September 1946.

I have the honour to request you, upon instructions of my Government, to circulate the communication as an official document of the General Assembly, in view of its relevance to General Assembly resolutions 1497 (XV) of 31 October 1960 and 1661 (XVI) of 28 November 1961.

(Signed) Heinrich Haymerle
Ambassador

FIRST VERBAL COMMUNICATION OF THE AUSTRIAN GOVERNMENT TO THE UNITED NATIONS

The General Assembly at its fifteenth session on 31 October 1960, dealt with the dispute between Austria and Italy concerning the implementation of the Paris Agreement of 5 September 1946, which regulates the status of the German-speaking element in the Province of Bozen, and has with resolution 1497 (XV) urged the two parties concerned to resume negotiations with a view to finding a solution for all differences relating to the implementation of the agreement mentioned above.

The General Assembly, during its sixteenth session, with resolution 1661 (XVI) of 28 November 1961 took note with satisfaction of the negotiations which had taken place between the two parties concerned and has called upon the two parties for further efforts in order to find a solution in accordance with resolution 1497 (XV).

In the spirit of the two above-mentioned resolutions, talks and negotiations took place between the Austrian and the Italian Governments during the years 1961 to 1968 with the goal of terminating the dispute existing between the two countries.

In a declaration made on 3 December 1969, the Italian Government stated in Parliament that it would introduce, within forty-five days, the bill of the Constitutional law and, within a year, the bills of the ordinary laws which are mentioned in the annex attached to this declaration and which concern the status of the German-speaking population of the Province of Bozen.

The Italian Government has furthermore formally announced in the above-mentioned declaration its intention to enact under its own competence the necessary executive regulations within the shortest possible time, at latest within two years from the enactment of the Constitutional law.

It is the opinion of the Austrian Government that the above-mentioned Italian measures fall under the obligations that Italy has assumed in the Paris Agreement of 5 September 1946.

In view of the above-mentioned declaration given by the Italian Government to the Italian Parliament, the Austrian Federal Government has made a governmental declaration to the Austrian National Council as follows:

"The Austrian Government expects that Italy will carry out the measures enumerated by the Italian Government in the governmental declaration of 3 December 1969 within the time announced and in a spirit of understanding for the wishes of the South Tyrolean ethnic group.

"In this context the Austrian Federal Government declares that as soon as the measures contained in the written annex to the above-mentioned Italian declaration are carried out, which means as soon as the Constitutional law, the ordinary laws and the executive regulations to the Constitutional law will have been enacted, it will declare that it considers the dispute existing between Austria and Italy, which has been the subject of the above-mentioned resolutions of the General Assembly of the United Nations, as terminated."

Between Austria and Italy an agreement has been negotiated which is designed to make applicable the provisions of chapter I of the European Convention for the Peaceful Settlement of Disputes in the relations between Austria and Italy, to disputes concerning the interpretation and implementation of the bilateral agreements in force between the two parties also in the case that those disputes refer to facts or situations prior to the coming into force of the above-mentioned European Convention. This agreement represents an important contribution to the harmonious development of the relations between the two countries.

The Austrian Government will furthermore, on the assumption that the enactment of the Constitutional law, ordinary laws and executive regulations mentioned in the Italian governmental declaration of 3 December 1969 will take place within the time-limit resulting from this governmental declaration and which therefore will foreseeably be completed within about four years, refrain from carrying the problem of South Tyrol to international instances during this period of time.

16. Streitbeendigungserklärung

Forty-sixth session
Agenda items 98 and 135

HUMAN RIGHTS QUESTIONS

DEVELOPMENT AND STRENGTHENING OF GOOD-NEIGHBOURLINESS BETWEEN STATES

Letter dated 17 June 1992 from the Permanent Representative of Italy to the United Nations addressed to the Secretary-General

I am instructed by the Government to convey to you the following statement:

"The Italian Government has the honour to communicate to the Secretary-General of the United Nations the following:

"As the Italian Minister of State with special political competences - Head of the Italian delegation to the United Nations - had the honour to inform the General Assembly at its twenty-fifth session on 1 October 1970, the Italian Government, in a declaration to its Parliament of 3 December 1969, and without prejudice to its legal position concerning the question of the implementation of the Paris Agreement of 5 September 1946, had announced the intention to adopt a set of measures in favour of the population of Alto Adige/South Tyrol, aiming at extending the range of the legislative and administrative powers attributed to the Province of Bolzano. In a declaration to the Austrian Parliament of 15 December 1969, the Austrian Federal Government, on its part, and again without prejudice to its legal position concerning the above-mentioned question, had announced that as soon as these measures would be taken, it would declare to consider as terminated the dispute relating to the implementation of the Paris Agreement of 5 September 1946, which was the subject of General Assembly resolutions 1497 (XV) and 1661 (XVI).

"Taking into account the realization of the measures that were announced at that time by the Italian Government in favour of the population of Alto Adige/South Tyrol, as communicated to the Austrian Government in a note of 22 April 1992, which was replied to by a note of the same date, the Austrian Federal Government finally stated in a declaration of 11 June 1992 that it considers as terminated the above-mentioned dispute.

"The Italian Government requests the Secretary-General of the United Nations to take note of the above communication."

I would be grateful if you could have this communication circulated as a document of the General Assembly under agenda items 98 and 135.

(Signed)

Vieri TRAXLER
Ambassador Perma-
nent Representative

Forty-sixth session
Agenda items 98 and 135

HUMAN RIGHTS QUESTIONS

DEVELOPMENT AND STRENGTHENING OF GOOD-NEIGHBOURLINESS BETWEEN STATES

Letter dated 17 June 1992 from the Permanent Representative of Austria to the United Nations addressed to the Secretary-General

I am instructed by my Government to convey to you the following statement:

"The Austrian Federal Government has the honour to communicate to the Secretary-General of the United Nations the following:

"As the Austrian Foreign Minister had the honour to inform the General Assembly at its twenty-fifth session on 30 September 1970, the Italian Government, in a declaration to its Parliament of 3 December 1969, and without prejudice to its legal position concerning the question of the implementation of the Paris Agreement of 5 September 1946, had announced the intention to adopt a set of measures in favour of the population of South Tyrol, aiming at extending the range of the legislative and administrative powers attributed to the Province of Bozen. In a declaration to the Austrian Parliament of 15 December 1969, the Austrian Federal Government, on its part, and again without prejudice to its legal position concerning the above-mentioned question, had announced that as soon as these measures would be taken, it would declare to consider as terminated the dispute relating to the implementation of the Paris Agreement on 5 September 1946, which was the subject of General Assembly resolution 1497 (XV) and 1661 (XVI).

"Taking into account the realization of the measures that were announced at that time by the Italian Government in favour of the population of South Tyrol, as communicated to the Austrian Government in a note of 22 April 1992, which was replied to by a note of the same date, the Austrian Federal Government finally stated in a declaration of 11 June 1992 that it considers as terminated the above-mentioned dispute.

"The Austrian Government requests the Secretary-General of the United Nations to take note of the above communication."

I would be grateful if you could have this communication circulated as a document of the General Assembly under agenda items 98 and 135.

(Signed) Peter HOHENFELLNER
Ambassador Permanent Representative

Peter Lang · Europäischer Verlag der Wissenschaften

Manuela Zappe

Das ethnische Zusammenleben in Südtirol

Sprachsoziologische, sprachpolitische und soziokulturelle Einstellungen der deutschen, italienischen und ladinischen Sprachgruppe vor und nach den gegenwärtigen Umbrüchen in Europa

Frankfurt/M., Berlin, Bern, New York, Paris, Wien, 1996. 321 S.
Europäische Hochschulschriften: Reihe 21, Linguistik. Bd. 174
ISBN 3-631-30597-4 · br. DM 89.–*

Sowohl durch den Krieg im ehemaligen Jugoslawien als auch durch die schwelenden Konflikte zwischen Volksgruppen in anderen Staaten erscheint eine Auseinandersetzung über die Form und Möglichkeiten ethnischen Zusammenlebens dringender als jemals zuvor. Die Arbeit zeichnet ein Bild von dem gegenwärtigen Zusammenleben der deutschen, italienischen und ladinischen Sprachgruppe in Südtirol. Fern vom direkten Konflikt hat die Autorin Persönlichkeiten der Südtiroler Gesellschaft (u.a. Reinhold Messner, Landeshauptmann Luis Durnwalder und den verstorbenen Europaparlamentarier Alexander Langer) zu ethnischen Einstellungen befragt. Das Ergebnis liefert – neben der Analyse der Südtiroler Situation – Einblicke in das grundsätzliche Gefüge pluriethnischer Gemeinschaften.
Aus dem Inhalt: Stand der Ethnizitätsforschung · Die historische Entwicklung Südtirols · Gegenwärtige demographische und politische Situation Südtirols · Sprachpolitische, sprachsoziologische und soziokulturelle Einstellungen der Südtiroler Sprachgruppen (u.a. zur kulturellen Identität, zum Wert ethnischer Symbole, zur Bildung einer Europaregion und zum Krieg im ehemaligen Jugoslawien)

Frankfurt/M · Berlin · Bern · New York · Paris · Wien
Auslieferung: Verlag Peter Lang AG
Jupiterstr. 15, CH-3000 Bern 15
Telefon (004131) 9402131
*inklusive Mehrwertsteuer
Preisänderungen vorbehalten